Un científico en la cocina

MONCHO NÚÑEZ

Un científico en la cocina

Pinolia

Edición de José Pardina y Antonio Cuesta

www.editorialpinolia.es
info@editorialpinolia.es

Imprime: QPrint
ISBN: 978-84-18965-13-5
Depósito Legal: M-28254-2021

Hecho e impreso en España-*Made and printed in Spain*

Índice

PRIMERA PARTE

Fundamentos

Detalle de *Naturaleza muerta con copa dorada* de Willem Claesz
Heda, 1635, óleo sobre tabla, Rijksmuseum, Ámsterdam.

1. *Cocinas con sal, comidas con salero*

La posición central del salero en el bodegón de Willem Claesz Heda nos recuerda el papel relevante de la sal en la comida. Desde la Edad Media los recipientes para la sal tuvieron una gran importancia simbólica; eran más grandes de lo que son ahora, y su tamaño se relacionaba con la riqueza de su propietario, no en vano servían para contener algo que era escaso y precioso. Con el tiempo llegaron a ser piezas de orfebrería emblemáticas y muy elaboradas, a veces aunando varias funciones. Por ejemplo, la posición del salero en la mesa servía para marcar la línea entre los invitados importantes y el resto y, de hecho, en inglés aún se usa la expresión *above the salt* («por encima de la sal») para indicar un rango superior.

Para nosotros, la sal es un producto económico y familiar, pero de su importancia nos da idea la afirmación de san Isidoro de Sevilla «no hay nada más necesario que la sal y el sol». Su consumo moderado es tan imprescindible como la necesidad del agua y está íntimamente relacionado con ella. Hoy sabemos que la sal común —cloruro de sodio— que tenemos en el cuerpo está disociada en iones, o sea átomos de cloro y sodio con carga eléctrica. Cada ion de sodio necesita estar rodeado de seis moléculas de agua, y esta obligación marca el intercambio hídrico entre el suero sanguíneo y el interior de las células. El equilibrio se rompe también por exceso: al tomar mucha sal obligamos a las células a deshidratarse, y necesitamos beber, pero el aumento de líquido en el sistema circulatorio eleva la presión sanguínea.

No solo usamos la sal en alimentación porque el sodio sea imprescindible en nuestro cuerpo —necesitamos unos 8 gramos de sal al día, pues la perdemos en la orina y en el sudor—, sino también porque actúa como antiséptico, al impedir la vida de las bacterias. Este es el fundamento de las salazones, cuyos primeros testimonios se remontan al siglo VI a. C., con los fenicios, aunque otras no llegaron hasta el siglo XIV, como el arenque, o más tarde, como el bacalao. La salazón se basa en el hecho, ya indicado, de que la sal es muy higroscópica, y retiene grandes cantidades de agua. Todos sabemos que al añadir sal a una ensalada hacemos que la lechuga no conserve mucho tiempo su tersura, porque se deshidratan las células. Del mismo modo, al colocar otro alimento en sal conseguimos que poco a poco pierda el agua, con lo que se frenan los procesos de putrefacción.

Naturaleza muerta con copa dorada de Willem Claesz Heda, 1635, óleo sobre tabla, Rijksmuseum, Ámsterdam.

La posibilidad de abastecerse fácilmente de sal hizo que se establecieran poblaciones a la orilla del mar. La simple evaporación del agua bastaba para tenerla. Los pueblos del interior habían de llevarla desde la costa, si no tenían cerca una salina. Las rutas de la sal definieron el poder económico de numerosos lugares e instituciones, y hasta el siglo xx la sal era algo valioso que llegó a denominarse «oro blanco». El que la sal es riqueza queda reflejado en el hecho de que la palabra *salario* hace referencia al pago en sal que recibían los miembros de la milicia romana; de igual modo, en el Medievo, cuando los militares comenzaron a recibir su paga en reales o soles se convirtieron en *soldados*, mientras que los trabajadores civiles pasaron a llamarse *asalariados*.

En la cocina, la sal sirve para realzar el sabor de los alimentos, y como consecuencia de ello la ingesta diaria de sal en nuestros días llega a ser de 15 gramos, pero además interviene ocasionando otros efectos culinarios. Muchos hemos comprobado que al hacer huevos cocidos a veces se rompe la cáscara; esto sucede porque durante la cocción penetra agua en el huevo a través de los poros de la misma, por un fenómeno que llamamos ósmosis y que no tendría lugar si añadimos algo de sal al agua de cocción. Otras veces habremos visto que al variar la presión osmótica del medio, se modifica la textura de los alimentos, hecho que podemos comprobar, por ejemplo, si cocemos unos espagueti sin sal.

Los romanos eran especialmente aficionados a los pescados en salazón, y empleaban hasta lo inimaginable una salsa, conocida como *garum*, de la que obviamente se ofrecían diferentes calidades, alguna de las cuales alcanzaba precios elevadísimos. En general se elaboraban a partir de pescados azules troceados, con sus vísceras, que fermentaban durante uno o dos meses al calor del sol, en salmuera, junto con algunas hierbas de aroma intenso. Gracias a la abundancia de materia prima, existían numerosas fábricas de salazones por toda la costa sur de la península. Los pescados empleados eran fundamentalmente escómbridos (atún, bonito y la imprescindible caballa), y a esa producción debe su nombre la localidad cartagenera de Escombreras.

Entre las salazones que gozan de mayor aceptación entre nosotros están las anchoas (un pescado de gran popularidad también fresco o encurtido en vinagre, si bien en estos casos se conoce como boquerón); la mojama o las huevas de atún; y sobre todo el bacalao. Se atribuye su descubrimiento al navegante portugués Gaspar Corte Real, que en el año 1500 anduvo por Terranova. A los portugueses debemos la técnica de abrir el pescado fresco y ponerlo en sal a bordo, para luego secarlo al aire. Su fácil transporte, buena conservación y el hecho de que una vez desalado en agua recupera muchas de las características del fresco han contribuido a su popularidad, y a que existan multitud de recetas para su preparación.

Salina en la región de la Camargue, en el sur de Francia, origen de la célebre *fleur de sel* [Moreno Soppelsa].

Curiosidades sobre la sal

—La sal de mesa es cloruro de sodio casi puro, pues se ha refinado para quitarle otros ingredientes. A veces se le añaden compuestos de yodo, lo que ayuda a prevenir el botulismo. En algunos países también ponen algo de cloruro de potasio.

—Algunos tipos de sal de mesa contienen pequeñas cantidades de silicato de sodio u otras substancias que actúan como antiapelmazantes.

—La sal marina se obtiene por evaporación del agua de mar, que lleva unos 35 gramos por litro. Contiene en principio un 78 % de cloruro de sodio, pero puede estar más o menos refinada, incrementándose esa proporción.

—En general, al cocer la pasta y las verduras conviene hacerlo en agua con sal. De este modo los alimentos resultan más consistentes y con sabor más intenso.

—Un kilo de sal fina contiene la misma capacidad de salar que un kilo de sal gruesa. Parece una tontería, pero queda dicho. Una cucharada de sal gruesa tiene menos sal que una cucharada de sal fina.

—La sal gruesa suele emplearse cuando se quiere que al comer se aprecien en la lengua los cristalitos de sal. Por ejemplo, en unos pimientos de Padrón fritos o en un pulpo a la gallega.

—De las sales con nombre propio merecen citarse la francesa *fleur de sel* de Camargue, con sus cristalitos cuadrados, y la española Flor de sal d'Es Trenc de Mallorca, de un color ligeramente rosado.

—La inglesa sal Maldon es de gran pureza y se presenta en pequeñas escamas cristalinas. Es ideal para carnes y vegetales a la parrilla, y debe añadirse siempre en el momento de servir.

—El pan contiene unos 12 gramos de sal por kilo. Que conste, para los que vigilan su ingesta de sodio.

—Los molinillos de sal para mesa similares a los de pimienta son inútiles; la sal no gana nada por el hecho de ser triturada en el momento, ya que no contiene compuestos volátiles.

— Los helados contienen cantidades significativas de sal, que se añade para evitar que el agua forme cristales de hielo.

— Las carnes se salan después de asarlas o freírlas. El hacerlo antes puede provocar que pierdan parte de sus jugos. Lo mismo sucede con otros fritos, como las patatas.

Anuncio de la sal Morton (compañía creada en 1910) con un vaquero preparando una buena ración de carne a la parrilla. El eslogan *When it rains it pours* («Cuando llueve, diluvia») fue uno de los mayores logros comerciales de la marca.

2. *El gusto es mío*

Dice Alberto Savinio (seudónimo de Andrea de Chirico, hermano de Giorgio), en su personal *Nueva enciclopedia,* que alimentarse siempre de los mismos manjares es propio de animales. Aún reconociendo que los humanos no somos los únicos omnívoros del planeta, y a pesar de que algunos adolescentes preferirían tomar día tras día espaguetis con tomate, hemos de reconocer que la riqueza en la selección de alimentos crece con el desarrollo y el progreso de la civilización. En la variedad está el gusto.

No sé cuántos platos distintos pueden probarse. Es difícil imaginar el número de opciones de menú que tendríamos, si pensamos que entre restaurantes, casas de comidas, cafeterías y bares que dan de comer hay en España unos 250.000 locales. Esta cantidad bastaría para que una persona, a lo largo de su vida, comiera y cenara todos los días en un sitio diferente cada vez, probando alimentos y preparaciones diversas.

El sabor y el gusto, junto con el tacto y el olfato, nos acercan materialmente al placer de los sentidos. Magníficos placeres terrenales. Los antiguos nos hablaban de «visiones celestiales» y «músicas de ángeles», iluminados por un Platón que predicaba superioridad y espiritualidad para los sentidos de la vista y el oído, creyendo que colores y sonidos no necesitaban de la materia para existir. El tacto es un modo de informarnos sobre los objetos materiales que se basa en el contacto físico, en sensaciones relacionadas con la presión

Young Lady in 1866, de Manet, posiblemente una alegoría de los sentidos: el ramillete representa el olfato, la naranja el gusto, el loro el oído y el monóculo la vista y el tacto [Metropolitan Museum of Art].

y la temperatura, pero el gusto y el olfato son químicos. Con estos sentidos realmente detectamos moléculas.

Para notar los sabores contamos con receptores en la lengua, en el paladar y la faringe. En total, tenemos unos 10.000 receptores que se alojan en las llamadas papilas gustativas, aunque existen personas que tienen un número mayor (hasta 30.000), y en ello radica su capacidad para apreciar mejor los sabores. Las células receptoras están conectadas a fibras nerviosas, de forma que los impulsos generados llegan al cerebro a través de uno de los cuatro nervios craneales, y allí las señales se convierten en eso que llamamos sabor. El número de receptores disminuye con la edad, de manera que un joven puede apreciar el sabor dulce de un agua si contiene un gramo de azúcar por litro, mientras que a los 70 años puede necesitar diez veces más para apreciarlo. Los jóvenes pueden notar el sabor salado en un agua que contenga solo un gramo de sal en 5 litros.

Dulce y salado son dos de las consideradas sensaciones básicas de sabor, otras dos son el ácido y el amargo. Puede parecer extraño que la inmensa variedad de sabores que hay se pueda escribir con ese alfabeto de solo cuatro letras. Algunos defienden la existencia de un quinto sabor, el umami, vinculado a las proteínas y que se relaciona con el glutamato monosódico, una sustancia que se usa como potenciador del sabor (E-621). Otros consideran que el umami no tiene identidad como sabor diferente, limitándose a realzar los demás.

En principio el abanico de olores y sabores podría ser tan amplio como el de sustancias químicas, o mejor, como el número de todas las mezclas —en variadas proporciones— que podemos preparar con la multitud de moléculas químicas capaces de interaccionar con los sensores de nuestro olfato y gusto. Se cree que es posible percibir hasta 100.000 olores diferentes con los 1.000 receptores olfativos distintos que tenemos. Para detectar olfativamente una sustancia necesitamos dos condiciones: ha de ser volátil para que sus moléculas penetren individualmente en nuestras fosas nasales; además, debe tener un tipo de molécula que por sus características estructurales (tipo de átomos, forma, polaridad...) sea capaz de actuar sobre los receptores olfativos, es decir que constituya lo que llamamos una sustancia aromática.

El olor es fundamental en el sentido del gusto. Se ha estimado que entre un 70 % y 80 % de las sensaciones que percibimos como gusto dependen en realidad del aroma de los alimentos, que puede llegar al órgano del olfato tanto a través de las fosas nasales como por conexión con la cavidad

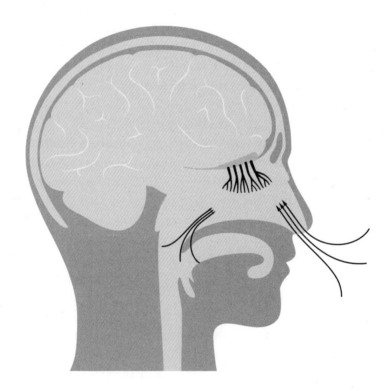

El sentido del olfato también se activa desde dentro de la cavidad oral. Entre un 70 % y 80 % de las sensaciones que percibimos como gusto dependen en realidad del aroma de los alimentos, que puede llegar al órgano del olfato tanto a través de las fosas nasales como por conexión con la boca, al masticar y tragar.

bucal, al masticar y tragar. Por ello cuando estamos acatarrados no apreciamos el sabor de las comidas. Es difícil distinguir dos mermeladas si nos tapamos la nariz, y es fácil imaginar lo poco que nos queda de un café, un chocolate o un vino si prescindimos del aroma. Además del olfato y el gusto, la comida nos proporciona otras sensaciones, como el picante de los pimientos, el frescor de la menta o el cosquilleo de las burbujas, y otros múltiples mensajes táctiles que dependen de la textura, la consistencia o la temperatura de los alimentos.

De gustibus non est disputandum, decían los clásicos, de igual manera que nosotros aceptamos que sobre gustos no hay nada escrito y los ingleses afirman *«there is no accounting for tastes»*; es decir, que ni antes ni ahora, aquí o allá, hay dogmas sobre donde radica la excelencia. Cada uno tiene sus alimentos preferidos, y el hecho de que unos platos nos gusten más que otros es una consecuencia de muchos factores, desde genéticos a culturales, pasando por otros como la edad, la educación, la experiencia y el recuerdo, sobre todo de la alimentación infantil y de los entornos en que hemos sido felices delante de una buena comida. Lo realmente interesante es tener gustos después de haber probado mucho. De todo.

Los seres humanos somos omnívoros, como los cerdos, los perros, las gaviotas, los osos o los chimpancés porque comemos de todo: vegetales, frutos, granos, carnes; pero lo que nos hace únicos es el saber comer, el escoger los alimentos guiados por la búsqueda de placer y/o de salud. Los sentidos del gusto y el olfato nos permiten evolutivamente recordar los alimentos dañinos y venenosos, pero también, elegir lo que nos resulta más agradable. La búsqueda del placer es una constante en las culturas y en la vida de las personas. El gastrónomo Jean Anthelme Brillat-Savarin nos lo recuerda así: «El placer de la mesa es de todos los tiempos y todas las edades, y el último que nos queda cuando todos los demás nos han abandonado».

Escultura del dios Jano mostrando sus dos caras, principio y fin.
Jardín de verano, San Petersburgo, Rusia [Telia].

3. *A nadie le amarga un dulce*

Las fiestas y celebraciones, sobre todo en Navidad, suponen —entre otras cosas— una licencia personal que nos faculta para disfrutar casi sin tasa del placer de la dulzura. Todo el mundo es bueno. Nosotros, también, y por tanto hay que celebrarlo. Turrones y mazapanes son las estrellas de una amplísima variedad de postres que en los días navideños se convierten en cotidianos. La costumbre de tomar dulces en Navidad se remonta —por lo menos— a tiempos del Imperio Romano, cuando a Jano, a quien estaba dedicado el mes de enero (*januarius*), se le llamaba «el dios de los pasteles». A él se ofrecían al comienzo de su mes unos panes redondos que contenían miel y que son los precursores de nuestros roscones de Reyes.

En la Cueva de la araña, en la localidad valenciana de Bicorp, se conservan unas pinturas rupestres de hace 10.000 años donde ya se representa una recolección de miel; en ellas vemos cómo una figura humana, colgada de cuerdas y con una cesta, introduce un brazo en una colmena, mientras las abejas vuelan alrededor. La miel y algunas frutas, como los dátiles, fueron el origen de los primeros dulces. Al margen del placer, hoy sabemos que la miel contiene distintos tipos de azúcares, como fructosa (38 %), glucosa (31 %), sacarosa (1,5 %) y un 8,5 % de otros disacáridos y azúcares superiores. Aunque la miel tiene sus partidarios, honradamente no puede decirse que tenga valor dietético ni medicinal. Su contenido vitamínico es despreciable, aunque el sabor sea razón más que suficiente para merecer nuestro deseo.

No tan antiguo entre nosotros es el azúcar. En realidad, la caña de donde se obtiene es originaria de la India. En Europa se extendió su uso después de las Cruzadas, considerándolo al principio como especia exótica y medicinal. Un texto medieval afirma: «Hay una variedad de miel compacta que dicen azúcar. Es producto de la India y tiene el aspecto de la sal y se derrite como ella. Es muy buena para el estómago, y si se bate con agua hace buen vientre».

En la España musulmana se cultivaba ampliamente la caña; baste decir que en el siglo xv había en Motril dieciséis refinerías de azúcar. Aunque hoy Cuba está entre los mayores productores del mundo, recordemos que fue Colón, en su segundo viaje, quien llevó la caña al continente americano, desde Canarias a Santo Domingo.

Fábrica de azúcar en Guadalupe. Ilustración de De Berard
publicada en *Le Tour du Monde*, París, 1860 [Marzolino].

Al disolverse en la boca, todos los azúcares dan sabor dulce. Es interesante conocer su poder edulcorante, pues no hay que olvidar que contienen cuatro kilocalorías por gramo. Si atribuimos el valor unidad de la «dulzura» al azúcar común (sacarosa), podríamos decir que a la glucosa le corresponde un 0,56 y que la fructosa es 1,4 veces más dulce, aunque este valor —en el caso de la fructosa— disminuye con la temperatura. En esa misma escala, a los ciclamatos les tocarían valores entre 30 y 80; al aspartamo, entre 100 y 200; y a la sacarina, superiores a 200. Por su sabor, el edulcorante artificial preferido es el aspartamo, aunque se hace menos dulce con el calor.

La sacarosa es el azúcar por antonomasia, y además de obtenerse de la caña, desde mediados del siglo XVIII se extrae de la remolacha. El azúcar moreno está menos refinado, y contiene melazas que aportan sabor; en general tiene más humedad, algo de fructosa y glucosa; y un 0,5 % de sales minerales. Cuanto más oscuro sea, más intenso será su sabor, y ese es el único motivo para su elección; no tiene sentido hablar de valor nutritivo porque, aparte de hidratos de carbono, las cantidades de otros componentes en el azúcar moreno son insignificantes. A veces para edulcorar se usa la fructosa. Su lenta velocidad de asimilación en el cuerpo hace que no modifique de forma notable la concentración de glucosa en sangre, lo que la hace interesante para los diabéticos, si bien no deben superarse los treinta gramos al día.

La tradición española de los dulces evidencia sus raíces romanas, como es el caso de las torrijas; también orígenes judíos, como en los frisuelos; y ¡cómo no! andalusíes. Pensando en estos últimos comienzo una lista: alfajores, alfeñiques, almíbares, almojábanas... para seguir la invitación alfabética con almendrados, amarguillos, arropes, barquillos, bartolillos, besos, bienmesabe, bizcochos, bollitos, bolluelas, borrachos, canastillas, cañas, caramelos, cocadas, colineta, compotas, cortadillos, cremas, currusquillos, delicias, empiñonados, ensaimadas, flanes, flores, galletas, glorias, golosinas, hojaldres, madalenas (o magdalenas), mantecadas, marquesitas, mazapán, melindres, merengues, mermeladas, milhojas, muéganos, natillas, orejas, orejones, paciencias, *panellets*, pastas, pestiños, perrunillas, petisús, piononos, polvorones, profiteroles, quesadillas, rebojos, rosquillas, sobaos, sopaipas, suspiros, tartas, tejas, tiramisú, tortas…, uff, interminable.

A los referidos suspiros dulces se les llama «de monja», cosa que uno no puede justificar porque nunca se los han ofrecido. La verdad es que los conventos españoles encierran muchos secretos de la dulzura. Recordemos las yemas de san Leandro, santa Teresa o santa Úrsula; la crema de san José; las galletas de san Blas; los huesos de san Expedito, de san Froilán y de santo en general; las tetas de monja; el tocino de cielo; o el cabello de ángel. Dulzura y santidad hacen buena pareja. Son un buen objetivo, lleno de sugerencias. Muy claro lo tenía Salomón cuando en el *Cantar de los Cantares* (4:11) escribe: «Como panal de miel destilan tus labios, oh amada; / Miel y leche hay debajo de tu lengua».

Salomón nos ofrece completar en la amada un triángulo de deseos asociados. El valor de la mujer como productora de mieles quedó reflejado en el nombre de Débora, que en hebreo significa abeja, al igual que Melisa en griego. Hoy seguimos usando lo dulce como lisonja: *honey* se le dice a la enamorada y recordamos canciones como *Sweet Caroline* y películas como *Alicia, dulce Alicia* o *Irma la dulce*, aunque alguno de esos ejemplos no deje de tener su doble intención. En España, uno de los piropos más utilizados sigue siendo «bombón», que escuchado a un niño francés no significa otra cosa que *bon, bon*: dos veces bueno.

4. *El interesante sabor amargo*

Cada cual tiene su propia memoria, y los recuerdos sensoriales van muchas veces ligados a experiencias fuertes. En mi caso, tengo reminiscencias antiguas e intensas de sabor desagradable que van vinculadas al aceite de hígado de bacalao, un líquido amarillento que en alguna ocasión me hicieron tomar de niño, supongo que debido a su alto contenido en vitaminas A y D. Hoy además apreciamos también que ese «zumo», que se extrae al prensar hígados de bacalao una vez que han sido cocidos al vapor, tiene muchos ácidos grasos omega-3. Era difícil de tomar, pero era medicina. Así ya vale. Muchos medicamentos y remedios, como la aspirina o la quinina, también son amargos. Lo que ya no es tan fácil de comprender es por qué a veces tomamos alimentos y bebidas amargas *motu proprio*.

En algún caso puede ser por error, como le ocurrió a la mona de la fábula —que subió al nogal y mordió la cáscara verde— y también a tantos que intentaron probar las aceitunas cogidas del árbol, olvidando que aquella drupa no es como la de ciruela, melocotón, cereza o albaricoque. La aceituna contiene oleouropeína, un polifenol antioxidante que le confiere un carácter fuertemente amargo y que se quita lavando adecuadamente con agua con sal o con hidróxido sódico las aceitunas que se van a aliñar. Esa sustancia es la responsable del amargor más o menos intenso de los aceites de oliva (el que más contiene es el de la variedad picual), y

La fábrica de galletas y mostaza Pernot, creada en 1869 por Auguste Pernot, alcanzó fama internacional con sus «almendras de Provenza».

sobre el que nunca está de más recordar que no tiene relación con el grado de acidez. Un aceite de oliva puede tener muy baja acidez y ser muy amargo.

Pensando en frutas que tienen hueso no podemos dejar de citar aquí a las almendras, pues aunque las variedades que se emplean en aperitivos o repostería son dulces, de vez en cuando se escapa alguna almendra amarga que nos sorprende y hemos de rechazar. En este caso la culpa la tiene la amigdalina, una sustancia presente en estas almendras (y también en las semillas de albaricoque), que en contacto con la saliva produce benzaldehído, que es el responsable del sabor amargo, además de un azúcar y... cianuro de hidrógeno. Como todos los lectores saben, el cianuro es un veneno potencialmente letal. Tan solo 20 almendras amargas pueden causar la muerte de un adulto. Lo que sucede es que es muy difícil comérselas. En este caso, el sabor desagradable amargo es un mecanismo de protección.

Según el *Diccionario de la lengua española* de la RAE, amargo es aquello «que tiene el sabor característico de la hiel, de la quinina y otros alcaloides; cuando es especialmente intenso produce una sensación desagradable y duradera». Es cierto que muchos alcaloides son amargos, pero también lo es que existen sustancias amargas que no contienen alcaloides. La hiel (o bilis) es quizás la sustancia que mejor puede representar la amargura. Producida por el hígado de los animales, se almacena en una pequeña bolsita que es necesario retirar cuidadosamente cuando se quiere preparar un hígado de ave, por ejemplo, para un *foie*. En caso contrario puede sucedernos lo que relata santa Teresa: «Llevándole un higadillo, estando enferma, por descuido estaba dentro la hiel: mordiola, gustola, y conservola en la boca, mirando más a que comiese el alma con la mortificación, que el cuerpo en el sustento».

Fuere por sustento del cuerpo, mortificación del alma o por motivos inconfesables, el caso es que todos hemos probado numerosos alimentos y bebidas de interesante sabor amargo. Digamos que puede primar el objetivo de sustento cuando tomamos, por ejemplo, verduras como los grelos —imprescindibles para los gallegos en invierno—, que se llevan la palma en eso del amargo, tanto que algunos prefieren reducirlo con un blanqueo previo. Igual sucede con otras hortalizas como la achicoria o endivia, en donde lo más intenso es el núcleo central y las puntas amarillas. Las endivias, inventadas a mediados del siglo XIX en el jardín botánico de Bruselas, se producen al cultivar la planta de achicoria colocando tierra de manera que haga presión alrededor del cuello de la planta, lo que induce la formación de cogollos.

El blanqueo (dar un hervor previo) es uno de los trucos que se usan en cocina para disminuir el amargor; en otros casos, como el de la acelga, puede bastar con un lavado en agua caliente o añadir algo de azúcar al agua de cocción (se hace así con los espárragos). En el caso de frutos, como pepinos o berenjenas, se puede provocar la salida de las sustancias amargas con sal. Las berenjenas, por ejemplo, se cortan en rodajas y se espolvorean bien de sal, para al cabo de 30 minutos lavarlas, secarlas y proceder a su preparación. Muchos vegetales amargos pertenecen a las asteráceas, que se caracterizan por tener flores compuestas en forma de estrella o astro (*aster*). La familia incluye hortalizas variadas: de hoja (achicoria, lechuga, endibia, escarola), de flor (alcachofa) o de tallo (cardo). Posiblemente la más popular de todas ellas sea la alcachofa (*Cynara scolymus*). También llamada alcaucil, es hortaliza citada por Dioscórides y Plinio el Viejo, que desde el siglo XII gozaba de gran prestigio como remedio para hígados castigados. Su amargor se debe a una sustancia amarilla denominada cinaropicrina. Se dice que la joven Catalina de Médici —hija del duque de Urbino y sobrina del Papa Clemente VII— era gran aficionada, y parece que fue ella quien popularizó su consumo en Francia en 1533 cuando fue allí para casarse con el también joven duque de Orleáns, futuro Enrique II. Las malas lenguas dicen que la afición de la rellenita Catalina por la alcachofa se basaba en su creencia de que tenía poder afrodisíaco. La verdad es que la infidelidad explícita de su esposo con la guapa y avezada cortesana Diana de Poitiers era un estímulo para buscar remedios, y sea como fuere, Catalina quedó embarazada en once ocasiones.

De nuevo aparece la disculpa del remedio para usar alimentos amargos. Una lectura más imparcial saldrá de la receta de Juan Altamiras:

> Pondrás la olla con agua al fuego, tendrás las Algarchofas mondadas, o quitadas las hojas exteriores; quando hierva el agua, escaldalas, y cuecelas; cocidas, ponlas en una cazuela con caldo sazonado con sal; y un polvo de pimienta; pondrás cebolla a freír; frita, quitala, y en el azeyte echarás un puñado de harina, hasta que se queme; lo echarás sobre las Algarchofas, y se hará una salsilla, dandoles dos, o tres bueltas: este es mejor modo para dia de ayuno; y si fuere dia de carne, en lugar de aceyte echarás tocino entre magro, y gordo, que aun serán mejores, aunque yo lo diga.

Contienen quinina

En el campo de las bebidas es donde el sabor amargo alcanza sus mayores éxitos. No debemos olvidar que nuestros principales líquidos de refrigerio —café, té y chocolate— son amargos debido a su contenido en cafeína, teofilina y teobromina, por mucho que muchas personas prefieran reducir en mayor o menor medida su amargor natural con dulce.

La mayor parte de los aperitivos son amargos, quizás porque así se estimulan las papilas gustativas, y en definitiva la palabra *bitter* no significa otra cosa. Es obligado citar en primer lugar a la cerveza, que es amarga gracias a que le hemos añadido en su fabricación lúpulo, que contiene el alcaloide lupulina. La ronda de aperitivos puede incluir el *amaretto*, un

Corteza del árbol de la quina [Likit Supasai].

jarabe de almendras maceradas, o el Cynar, líquido a base de alcachofas, así como tantos y tantos cócteles que necesitan el amargo de unas gotas de angostura: un licor aromático rico en quinina y que es para mí imprescindible —más aún que la cereza roja— en el güisqui Sour, junto al *bourbon*, limón, hielo y azúcar. De una u otra forma, la quinina está presente en los aperitivos *(*Campari, *punt e mes*, Fernet, Dubonnet*)* como en tantos vinos quinados.

Saliéndonos de la hora del aperitivo, la bebida amarga más común es el agua tónica, quizás la más popular entre las que tienen quinina, y cuya historia está vinculada a España. En 1638 la esposa del virrey del Perú y IV conde de Chinchón, doña Francisca Enríquez de Rivera, cayó enferma de malaria y probó un remedio inca a base de la corteza del árbol de la quina, que crece en las laderas de los Andes. La poción funcionó al quinto día, y una vez restablecida la condesa emprendió la tarea de popularizar la medicina, haciendo extracto de la corteza y repartiéndolo entre los enfermos, que comenzaron a conocer el remedio como «los polvos de la condesa». Los jesuitas ayudarían a difundir en Europa su uso, y los galeones españoles traerían ingentes cantidades de la corteza. En 1753 Linneo puso el nombre de *Cinchona officinalis* al árbol de la quina. En 1820 el químico Pierre Joseph Pelletier aisló el alcaloide activo de la quina y lo llamó quinina. Son suficientes tres gramos de quinina para comunicar amargor apreciable a 10.000 litros de agua.

En 1870, la empresa de bebidas con gas fundada por J. Jacob Schweppe en 1790 comenzó a fabricar «agua tónica» con quinina, lo que resultó un éxito de ventas entre los británicos de la India, donde la malaria era endémica. Para soportar el amargor no dudaron en añadirle ginebra.

SEGUNDA PARTE

Técnicas

Chocolatera de hierro fundido, esmaltada en su interior [fotografía del autor].

5. Chocolate, alimento divino

La chocolatera de cobre es uno de los utensilios de tradición y alto prestigio en nuestra cocina. De forma aproximadamente troncocónica y con un mango de madera horizontal, cuenta con una tapa perforada por donde puede introducirse el molinillo, destinado a batir perfectamente el chocolate durante su calentamiento y formar espuma. Esta función es esencial pues, como muchas otras emulsiones, el chocolate es más espeso cuanto más se ha batido. A comienzos del siglo XVII la chocolatera fue introducida en la corte francesa por María Teresa de Austria, esposa de Luis XIV, y de allí se popularizó en toda Europa. El molinillo, que suele tener una o dos arandelas de madera libres para potenciar su efecto, es el instrumento ideal para conseguir la perfecta emulsión mediante su movimiento de giro.

En 1796 se editaba en Madrid un *Tratado de los usos, abusos, propiedades y virtudes del tabaco, café, te y chocolate,* en donde se exponen con detalle las variedades de cacao y las circunstancias de su cultivo y recolección, dedicándose un amplio capítulo al «uso del chocolate en las enfermedades». En ese libro se recoge el modo aparentemente sencillo de hacer el chocolate: «Primero se hacen pedacitos las pastillas de chocolate, se echan en la chocolatera con agua fría y no caliente, y puesta a fuego lento se va batiendo bien con el molinillo hasta que esté bien desleído». La proporción aconsejada es de tres partes de agua por una de chocolate. La receta avisa luego reiteradamente de que no sea a fuego fuerte, que no hierva y que nunca se recaliente, lo que nos hace recordar el refrán español: «Amigo reconciliado, chocolate recalentado».

Por aquellos años el chocolate hacía furor en Europa, sobre todo en Austria, Francia y España. En una carta dirigida en 1799 desde Ferrol a su hija por el diplomático americano John Adams, que al año siguiente se convertiría en el segundo presidente de los Estados Unidos, escribe: «Pocas cosas me he encontrado más notables que el chocolate, que es el más fino que he visto nunca. Investigaré si es la superior calidad de la almendra de cacao, o cualquier otro ingrediente que le añadan, o un mejor arte al hacerlo, lo que lo hace tan superior a cualquier otro». Quizás sea este el lugar adecuado para mencionar que —aún hoy— los habitantes de Ferrol suelen referirse a los coruñeses como «*cascarilleiros*» porque estos sabían sacar partido culinario como nadie incluso a la cascarilla del cacao.

Son muchos los lugares que compiten por la fama de preparar el mejor chocolate. A ese respecto, España gozó siempre de gran reputación. La verdad es que los españoles aportamos pocas cosas a la bebida que aprendimos a preparar de los aztecas. Primero lo hicimos dulce —detalle importante que al parecer probaron por primera vez las monjas de un convento de Oaxaca (México)—, al añadirle azúcar llevado de Canarias y más tarde vainilla y canela. El denominado «chocolate a la española» es el más espeso, pues es sabido que por ahí andan nuestras preferencias (unidas a las de las cosas claras). Los sibaritas lo sometían a la prueba de introducir verticalmente en la jícara, o pequeña taza sin asas donde se tomaba un bizcocho de soletilla, y comprobar que no caía. Esa era nuestra alternativa al gusto francés, que lo prefería más diluido y con leche.

El árbol del cacao es original de los valles fluviales de Sudamérica, y fue llevado a México por los mayas antes del siglo VII. Luego lo cultivaron también los aztecas y los toltecas. El primer europeo en tener noticia de su existencia fue

Colón, que en 1502 fue obsequiado en Guanaja (Honduras) por el jefe indígena con unas almendras que usaban como moneda y con las que prepararon una bebida. Pero no fue hasta la llegada de Cortés a México (1519), cuando los europeos conocimos su importancia. Los aztecas también usaban esas almendras como moneda, y, de hecho, por ejemplo, con ocho de ellas podían comprar un conejo, pero sobre todo les servían para preparar una bebida. Moctezuma consumía el «*xocolatl*» continuamente durante la comida. Aquel líquido espeso, oscuro y espumoso se bebía frío o caliente y se obtenía de cacao, aromatizado con hierbas, vainilla y guindilla. Era amargo, y muchas veces, picante.

Hernán Cortés valoró, entre otras propiedades, el poder energético del chocolate: «Bebida divina que nos da resistencia y combate la fatiga. Una taza de esta bebida preciosa permite a un hombre caminar todo un día sin alimento». Un monje del císter que iba con él —fray Aguilar— sería el encargado de traer a España, en 1520, el chocolate. De hecho, se dice que la receta que ese monje transmitió al abad Antonio del Álvaro, del monasterio de Piedra, en Aragón, inició la tradición chocolatera de la orden cisterciense. Durante el siglo XVII se fue generalizando su uso en España, mientras que también se introducía en Europa. Existen referencias de que la primera fábrica de chocolate se documentó en Barcelona en el año 1780.

El cacao es la semilla de un árbol cuyo fruto se da en vainas que contienen entre veinte y treinta granos en forma de almendras de unos 2 cm de largo. Linneo clasificó al cacaotero dentro de la familia *Theobroma*, palabra cuyo origen viene de juntar dos términos griegos: *Theo*, que significa Dios —y es la raíz de palabras como teología— y *Broma*, que quiere decir alimento y que vemos en otras, como bromatología, que es la ciencia de los alimentos. Existen tres tipos de cacao: el criollo, que es el que tomaba Moctezuma, hoy escaso y de una excelente calidad; el forastero, que es con mucho el más cultivado; y el trinitario, obtenido mediante

Publicidad de chocolates Cadbury.

el cruce de los otros dos. Las tres cuartas partes de la producción mundial provienen de Costa de Marfil, Ghana, Indonesia y Brasil. Los españoles consumimos unos 3,5 kilos de chocolate al año, lo que nos sitúa, junto con Italia, en la cola del consumo europeo, que encabezan los británicos con unos diez kilos anuales.

Uno de los placeres del chocolate se basa en su temperatura de fusión, ligeramente inferior a la del cuerpo humano, y ese es el motivo por el cual, literalmente, una pastilla se nos funde en la boca. Lleno de aromas y de matices gustativos, es una auténtica tentación sensorial, adornada con la presencia de estimulantes, en concreto cafeína y teobromina, que contiene en unos 40 mg por cien gramos de cacao. Aunque sea grande el placer que proporciona, no son absolutos sus valores desde el punto de vista dietético. Es un producto altamente energético, y cien gramos suelen contener 500 kilocalorías. No es conveniente añadirlo a la leche de los niños en etapa de crecimiento, pues el cacao contiene ácido oxálico, que se apodera del calcio de la leche para formar oxalato cálcico, que así no puede ser asimilado en el proceso digestivo.

Algunos nombres propios en la historia del chocolate comercial

PHILIPPE SUCHARD. Fundó en 1825 una confitería en Neuchâtel (Suiza), en la que ofrecía chocolate fino artesanal fabricado a mano. Un año después adquirió un molino en Serrieres para instalar allí su fábrica, que producía un estudiado surtido de chocolates. Fue el primero que inscribió una marca, Suchard, en el registro internacional.

RUDOLF LINDT. En 1840 mezcló manteca de cacao a la pasta de cacao, y modificó el procedimiento con una molienda y batido más intensos, obteniendo un chocolate mucho más dulce. La casa Sprÿngli, de Berna, le compró la factoría y fundaron la conocida marca Sprÿngli-Lindt.

JOHN CADBURY. En 1842 fabrica en Inglaterra hasta dieciséis formas de chocolate para preparar a la taza. Añade al cacao almidón, para absorber el exceso de grasa y distintos tipos de complementos. Una de las que obtiene más éxito es la de *Spanish Chocolate.*

HENRI NESTLÉ. En 1875 este farmacéutico desarrolla en Vevey (Suiza) la leche condensada. Daniel Peter añade en 1876 la leche condensada al chocolate, y ambos producen comercialmente en 1905 las primeras tabletas de chocolate con leche.

JEAN TOBLER. En 1899 crea con sus hijos una fábrica de chocolate en Berna. En 1908 su hijo Theodore pondría en el mercado una tableta de forma especial, el Toblerone, patentado al año siguiente como «chocolate con almendras y miel» y cuyo nombre procede del apellido familiar y de la palabra italiana *torrone.*

Sello postal suizo con la efigie de Henri Nestlé y su fábrica al fondo [Olga Popova].

6. A la plancha o a la parrilla

El asado a la parrilla, al fuego o a la brasa es el más ancestral de los procedimientos de cocina, pero, por distintas razones, todavía hoy seguimos utilizándolo. En primer lugar, se ha convertido en un símbolo de días de ocio, de un modo festivo de cocinar que es diferente al cotidiano; también porque pensamos que esa preparación nos permite disfrutar de los alimentos en estado puro, acompañándolos solamente de las salsas que pueda desear cada cual. Además, es recomendable para regímenes con pocas calorías. Cuando el tiempo nos llama al aire libre o se aproxima el verano todos pensamos en recuperar la barbacoa. En contra de lo que algunos creen, la palabra inglesa *barbecue* procede de la española, y esta lo hace a su vez de un término similar en el lenguaje arawak de los indios taínos del Caribe, que usaban para designar un artefacto parecido a una hamaca o parrilla de madera, donde llegado el caso se podía asar la carne. Parece que el español Hernando de Soto fue el primero en observar cómo los indios utilizaban la barbacoa con fines culinarios.

Son muchos los alimentos que pueden ir a la parrilla. Como dice el *Larousse Gastronomique,* casi todos, con la excepción de los filetes delgados de ternera o los pescados delicados. Si nos ponemos a pensar en las ventajas de comer alimentos asados en lugar de crudos, probablemente se nos ocurre que así son más fáciles de masticar, de digerir y más seguros a la hora de evitar enfermedades. Pero existe otra razón, quizás más importante que aquellas, o por lo menos que justifica

Asado de carne de vacuno a la parrilla

por qué asamos algunos alimentos que no lo necesitan. Se trata del sabor, de un sabor que nos gusta, de manera que así podemos llegar a comernos —como queda dicho— casi todo. En una carne asada han sido identificadas unas 600 moléculas diferentes que pueden contribuir al sabor; pero las que son principales responsables se originan en el «dorado» de la carne, un proceso que los químicos conocen como «reacción de Maillard», en el que intervienen azúcares y aminoácidos, y que se da también al dorar pescados y vegetales.

Para asar a la brasa, como todo el mundo sabe, ha de usarse un carbón vegetal, o los tizones resultantes de la combustión de una madera aromática. Según las regiones y los usos, adquieren relevancia mítica el roble, la encina, el naranjo, el sarmiento y otras. En el momento de colocar la pieza sobre la parrilla, esta debe estar caliente y no debe existir llama. No hay que salar hasta el final, pues el salado provocaría el desangrado de las carnes. Cuanto más ancho sea el trozo de carne o pescado debe situarse más lejos de la brasa, para dar tiempo a que penetre el calor en el interior, mientras se va coloreando la superficie. El refinamiento está en conseguir el dorado sin resecar el interior, así como la tenue carbonización de las grasas, lo que se consigue con las caricias aisladas de las lenguas de fuego que surgen de la brasa cada vez que sobre ellas cae una gota de grasa fundida. Como puede entenderse, es algo tan sencillo que a veces resulta harto complicado.

Al observar un corte de salmón pueden apreciarse en sección las cortas fibras musculares, que se disponen en capas y que se mantienen unidas por una malla brillante de tejido conjuntivo. Como la carne es blanda, el paso del pescado por la plancha o parrilla, con calor fuerte, ha de ser breve, solo el tiempo necesario para que la proteína coagule, perdiendo su transparencia; si nos pasamos, lo haremos más seco. Durante el asado, el colágeno del tejido conjuntivo se transforma en gelatina; eso hace que las fibras musculares puedan separarse en capas, pero también que la pieza pierda consistencia, y por ello un exceso de cocción que elimine por completo el colágeno podría hacer que la pieza se nos deshaga al querer llevarla al plato. El hecho de que el tejido conjuntivo sea más abundante en cabeza y cola, donde hay mayor actividad muscular, da lugar a la preferencia de algunos por los pescados asados «a la espalda», y que conservan esas partes del animal que se vuelven gelatinosas en el asado.

El color del músculo en el salmón está determinado por la astaxantina, un pigmento similar al betacaroteno que tiene la zanahoria, y que los salmones en libertad adquieren de los crustáceos que comen al hacer su migración anual. Es completamente diferente el motivo del color en las carnes de mamíferos; en estos casos el responsable es la mioglobina, un compuesto parecido a la hemoglobina que hay en la sangre y que como ella contiene hierro. Cuanta más mioglobina tiene una carne, más roja y oscura es. En la carne de vaca puede representar el 0,5 % del peso, en la de cordero el 0,25 % y en la de cerdo el 0,06 %. Por supuesto, también depende de la edad del animal, y por ello la carne de ternera es mucho más clara que la de vaca. La ternera de Ávila, que se alimenta exclusivamente de leche en sus seis primeros meses, no ha tomado alimentos con el hierro necesario para formar la mioglobina que enrojece la carne.

La función de la mioglobina es almacenar en las fibras musculares el oxígeno que necesitan para poder disponer de la energía que se gasta en la contracción, de manera que los músculos que más trabajan son los más rojizos. Los músculos de contracción rápida —como las pechugas de las aves que no vuelan— no tienen ese pigmento y son blanquecinos. El color de la carne varía al calentar; a 70 °C se rompe la estructura de la mioglobina, con lo que el músculo se vuelve rosado, y a los 80 °C las paredes celulares se agrietan y rasgan, salen los jugos y la carne se torna de un color pardo. A esa temperatura también es cuando comienza a disolverse el colágeno del tejido conjuntivo (tendones), transformándose en gelatina. Sin embargo, la reacción de Maillard necesita los 130 °C para manifestarse. Puede que la explicación parezca compleja, pero la receta es fácil: las piezas grandes, carnes duras y con tendones, a fuego lento, es decir lejos de la brasa; los pescados, piezas pequeñas y carnes blandas, a calor fuerte.

San Lorenzo, patrón de parrilladas

En una capilla que se encuentra a la entrada de la iglesia de san Lorenzo, en la vía Panisperna de Roma, se conserva una parrilla en la cual se dice asaron el día 10 de agosto del año 258 al mártir archidiácono patrono de Huesca. La reliquia puede verse si previamente se lo pide uno al franciscano sacristán. Dice el libro *Saints Preserve Us*, de Sean Kelly y Rosemary Rogers (en esto de las historias raras siempre es bueno citar la fuente), que el Papa Gregorio XIII —que reedificó la iglesia en 1575— tuvo el detalle de regalar al monasterio de El Escorial un frasco con la grasa fundida del santo, que previamente había sido recogida durante su asado por alguien devoto. Aunque hoy no todo el mundo está de acuerdo en la autenticidad de esas tradiciones, bien puede considerarse a nuestro santo como el patrono de los asados, por el humor con el que aseguran se tomó el suplicio (dicen que él mismo solicitó le dieran la vuelta cuando estaba hecho por un lado) y porque a todas luces era partidario de poner toda la carne en el asador, como cuando regaló a los pobres los bienes de la iglesia en lugar de darlos al alcalde de Roma que se los había pedido.

El monasterio de san Lorenzo de El Escorial fue mandado construir por Felipe II en 1563, como agradecimiento por haber sido un 10 de agosto (san Lorenzo) cuando el rey español había conseguido su victoria contra el rey de Francia en la batalla de San Quintín. El arquitecto, Juan de Herrera, hizo que la planta del monasterio recordase el diseño de una parrilla. Las obras se concluyeron en 1584.

Cazuela y olla de barro típicos de Buño (Galicia) [fotografía del autor].

7. Guisos a la cazuela

«Cocinar hizo al hombre, afirmaba el biólogo Faustino Cordón (1909-1999), razonando que, al cocinar, el ser humano no se limitaba a buscar los alimentos, sino que los preparaba, los creaba, en definitiva los inventaba, cosa que no hacen otros animales; para él, este hecho crucial ha sido uno de los desencadenantes en el aumento de poblaciones de nuestros antepasados. Cocinar fue primero seleccionar; luego, asar con el manejo del fuego; más tarde, hervir en líquidos gracias a la cerámica; y, al fin, guisar. Asar y guisar siguen siendo las técnicas básicas de nuestra alimentación, pese a todos los adelantos conseguidos en la historia. El guisar implica el manejo de diferentes materias primas, artes, técnicas e instrumentos. Guisar es, en definitiva, cultura. Todo guiso implica una elaboración o aderezo peculiar, y no en vano la expresión «de esa guisa» es sinónima de hacer las cosas de modo o manera particular.

El recipiente por antonomasia para el guiso es la cazuela. Es una vasija más ancha que profunda, que se emplea también para estofar y rehogar. Las hay de barro y de metal, estas a veces recubiertas de material cerámico, con lo que se previene la oxidación y el ataque por los ingredientes ácidos. En particular llamamos guiso al plato preparado haciendo cocer los alimentos en una salsa, tras previamente haberlos salteado, hasta dorarlos, o bien rehogado en aceite o grasa. A diferencia del dorado, en el rehogado se cuecen

Cazuelas de hierro esmaltado [Yukihipo].

los alimentos a fuego no muy vivo, y normalmente con la cazuela tapada, sin que tomen color. Las cazuelas metálicas se usan también para estofar, proceso consistente en cocinar poniendo todo a la vez en crudo, tapado (estofado viene del francés *étouffée* que significa asfixiado) y a fuego suave. Suele hacerse con alimentos ricos en agua. Así se provoca la exudación y el intercambio de sabores.

En los recipientes de poco fondo, como son las cazuelas, es muy importante el material con el que están fabricadas. Es básico que la superficie expuesta al fuego distribuya uniformemente el calor. De lo contrario, los alimentos se calentarán más en una parte que en otra, se pegarán al fondo, y se quemarán, a no ser que se esté continuamente removiendo o agitando el recipiente. El problema no existe si el líquido de cocción es abundante, pero la cuestión es clave en los guisos. Entre los materiales presentes en los recipientes de cocina, los que mejor conducen el calor son el estaño, el cobre y el aluminio, y después el hierro fundido. El acero inoxidable está entre los metales peor conductores. En la zona inferior de la escala están los aislantes del calor, como el barro, la porcelana y el vidrio. Esta misma propiedad de conservar el calor los convierte por otra parte en buenos recipientes de servicio, de modo que pueden llevarse a la mesa. Los recipientes de barro, además de conservar el calor no comunican sustancias ni sabores extraños a los alimentos (han pasado a la historia los peligrosos tiempos en que se vidriaban las vasijas con sales de plomo).

Otro factor que contribuye a la uniformidad de calentamiento es el espesor de las paredes del recipiente, aún a costa de hacerlos pesados. Por cierto, que los recipientes de acero recubiertos de una delgada capa de cobre pueden ser muy bonitos, pero no aportan nada a la cocina. Los recipientes de cobre de paredes gruesas son buenos, siempre que estén limpios —sin incrustaciones de carbón— y pulidos. Son emblemáticos los alambiques, las marmitas y los antiguos calderos para cocer el pulpo. En cuanto a la toxicidad de los alimentos cocinados en cobre… mi recomendación es que no los consuman todos los días, pero nada de histerias. No se pierdan un pulpo porque haya sido cocido en caldero de cobre. El aluminio presenta las ventajas de ser buen conductor, ligero y barato, aunque reacciona fácilmente con algunos alimentos, que lo ennegrecen. El hierro, aunque puede pasar a los alimentos, no es tóxico y su exceso en el cuerpo se elimina fácilmente.

La cocción de los alimentos tiene lugar por acción del calor y este se transmite dentro de la olla por convección

Un estofado de ternera cocinado en una cazuela de hierro esmaltado [Saranya].

(el líquido que se calienta en el fondo del recipiente sube y va calentando a los demás materiales) o por conducción (una partícula de materia al moverse transmite calor a sus vecinas). Este proceso de conducción es más lento en los alimentos, que normalmente son malos conductores, por eso se puede llegar a quemar en la superficie algo que en su interior está frío. La cocción a fuego lento permite una penetración paulatina del calor, sin que existan grandes diferencias de temperatura entre el exterior y el interior de la pieza.

La carne —y en general cualquier alimento proteínico— puede pegarse a la cazuela y quemarse, lo que sucede más fácilmente a altas temperaturas. La clave para evitarlo es impedir la reacción entre el alimento y la superficie del fondo, bien removiendo, o haciendo que exista una capa de material químicamente inerte entre ellos. Por eso se hace el salteado o dorado previo de las carnes, para que las proteínas superficiales reaccionen previamente con el aceite.

Dorar la carne antes de proceder a su cocción en el guiso es un paso clave, y el cambio de sabor que se produce fue motivo de la atención de químicos como Joseph Louis Proust, quien en 1821 dedicó un trabajo a la «quintaesencia en el arte de cocinar». Hoy sabemos que al colocar una pieza de carne en aceite o una grasa caliente se produce la ya citada «reacción de Maillard», así denominada en honor al bioquímico Louis-Camille Maillard, que la descubrió en 1912, y que proporciona a la superficie un color dorado-ocre, una textura crujiente y un sabor intenso y agradable, propio de las sustancias que se forman al superar los 130 °C a partir de los azúcares y aminoácidos que contienen los alimentos. Esta reacción no tiene lugar a temperaturas inferiores, por eso no se da cuando cocinamos con agua, que al hervir no sobrepasa los 100 °C, y tampoco si tapamos el recipiente, haciendo que los vapores vuelvan a caer sobre los alimentos. Los compuestos formados quedan en parte en la superficie de la carne, y en parte pasan al líquido, constituyendo el fundamento de la salsa.

Cinco platos con nombre propio

CHILINDRÓN. Guiso típico de Aragón, Navarra y La Rioja. Lo imprescindible es una carne (pollo o cordero), aceite, pimiento, tomate, ajo, cebolla, vino y... una cazuela que pueda taparse. Aunque el aragonés por antonomasia se prepara con pollo, el preferido en casa es el de ternasco, del que uso sobre todo bajos (falda) y cuellos. En Navarra es de cordero, lo equiparan al cochifrito y no suelen ponerle tomate.

AJILLO. En cazuelitas de barro, a veces individuales, hemos visto dorar unos ajos —acompañados o no de guindilla— y hacer, más o menos tiempo «al ajillo» unas gambas, champiñones, cocochas de merluza o angulas. El pollo o conejo al ajillo necesita cocción lenta y también algo de vino blanco.

AJOARRIERO. Se cree que este plato lo crearon los arrieros que cruzaban Navarra de Bilbao a Zaragoza, y lo preparaban para el almuerzo a la orilla de un río en cazuela de barro. Además del bacalao desmigado podían añadir al aceite con ajos una guindilla, pimiento verde, tomate y quizás unos cangrejos. Cuando aquello estaba cocido se completaba con huevo, haciendo un revuelto. Mi preferido lleva en el aceite los ajos laminados, ramitas de coliflor cocida y pimentón, además del imprescindible bacalao en migas.

HUEVOS A LA FLAMENCA. Según parece así llamados por haber triunfado en un día de caza de Carlos IV, como parte del almuerzo en una finca del Real Sitio de Aranjuez llamada La Flamenca. La receta más común pone una cazuela para cada comensal, y en ella un par de huevos escalfados sobre una salsa de tomate con guisantes, jamón, chorizo y alguna otra verdura (judías verdes, espárrago, pimiento...).

PEPITORIA. Plato de origen castellano nacido para la gallina pero cuyo uso se amplia a gallos y pollos, que ya aparece descrito en recetarios del siglo XIII. Su nombre indica que en el guiso han de incluirse todas las partes del animal, incluyendo cresta y patas, higadillos y demás. Intervienen en el mismo, junto a los imprescindibles cebolla y ajo, yemas de huevos cocidos, almendras molidas y pan frito. Los aromas correrán a cargo de canela, clavo, cominos y azafrán.

Breve diccionario de recipientes de cocción

CAZO. Recipiente cilíndrico o algo más ancho en la boca, que a veces lleva un pico para verter. Con asa o mango. Se usa para calentar líquidos.

CAZUELA. Vasija, más ancha que honda, de barro o metal, que sirve para guisar, estofar, rehogar...

MARMITA. Olla de metal (acero o cobre), con tapadera ajustada y una o dos asas. Se usa para cocidos y estofados.

OLLA. Vasija de barro o metal, cilíndrica o con barriga, de boca muy ancha y con una o dos asas. Sirve para cocer.

PAELLA. Sartén ancha, muy baja y con dos asas en que se hace el plato de arroz seco típico de Valencia.

PUCHERO. Vasija normalmente de barro, con base pequeña, panza abultada, cuello ancho, y una sola asa junto a la boca. Se usa para cocidos.

SARTÉN. Recipiente metálico, poco profundo y con un mango largo. Se usa para freír y saltear (cocer en grasa a fuego vivo, removiendo).

Emilia Pardo Bazán, ilustración aparecida en la revista
La Esfera a principios del siglo xx.

8. Fritos, frituras y fritangas

El conjunto de preparaciones culinarias que surgen de la poderosa pareja aceite-sartén es mayor de lo que muchos puedan imaginar; quizás por ello, en su libro *La cocina española antigua*, la condesa de Pardo Bazán se esfuerza en hacernos distinguir entre fritos, frituras o fritadas y fritangas. Esta última categoría —con matiz levemente despectivo— queda para cuando se pasa en una sartén con aceite o grasa abundante un conjunto más o menos rudo de alimentos troceados. Las frituras o fritadas serían los platos en donde el protagonismo lo lleva la materia prima, que se acondiciona muy sencillamente para ir a la sartén; un «pescaíto frito» pertenecería a esta categoría. Los fritos por excelencia son, según la Pardo Bazán, manjares que se preparan «con arte y regularidad» para la sartén. Por ejemplo, unos churros o unos buñuelos.

A mi humilde entender, en el conjunto de los fritos han de destacarse, por encima de todos, las croquetas. No acabo de entender la escasa presencia en la literatura gastronómica de esta joya de la cocina, que puede presumir de figurar en las mesas de los mejores restaurantes, es obligada entre los pinchos de recepciones y evoca con frecuencia placeres del pasado. Lo que sucede, creo, es que son muchas las falsificaciones de croqueta. La auténtica ha de hacer honor a su nombre: ser crujiente en la superficie y sensualmente cremosa —casi fluida— en su interior. Con seguridad el lector habrá probado también croquetas que rebosan harina en su interior y resultan parecidas al engrudo. El tamaño ideal de la croqueta es de uno o dos bocados, teniendo estas últimas la ventaja de que al dividirlas en dos con el tenedor puede apreciarse a la vista si han enfriado lo suficiente.

Evidentemente, las mejores croquetas las hacía mi madre. Con ella aprendí lo importante que era la paciencia en la cocina. Para hacer la pasta era importante no excederse con la harina y añadir la leche poco a poco, sin dejar de remover. Nunca menos de media hora. Luego se incorporaba el «actor de reparto o secundario», que podía ser marisco, pollo, bacalao, jamón… pero siempre muy bien troceadito. Se sazonaba con sal y pimienta blanca y luego se pasaba aquella materia semilíquida a una fuente amplia, en un espesor de poco más de un centímetro. Al enfriar, la masa se consolida de manera que ya se pueden formar las croquetas, lo que se hacía con dos cucharas, tomando la cantidad adecuada de pasta y dándole forma presionándola entre ellas. Solo resta rebozar, por este orden, en harina, huevo batido y pan rallado, para ir, de cuatro en cuatro, a freír a una sartén con aceite abundante hasta que están doradas. Luego se escurren bien y se dejan sobre papel absorbente.

El aceite de oliva es el más adecuado para freír. En primer lugar, porque resiste mejor las altas temperaturas que los de otras semillas (girasol, maíz, soja...), lo que permite llegar hasta 180 °C y 200 °C. Así se consigue el dorado, con formación de una capa impermeable, que hace que el interior permanezca jugoso. Al ser más estable con la temperatura, el aceite de oliva se descompone más lentamente e impregna menos el alimento, haciéndolo más fácil de digerir y con menos calorías. Es importante que la temperatura del aceite sea la indicada, pues si está demasiado frío (a menos de 170 °C) el frito se empapa de aceite, y si está muy caliente (el de oliva puede sobrepasar los 210 °C) humea y se descompone, formando compuestos indeseables. Suele apreciarse la temperatura del aceite añadiendo un trocito de pan; deben formarse burbujitas alrededor que le hacen subir rápidamente a la superficie.

Lo que sucede con el tamaño ideal de las croquetas puede extenderse a todos los fritos y frituras. Ha de ser pequeño para que exista tiempo para la cocción interior sin quemarse al exterior. En la pescadería saben que al trocear un pescado para frito (merluza, rape...) las rodajas han de ser más delgadas que si su destino es la cocción en agua. Los pescados necesitan una preparación mínima para su fritura; basta con lavarlos y secarlos bien, ponerles sal y rebozar en harina. Los bichos pequeños integrantes del «pescaíto frito» de Cádiz, de Málaga o de Sevilla, son una delicia que a veces —¡ay!— conlleva sus riesgos ecológicos. Sardinas, boquerones, bacaladillas, jureles, acedías, panchitos, salmonetes, lenguaditos, junto con huevas de algunos de ellos, pequeños cefalópodos (puntillitas y similares) y tantos otros son candidatos a ofrecer, una vez bien fritos, uno de los mayores placeres del «comer con los dedos».

El rebozado en harina es también la preparación suficiente para otras frituras de verduras, como pueden ser unas pencas de acelga rellenas o una coliflor, aunque también se puede complementar con huevo batido. Esta fórmula ha recibido la denominación popular de «a la romana» —por mucho que la desconozcan en Roma—, sobre todo cuando se aplica a la merluza en rodajas y a los aros de calamar, que, por cierto constituyen el preparado congelado de más amplia venta. Con ese éxito, debido más a su facilidad de preparación que a sus cualidades, no debemos caer en el engaño, pues en análisis realizados resultó que solamente un 35 % de su peso corresponde al «calamar», siendo el resto harinas, féculas, almidón y aceite, además de nueve aditivos. O sea que, en puridad, más que calamares rebozados serían unos «fritos de calamar».

Suele llamarse «empanado» al rebozado completo de un alimento con harina, huevo y pan rallado, como el de las croquetas. Así van también las llamadas «milanesas», un plato cuya paternidad se disputan austríacos e italianos del norte y que parte de un escalope fino de ternera que se reboza, a veces con queso parmesano rallado y en su versión original se hace freír en manteca o mantequilla. Parece que su origen se remonta a la Edad Media, cuando los clérigos de la iglesia de san Ambrosio, obispo patrono de Milán, decidieron honrar a san Sátiro, hermano de Ambrosio —todavía no se por qué— con una carne rebozada de esa forma, que daba al manjar un aspecto de oro. Sería el mariscal austríaco Radetzky, enviado al norte de Italia para reducir la rebelión contra los Habsburgos, quien en 1848 la probó en Milán y en 1855 envió por carta a Viena la receta de *cotoletta alla milanese.* Cuando volvamos a acompañar con palmas la marcha que compuso Johann Strauss (padre) en honor del mariscal, nos acordaremos de las milanesas.

No acaba ahí el papel de aceite y sartén en la cocina, y en la cocina española gozamos de numerosas versiones de empanadillas, buñuelos y muchos tipos de fritos, sin olvidar otros platos que, con ligeras variantes, tienen ese imprescindible punto de partida, como las preparaciones al ajillo de pollo o conejo. Son placeres que se enaltecen con nuestro aceite de oliva.

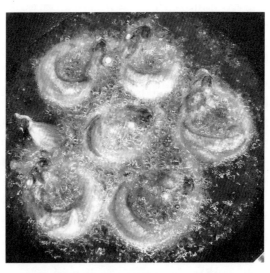

Fritura de pescadillas (merluzas muy pequeñas) mordiéndose la cola [fotografía del autor].

Frituras internacionales

TEMPURA. Este plato, presente en todos los restaurantes japoneses, es de origen... portugués, pues fueron los vecinos quienes parece que lo llevaron a Japón en el siglo XVI. Consiste en freír, como siempre en aceite caliente y abundante, un alimento —normalmente hortalizas, mariscos o pescados limpios de caparazones y espinas— que se ha rebozado en una pasta ligera, a base de harina con levadura, sal y azúcar, y que previamente habrá reposado unas tres horas. Al salir del aceite se deja escurrir sobre papel absorbente. Ha de quedar una cubierta nada pastosa, semitransparente y con burbujitas, de modo que permita al menos ver el color del interior (zanahorias, pimientos verdes y rojos, espárragos, berenjenas, cebolletas, gambas, langostinos, calamares...). Aunque lo sirvan indefectiblemente así, la salsa de soja no es obligatoria. Prueben otras alternativas y verán.

FOUNDUE BOURGUIGNONNE (DE CARNE). Una comida festiva que provoca la conversación, ideal para un grupo de 4-8 personas. En un *caquelón* de acero o de hierro esmaltado, se coloca aceite caliente y abundante, y con una fuente de calor moderado adicional, para que no se enfríe durante la comida. La carne, lomo o solomillo cortado en dados, puede ser de buey, ternera o cerdo, aunque también se emplea pechuga de pollo. Cada comensal pincha un trozo de carne y lo sumerge en el aceite el tiempo necesario para la formación de una costra externa. Luego en su plato se sirve con una de las salsas ofrecidas, que pueden ser *kétchup*, mostazas, mayonesa, alioli, bearnesa, tomate, *chutney*, de curry y otras, donde no debe faltar una picante. Se suele acompañar con patatas *chips* o encurtidos en vinagre. Se dice que esta forma tiene su origen en 1476 con la invasión de Suiza por Don Carlos de Borgoña, el Temerario.

Postal publicitaria de comida enlatada Cooked Corned Beef, ca. 1870-1900
[Boston Public Library].

9. Conservas: de la necesidad, virtud

Cada año se producen en el mundo más de 300.000 millones de latas de alimentos. Tan acostumbrados estamos a utilizar las conservas que muchas veces no reparamos en ello. Los aperitivos de una comida pueden incluir aceitunas, anchoas, berenjenas y encurtidos en vinagre; embutidos o ahumados; después vendrán también platos, aun elaborados con ingredientes frescos, que llevarán a su vez otros que están enlatados o previamente congelados, con salsas y caldos procedentes de envases; y lo mismo sucederá con los postres dulces, que recurren tantas veces a frutas en almíbar, por ejemplo. Todo ello sin pensar en las veces que, por aquello de la falta de tiempo, preferimos preparar algo rápido a partir de los recursos previamente cocinados que almacenamos en los armarios de la cocina o en el congelador de la nevera. En algunos casos, como puede ser el caso del bonito, incluso el alimento en conserva es más popular que el fresco.

Las conservas se inventaron para evitar o retrasar la descomposición de los alimentos, pero, a veces, hoy el producto en conserva es preferido al original. Podríamos decir que hemos hecho «de la necesidad, virtud». Es cuando la conserva ha proporcionado al producto características diferenciales que son apreciadas como un valor añadido; esto puede ser lo que sucede con el salmón ahumado, el bacalao o la cecina. Son tres ejemplos que implican otros tantos tipos tradicionales de conservación basados en la acción del humo, la sal y el sol. A lo largo de la historia, los procedimientos para mantener la duración de los alimentos fueron incrementándose, haciendo posible disponer de algunos productos durante todo el año o conocer otros procedentes de lugares lejanos. Hoy empleamos desde los más antiguos a los más recientes, como el empleo de radiaciones ionizantes y de altas presiones. Todo ello para destruir o inactivar los microorganismos y enzimas causantes de la alteración de los alimentos.

Tal como las conocemos hoy, las conservas son un invento vinculado a las guerras napoleónicas. Cuando iba a afrontar la campaña de Rusia, Napoleón estaba dispuesto a dar una recompensa a quien idease un modo de llevar alimentos en condiciones para sus normalmente desnutridas tropas. El confitero parisino Nicolas Appert venía trabajando en el asunto desde 1795; su método consistía en colocar los alimentos de manera que llenasen por completo frascos de vidrio de boca ancha, y tras cerrarlos herméticamente, calentarlos al baño maría. Enterado el ministro de Interior, conde Montalivet, le concedió en 1810 una subvención de 12.000 francos, a condición de que hiciese público su descubrimiento. Appert dio a conocer su secreto en la publicación *Le livre de tous les ménages ou l'Art de conserver pendant plusieurs années toutes les substances animales et végétales.* La difusión del libro sirvió para lanzar la industria conservera en Inglaterra, el resto de Europa y Estados Unidos.

Sello postal conmemorativo con la efigie de Appert, Francia.

Conservas en lata

Tradicionalmente la carne se conservaba en salazón o curada en seco. En 1804 Appert creó una conservera en Massy, donde envasaban carne cocida, con su jugo, en botes de hojalata con tapas soldadas herméticamente y que luego sumergían en agua hirviendo. No tuvo mucho éxito, y la solución para las carnes estaría en la congelación. Aquí conviene recordar que la calidad de los congelados depende en gran medida del tamaño de los cristales de hielo que se formen a partir del agua contenida en los alimentos. Para que sean lo más pequeños posible, y que luego al descongelar no se rompan las paredes celulares, se ha de hacer con piezas pequeñas y a temperaturas lo más bajas posible. En los congeladores caseros (uno de cuatro estrellas garantiza los -24 °C) no siempre puede realizarse bien el proceso. Existen productos cuya congelación no es recomendable, como las carnes grasas, pues la congelación no evita que continúe la oxidación de la grasa. Por ello tampoco suelen congelarse los pescados grasos, para los que preferimos el enlatado.

Desde el bonito del norte a la caballa del sur, pasando por la anchoa, los pescados enlatados constituyen un aporte precioso de proteínas de alta calidad y ácidos grasos omega-3. Esta industria nació en 1824 cuando Pierre-Joseph Colin, de Nantes, creó la primera fábrica de sardinas en lata. En España, hoy uno de los países con mayor industria conservera, se tuvo conocimiento del procedimiento en 1840 tras naufragar un velero francés en la gallega *Costa da morte*, con lo que meses después se creó una conservera de pescado. La necesidad era acuciante, pues sabemos que este producto comienza a perder calidad en el momento de su captura, y se necesita reducir la temperatura con hielo ya desde el barco de pesca. Las sardinas y boquerones pequeños resistirán así unos 3-6 días, una merluza o un rape pueden conservarse refrigerados hasta dos semanas y los peces más grandes unos

24 días. Para sobrepasar esos tiempos se necesita salazón o ahumado. Los pescados blancos suelen congelarse.

Las conservas en lata mantienen las características óptimas para su uso durante unos dos años. Ello no quiere decir que no puedan consumirse mucho después, aunque las cualidades del producto variarán progresivamente. Se conoce el caso de unas conservas que permanecieron en un barco hundido durante más de 100 años, y al ser analizadas se encontró con que no contenían bacterias y podían consumirse sin riesgo, si bien los alimentos habían perdido su olor y apariencia originales. El contenido en vitaminas A y C había descendido considerablemente, pero permanecían presentes las proteínas y los minerales. A veces las latas se nos olvidan en un rincón del armario de la cocina, pero confío en que no sea tanto tiempo.

Una sardina en conserva de aceite de oliva, lista para comer [Mara Ze].

Sin conservantes ni colorantes

En los envases de algunos productos en conserva aparecen a veces carteles en letra de notable tamaño con la advertencia «Sin conservantes ni colorantes». Es curioso que en muchas otras estanterías del supermercado otros envases ofrecen a su vez una lista de aditivos, esta vez en letra diminuta. Todo hace concluir que los conservantes y colorantes no gozan de buena imagen.

Para las personas preocupadas por ello, esa observación no quiere decir que el producto no contenga otros aditivos. Los designados con la letra E son los aprobados por la Unión Europea, e incluyen colorantes y conservantes, pero también antioxidantes, gelificantes, estabilizantes y espesantes, potenciadores del sabor, agentes de recubrimiento, gases, edulcorantes y derivados del almidón. Entre los más sospechosos están los colorantes tartrazina (E-102), amarillo quinoleína (E-104), amarillo naranja S (E-110), azorubina rojo (E-122), azul patente V (E-131) y el conservante ácido benzoico (E-211) y sus derivados.

La incorporación de aditivos a los alimentos tiene antecedentes antiguos. Ya cuando comenzaron a elaborarse las conservas de vegetales, pronto aprendieron algunos fabricantes a añadir sulfato de cobre a los tarros para evitar que las verduras aparecieran blanquecinas. Evidentemente, el nivel de los riesgos implicados por estas prácticas hizo necesario el establecimiento de un altísimo nivel de control sobre el contenido de todo tipo de alimentos en conserva. Para garantizar su inocuidad, los aditivos autorizados hoy están sometidos a un mayor número de análisis y ensayos que los alimentos mismos. Los principales controles se ocupan de la toxicidad y posible carácter oncogénico de los aditivos, aunque siempre se recelará de los posibles efectos a largo plazo, o en combinación con otras substancias. También hay que señalar que existen discrepancias a la hora de autorizar algunos según los países.

Encurtidos en vinagre

Los encurtidos en vinagre constituyen una de las formas de conserva más antiguas, pues existen referencias de su existencia hace 5.000 años. Se preparan colocando en un frasco de vidrio los vegetales (coliflor, guindilla, cebollita, apio, zanahoria, pepinillo, alcaparra...), que previamente se habrán hervido un momento en cuatro partes de agua con una de vinagre de 6 o 7 grados, azúcar y sal. El ácido del vinagre es quien impide el crecimiento bacteriano que llevaría a la descomposición de los alimentos. Las famosas berenjenas de Almagro, en el corazón de La Mancha, son los frutos verdes de la especie *Solanum melongena,* sometidos a cocción y después encurtidos en un aliño con agua, vinagre, aceite, cominos, pimentón, ajo y otras especias. A veces lleva pimiento rojo «embuchado» y va sujeta con una varilla de hinojo.

Encurtidos en un mercado, donde destacan las tradicionales berenjenas de Almagro [Álvaro Germán Vilela].

10. *Mermeladas, jaleas y confituras*

Posiblemente la encarnación de las manzanas de oro del jardín de las Hespérides no fuese una manzana, sino un membrillo. El fruto del membrillero (*Cydonia oblonga*) guarda cierto parecido con la manzana, pero tiene una forma más alargada e irregular, como si fuese un híbrido de manzana, pera y limón. En la antigua Grecia, los membrillos estaban dedicados a Afrodita, y eran símbolo de amor y fecundidad, siendo costumbre que los recién casados comiesen ese fruto antes de compartir el lecho conyugal. Eran muy famosos los de Cydonia, la actual ciudad de Khaniá en Creta, lo que es razón de su nombre científico. Es un árbol autóctono de Europa meridional, que hoy cultivamos en Valencia, Murcia, Andalucía y Extremadura. Se utiliza también como patrón para el injerto de manzanos. El fruto es de color amarillo dorado intenso y de una fragancia profunda y elegante. La carne es compacta, áspera y ácida, y no suele comerse en crudo. Se pueden conservar durante meses, y antiguamente se utilizaban para perfumar la ropa en los armarios. Desde el punto de vista nutricional, lo más importante es su contenido en pectina y mucílagos —es decir, fibra— y en taninos, lo que le confiere un poder astringente.

Para hacer carne de membrillo (*codonyat* en catalán, y también codoñate en castellano) se cuecen los frutos unos 20 minutos, después de quitarles bien la pelusilla, en agua con unas cortezas de limón. Cuando están cocidos, fríos y bien escurridos se cortan en trozos, desechándose la piel y la carne granulosa que rodea el corazón, y luego se tritura hasta obtener un puré muy fino. Se añade entonces ¾ de kilo de azúcar por cada kilo de puré y se calienta a fuego suave sin dejar de remover con una cuchara larga de palo, teniendo gran precaución en evitar que nos quemen las inevitables, constantes y a veces violentas salpicaduras. Cuando la cuchara al remover deja surco sobre la superficie de la pasta puede finalizarse la cocción, y se coloca la carne en moldes recubiertos de papel parafinado. Tras dejarlo enfriar un día, puede sacarse del molde y consumirse o congelarse, si se ha hecho gran cantidad, pues se conserva muy bien.

Con el agua de cocción y de escurrido, que contiene pectina, puede hacerse una jalea, concentrando el líquido una vez filtrado y añadiendo azúcar en proporción 1:1, tras lo cual se calienta hasta obtener un jarabe de densidad 1,24 (lo

Antigua lata de dulce de membrillo La Fama.

que corresponde a la viscosidad necesaria para que los orificios de la espumadera, una vez escurrida, queden cubiertos). Este jarabe puede verterse en recipientes en donde solidificará al enfriar, obteniéndose las formas deseadas de una jalea gelatinosa y cristalina, de delicado sabor. Puede aromatizarse añadiendo al líquido primitivo trozos de corteza de naranja o de limón, unos clavos de olor, un palo pequeño de canela o una vaina de vainilla.

El membrillo contiene pectina y mucílagos, un tipo de fibra que es fermentable (a diferencia de la fibra compuesta por celulosa y lignina propia de los cereales, por ejemplo), e incrementan la fermentación en el colon, además de retardar el vaciamiento gástrico y fijar los ácidos biliares. En el estómago e intestino delgado estas fibras captan agua y forman compuestos de elevada viscosidad, con lo que ayudan a regular la formación de heces. Parece comprobado que la pectina, por su parte, ayuda a disminuir el riesgo de enfermedad coronaria, al reducir la longitud de las redes de fibrina que forman parte de los coágulos en la sangre.

La solución de preparar dulces de fruta se aplica también a muchas otras que presentan algún problema para consumirse en crudo, bien por su acidez o dificultad de conservación. Este es el caso, por ejemplo, de las naranjas amargas y de las bayas de otoño, como grosellas, arándanos y frambuesas. Con ellas se preparan mermeladas, confituras y jaleas. Si bien los ingredientes esenciales en esos casos son los mismos (frutas y azúcar), la ley establece las proporciones mínimas para poder comercializarse con uno u otro nombre. Una mermelada extra, por ejemplo, ha de tener un mínimo de fruta del 50 % del peso, y las cantidades de piel, pepitas, semillas y pedúnculos no ha de llegar al 1 %. Las confituras (mezclas de azúcar con pulpa de fruta) tienen una proporción de fruta algo menor, así como las jaleas.

El azúcar añadido actúa como agente conservador, pues al aumentar la presión osmótica inhibe el crecimiento de bacterias. A ello también ayuda el carácter ácido de esas frutas.

El contenido calórico de las mermeladas es alto (2,2 kcal/gramo) debido al azúcar que contienen. Las mermeladas «dietéticas» en lugar del azúcar sacarosa contienen fructosa, otro azúcar que se absorbe muy lentamente y no provoca cambios de concentración de glucosa en la sangre. Pero ha de tenerse en cuenta que la fructosa aporta prácticamente las mismas calorías que la sacarosa, por ello esas mermeladas no son buenas en casos de obesidad. Es necesario advertirlo, porque a veces aparecen etiquetadas como «sin azúcar» o «sin azúcar añadido». Por otra parte, los aditivos más frecuentes de jaleas y mermeladas son antioxidantes (ácido ascórbico, citratos, lactatos, tartratos).

Tarjeta postal publicitaria de mermeladas y conservas dulces, ca. 1870-1900 [Boston Public Library].

Joyas del otoño

Las bayas han sido un remedio tradicional en la medicina popular, como las frambuesas, empleadas para trastornos hepáticos, o los arándanos rojos, que ya las tribus precolombinas utilizaban para infecciones de las vías urinarias, lo que hoy explicamos por su posible efecto antibiótico. Sus propiedades terapéuticas están basadas en su contenido en fibra y sustancias antioxidantes, como ácido ascórbico, tocoferoles, flavonoides y antocianidinas.

Endrino (*Prunus spinosa*). Da una drupa azul oscura o negra, que se utiliza para jaleas y mermeladas, para preparar el pacharán y otros licores.

Madroño (*Arbutus unedo*). El fruto es una baya de carne amarillenta, dulce pero indigesto. Si están muy maduros contienen alcohol. Se usan para fabricar licores caseros. Este arbusto forma parte del escudo de Madrid.

Grosella blanca (*Ribes grossularia*). Fruto amarillento con piel algo vellosa, de sabor ácido, más o menos dulce. Algunas variedades se consumen en crudo, con otras se hacen jaleas y mermeladas. También se emplean en repostería.

Grosella negra (*Ribes nigrum*). Fruto parecido al arándano, de piel gruesa y carne roja, aromática y ácida. Se usa para jaleas y licores (*crème de cassis*). Tiene efectos laxantes y más vitamina C que el zumo de naranja.

Grosella roja (*Ribes rubrum*). El fruto es una baya cristalina. Se consume en crudo y también en jaleas y mermeladas. Rico en azúcares y vitaminas, es diurético y laxante (si está bien maduro).

Arándano (*Vaccinium myrtillus*). Fruto de color rojo que al madurar se vuelve azul oscuro o negro, redondo, con una coronilla. La pulpa es jugosa, dulce y ácida. Se usa en crudo y también para jaleas, mermeladas y licores. Contiene taninos.

Frambuesa (*Rubus ideaus*). El fruto está formado por drupas agrupadas en piña. Es muy delicado y pierde aroma desde el instante de su recolección. De sabor agridulce, se consume cruda, en mermeladas y jaleas.

Zarzamora (*Rubus fruticosus*). Crece silvestre en toda la península ibérica. El fruto maduro es negro, aromático, de sabor ácido y dulce. Se consume en crudo, en mermeladas, jaleas y licores. Es astringente y también diurético, por su contenido en potasio.

La zarzamora es una planta silvestre que produce los frutos llamados moras [E. Lines].

11. *El horno y su calor envolvente*

El horno es uno de los elementos más fascinantes de la cocina. En esencia, su función es atrapar el calor en un espacio, para transmitirlo a los alimentos que se colocan en el interior. Esta transmisión se realiza en parte por radiación de las paredes (en forma de ondas electromagnéticas); por convección, llevado por las corrientes de aire caliente; y también por conducción en contacto directo con la solera en los antiguos hornos de leña. Estos son calentados previamente a la cocción, aprovechando que las paredes de piedra, de ladrillo o de barro conservan el calor durante un largo tiempo. En los modernos hornos eléctricos o de gas se suministra calor continuamente, se producen mecánicamente corrientes de aire y se alcanzan temperaturas superiores a 260 °C.

La cocción al horno es el medio ideal para piezas grandes de carne, o pescados que por su tamaño requieran de tiempos largos, de modo que el calor de la superficie pueda llegar a alcanzar el centro de la pieza por conducción. Cuando un alimento se somete a las altas temperaturas de un horno, la superficie es la primera en calentarse, y comienza a perder agua, que pasará al aire. Paulatinamente va formándose una costra superficial. A horno fuerte esa costra se forma muy pronto, y puede incluso llegar a quemarse el exterior mientras el interior permanece crudo. Por ello es un arte el de los maestros asadores. Tras el asado, la pieza debe reposar, para que el jugo del interior, que no ha tenido temperaturas muy altas, se difunda hacia la periferia.

Cuadro de Jean-François Millet, La panadera (1854) [Museo Kröller-Müller, Otterlo].

Una de las funciones del asado es el incrementar el placer de la comida. La costra dorada que se forma en los alimentos —tanto en el pan, en el bizcocho o en las carnes, y que se ha formado a temperaturas superiores a 130 °C— contiene la riqueza de sustancias producidas por las complejas reacciones de Maillard. Además, en el caso de la carne, en el interior, los tendones se convierten en gelatina, la grasa se hace líquida, fluye por los canales que se forman y así se genera la salsa. Por su parte, a 70 °C la mioglobina se oxida y se vuelve rosa, y a 80 °C las paredes celulares se rompen y el color se torna pardo grisáceo. Las proteínas se desnaturalizan y la capacidad de retención de agua disminuye. Por ello, el exceso de cocción a baja temperatura nos lleva inevitablemente a piezas secas.

Los primeros hornos se los debemos a egipcios y babilonios, hace más de 5.000 años, y en esencia consistían en una especie de tapa de adobe en forma de campana que permitía que por primera vez los alimentos se cocinasen tanto por arriba como por abajo. En otras culturas de la antigüedad usaban hornos abiertos, para lo que se hacía un hueco o zanja que se forraba de piedras, y luego se calentaban con fuego antes de colocar los alimentos, que se cubrían con vegetación. En algunos países orientales usaban el horno *tandoor*, de forma cilíndrica, con un fuego de carbón vegetal en su parte inferior y que llegaba a alcanzar temperaturas superiores a 400 °C. Este horno permitía ahumar los alimentos al tiempo que se cocinaban, pero tiene el inconveniente de que al tener la puerta por la parte superior se tienen notables pérdidas de calor.

Hace más de 2.000 años, los griegos decidieron acostar el horno *tandoor*, poniendo la puerta en la parte frontal y añadiendo una solera. Los hornos con la puerta delantera eran más eficientes. Se construían de piedra o de ladrillo refractario, materiales que acumulan el calor durante un largo tiempo, con lo que era posible retirar el fuego antes de introducir los alimentos. Así se han conservado los hornos de leña hasta nuestros días. Se calientan mediante la combustión de madera en su interior, saliendo los humos por la puerta, donde suele haber una chimenea. Una vez caliente el horno, las brasas se apartan a la periferia del mismo, dejando a veces viva una llama para poder ver el interior.

No hace muchos años el horno de leña era un elemento imprescindible en las casas rurales. A veces, situado en la cocina, y otras, en una esquina del corral. Se hacían de piedra o adobe, y de forma circular u oval, con una bóveda curva que facilitaba la circulación del aire caliente. Se calentaban haciendo arder en su interior ramas de llama viva y combustión rápida, hasta que el color de la piedra tornaba en un blanco característico. La temperatura del horno de leña disminuye con el tiempo. Al principio, recién apartadas las brasas, está más caliente, y es el momento de asar piezas planas que se harán pronto. Luego, a menor temperatura, se pueden poner los bollos y las piezas de repostería. Cuando una situación está muy caliente se dice que «no está el horno para bollos».

El cabrito, el lechazo y el cochinillo son los tres reyes del horno. Los dos primeros pueden prepararse de modo análogo. En una versión casera del asado al modo de Aranda o de Sepúlveda, pongo en cazuela de barro, con un vaso de agua en el fondo, una pieza del animal (yo prefiero siempre el cuarto delantero, dejando la pierna para un chilindrón, cochifrito o bien, cortada en chuletas, para asar a la brasa de sarmientos y servir con ajoaceite). La coloco con sal y con el interior hacia arriba, en horno precalentado a 170 °C. A la hora y media se le da la vuelta y, si es necesario, se añade más agua al fondo. Vuelve al horno hasta que esté en su punto. El tiempo total estará entre 150 y 180 minutos.

El rosbif, señal de identidad

Los ingleses han convertido el rosbif (*roast beef*) en un plato emblemático. Se trata de un corte del lomo alto de vacuno que se asa a horno medio (unos 180 °C) de modo que resulte sangrante o rosado en su interior. La forma de la pieza se conserva atándola con un bramante fino. Lo sirven en lonchas finas con patatas al horno, hortalizas al vapor (judías verdes, zanahorias...) y el típico Yorkshire pudding, que es una especie de madalena hecha con harina, huevos y leche, cocida a horno fuerte. En una segunda vuelta, es decir ya frío, y ahora aderezado con mostazas y encurtidos, sirve para unos maravillosos sándwiches.

Secretos a voces

— Las piezas han de entrar siempre en el horno caliente.
— No es conveniente pinchar las piezas de carne, pues se facilita que salgan los jugos, y pueden resecarse.
— Durante la cocción no se debe abrir la puerta más que lo imprescindible.
— No hay que dar vueltas a las piezas continuamente. Primero que se haga por un lado, luego por el otro.
— Los pescados y mariscos van a mayor temperatura.
— La palabra bizcocho proviene del latín: *bis coctus,* que significa cocido dos veces. Los bizcochos se secaban en el horno después de cocidos para conservarlos mejor.
— El horno sirve también para hacer arroces, aves, pescados... para cocina a la papillote o a la sal.
— El asado es una técnica recomendada para las personas en régimen alimenticio, no añade valor calórico.
— Al horno se asa y se cuece. Decimos cocer el pan y asar el cordero. Pero algunos defienden que asado es término propio del espeto, de la plancha, de la parrilla o de la brasa.

Olla a presión (1932) expuesta en la sede del MUNCYT
en La Coruña [fotografía de Luis Carré].

12. *Olla a presión entre mil maneras de cocción*

Es sabido que la cocción de los alimentos cumple diversas funciones, siendo la primera y más importante el incrementar el placer de la comida. Las ideas de los científicos concuerdan en que el descubrimiento del asado fue una de las primeras chiripas (o serendipias) que se le ofrecieron al ser humano, pues resultó que aquel pobre animal, hallado entre cenizas humeantes, estaba mucho mejor así doradito que si se comía en su estado natural. Pronto aprendimos que el tratamiento de los alimentos por calor convertía en comestibles productos que antes no lo eran; hoy sabemos que la cocción, por ejemplo, destruye el almidón, con lo que patatas y cereales se ablandan, y coagula las proteínas, con lo que son más digeribles. Ello enriqueció la dieta de manera importante. Además, el calor eliminaba prácticamente todos los agentes patógenos que se encuentran en los alimentos crudos, aunque también durante miles de años estuvimos sin comprender por qué. Las salmonellas, los anisakis o las trichinellas no soportan las temperaturas de cocción. Otra ventaja más. Poco a poco fueron inventándose modos distintos de cocer los alimentos, cambiando el medio que los rodea (aire para los asados, aceite para los fritos, agua para los hervidos), así como otras variables, como el tipo de recipiente o la intensidad de calor. Así aprendimos que si queremos ablandar el colágeno que forma los tendones y convertirlo en gelatina necesitamos una cocción prolongada a fuego lento, y que si deseamos un dorado exterior hemos de aplicar una temperatura superior a 130 °C. Durante la cocción tienen lugar muchísimas reacciones químicas que dependen no solo de la temperatura, sino también del medio que rodea a los alimentos. Como consecuencia, desaparecen algunas sustancias químicas y se forman otras, lo que hace variar las características de los ingredientes de una comida, que aparecerán de distinto color, más o menos voluminosos, secos o concentrados, y que habrán intercambiado los sabores con sus vecinos de recipiente.

La cocción en medio acuoso puede realizarse con distintos líquidos (agua, caldo, vino, sidra, cerveza, leche...) y tiene como principal característica el que la temperatura se mantiene constante, independientemente de que el agua hierva con mayor o menor intensidad. Una variante es la cocción al vapor, manteniendo los alimentos en una cestilla por encima del nivel del líquido en ebullición. Así se suelen cocer verduras de modo que no ceden al agua las vitaminas y minerales hidrosolubles. En los hervidos, escaldados o escalfados la temperatura será de 100 °C si la presión atmosférica es la normal, o muy ligeramente superior en función de las sales disueltas en el agua. En lugares situados a elevada altitud, donde la presión atmosférica es baja, el agua hierve a menos temperatura, con lo que los alimentos tardan más en cocerse. En La Paz (Bolivia), a 3.600 metros sobre el nivel del mar, el agua hierve a 85 °C.

La solución para el problema de cocer en alta montaña nos la da la olla a presión, inventada en 1679 por Denis Papin, un apasionado del vapor que había sido discípulo de Robert Boyle. En realidad no fue comercializada hasta comienzos del siglo xx con el pomposo nombre de «olla exprés». Su funcionamiento está basado en cerrar el recipiente de cocción de forma hermética, de modo que la presión en su interior vaya aumentando, por acumulación del vapor formado, hasta un valor establecido al cual se abre una válvula que le permite comenzar a salir. De este modo la temperatura del líquido puede alcanzar los 110 °C o más, con lo que se reducen los tiempos de cocción de las legumbres y muchos otros alimentos.

A los cocineros no les gusta el no ver y no tener acceso a lo que sucede en el interior de la olla a presión, ya que la cocción se controla con mayor dificultad, y cinco minutos de exceso equivalen a 15 minutos de más en la olla tradicional. La cocción a presión es diferente no solo en el tiempo requerido, sino que introduce otras variables; por ejemplo, hay reacciones típicas de la cocción habitual en las que participa el oxígeno del aire que, como fácilmente puede imaginarse, no se dan o suceden en mucha menor extensión en la olla cerrada. También hay que tener en cuenta que no todas las reacciones se aceleran en la misma medida. Por ejemplo, las fibras vegetales se ablandan antes, pero las membranas celulares no modifican su permeabilidad al mismo ritmo, con lo que las legumbres resultan insípidas.

Otro de los artilugios que han llegado con intención de ahorrar tiempo en la cocina es el horno de microondas. Como su nombre indica, este aparato irradia con ondas electromagnéticas —como las de radio o de telefonía móvil— los alimentos, encerrados en un horno hermético y con la puerta dotada de una rejilla metálica que impide que la radiación pueda salir al exterior. La frecuencia de las ondas a la que han ajustado estos hornos es de 2.450 megaherzios, de modo que sea adecuada para hacer oscilar los pequeños dipolos (como imanes eléctricos) que en definitiva son las moléculas de agua, y las hacen cambiar de posición 4.900 millones de veces por segundo. Con todo ese movimiento, y el originado en los choques con moléculas vecinas, se produce un calentamiento interior que se comunica a toda la masa.

A los amantes de la buena cocina no les satisface la carne cocinada en un microondas, ni por su color grisáceo (uniforme también en su interior), ni por su sabor, ni por su textura. Sin embargo, es un horno que puede servir para hacer unos huevos al plato (cubiertos y tras pinchar la yema para evitar explosiones), hacer un pescado en caldo corto o unas verduras. Electrodoméstico frecuente en las cocinas de hoy, el microondas es un invento de 1946, utilizado en un principio para hacer palomitas de maíz, y hoy sobre todo para recalentar platos. Un amigo chocolatero prepara con él una delicia consistente en calentar, hasta que comienza a brillar, un bocadito formado por un fragmento de chocolate negro sobre una minitostada de pan. Al salir del horno el chocolate semifundido recibe unas láminas de sal Maldon y concluye su fusión en la boca. Apetece ¿verdad?

Otro modo de cocción se basa en aislar a los alimentos de todo medio, incluso el aire, mientras se calientan. Un procedimiento de prestigio es «*a la papillote*», y consiste en envolver los alimentos en papel de aluminio o papel de estraza y colocarlos en el horno convencional a temperatura media (180 °C), o entre las brasas si se quiere más rústico. Así se hacen los productos en sus propios jugos, con lo que tiene lugar una concentración de sabores. Se utiliza para vegeta-

El microondas de Compañía General Electric de 1974 [Historic New England].

les (patatas, zanahorias, espárragos...), pescados, mariscos y carnes blandas (pollo, pavo, chorizos). Un procedimiento parecido es el asado «a la sal», utilizado sobre todo para pescados. Estos se colocan, con cabeza pero sin tripas, en una fuente de horno, sobre una capa de sal gruesa y cubiertos por completo con ella, y se calienta a 200 °C.

La cocina como laboratorio: del baño maría a la Roner

Todas las antologías de mujeres científicas recogen el nombre de María la Judía. Si bien es citada a comienzos del siglo IV por Zósimo de Panópolis —el autor de los escritos de alquimia más antiguos que se conocen— aún hay quien duda de su existencia real. A ella se le atribuye el famoso

Chocolate fundiendo al baño maría [Alex Dmr].

«baño maría», un modo de calentar en laboratorio que, como no podía ser de otra forma, ha pasado a las cocinas. Con él se consigue calentar suavemente y de forma uniforme un líquido, colocando el recipiente que lo contiene dentro de otro mayor con agua a ebullición. De esta manera la temperatura de los alimentos nunca sobrepasará los 100 °C.

Las interacciones entre inventos propios del laboratorio científico y la cocina no han dejado de existir a lo largo de la historia. En los últimos años estamos asistiendo al furor, entre los grandes chefs, por la cocción al vacío, que en definitiva no es más que una variante de la cocción al baño maría, si bien en este caso se trabaja con una temperatura menor, gracias a un termostato y a un sistema de agitación del baño que lo mantiene a temperatura uniforme. También puede considerarse una variante de la cocción en papillote, por cuanto los alimentos se encierran en una bolsa termorresistente y hermética donde se ha extraído el aire.

Los maestros Joan Roca y Salvador Brugués llevan años experimentando esta técnica, que explican en su libro *La cocina al vacío* y que se concreta en utilizar bajas temperaturas y largos tiempos de cocción. La bolsa que contiene los alimentos previamente preparados, al vacío o en atmósfera inerte, se introduce en el baño, que se ha popularizado como Roner, tomando el nombre de la marca comercial que fabrica el aparato, a una temperatura que puede regularse hasta la décima de grado y normalmente está entre 55 °C y 85 °C, dependiendo del plato que se elabora.

Tercera parte

Alimentos

13. *El pan nuestro de cada día*

Acerca de *La cesta de pan*, pintada por segunda vez en 1945, Salvador Dalí escribió: «Pinté este cuadro durante dos meses seguidos, cuatro horas cada día. Durante este período tuvieron lugar los episodios más sorprendentes y sensacionales de la historia contemporánea. Esta obra fue acabada un día antes del final de la guerra. El pan ha sido siempre uno de los temas fetichistas y obsesivos más antiguos de mi obra, aquel al que he sido más fiel». Constancia, permanencia, iconos, fidelidad… nosotros también queremos que el pan nos sea fiel: «…danos hoy el pan de cada día…».

Detalle de *La cesta de pan*, de Salvador Dalí i Domènech, óleo sobre tabla (1945) [Teatro-Museo Dalí].

Aunque existen muchas variedades de pan, el nuestro por antonomasia es blanco y esponjoso. Ello es así porque entre todas las harinas, la de trigo tiene la ventaja de ser la única cuya masa tiene unas proteínas (el gluten) que pueden formar una estructura elástica, con la consistencia necesaria para atrapar las burbujas de gas que se producen en la fermentación.

La primera referencia histórica del pan auténtico se la debemos a Herodoto, aunque desde mucho antes se conocían panes primitivos, unas tortas planas y compactas, sin fermentar, hechas de harinas toscas que se obtenían al moler a mano los granos, entre dos piedras. Con toda probabilidad el pan del que se habla en pasajes del Antiguo Testamento era así, un pan sin levadura. En el siglo V a. C., Herodoto escribió: «A todo el mundo le da miedo que los alimentos fermenten, pero los egipcios fabrican pan fermentado». Como puede fácilmente imaginarse, los egipcios eran también muy aficionados a la cerveza, un pariente del pan —algunos la califican de «pan líquido»— que parte de los mismos granos y necesita fermentar por completo antes de llegar a ser. Pasteur descubriría a mediados del siglo XIX que la levadura implicada en la fermentación de la cerveza y del pan es un ser vivo: *Saccharomyces cerevisiae*.

Los antiguos griegos refinaron en gran medida la fabricación de pan, que llegó a ser el eje de su alimentación y del que hacían numerosas variedades: con trigo (blanco y negro o «sarraceno»), cebada, avena, centeno y arroz; con distintos tipos de molienda y tamizado, y añadiendo a las harinas frutos, hierbas y especias. Ellos son quienes introdujeron la afición al pan en el imperio de Roma, aunque en España se conocía el pan desde antes de la llegada de los romanos —Plinio nos dice que en Iberia se fermentaba el pan con espuma obtenida de la cerveza—. La inmensa mayoría de panes «exóticos» que hoy se ofrecen en restaurantes tienen antecedentes griegos. La novedad americana nos vino con el maíz, que en lo que se refiere a pan hoy se expresa —casi exclusivamente— en la borona gallega.

Un refrán castellano —y no vayamos a pensar que esto es una perla, pues hay más de 300 dichos españoles referidos al pan— dice que «pan con pan, comida de bobos». Lo aprendí de mi padre, siendo muy niño cuando, no se por qué instinto, comenzaba a mojar mis trozos de pan en la sopa donde había fideos. Evidentemente, es bueno que el pan lleve algo más. En Cataluña alcanza su máxima expresión el *pa amb tomàquet*, con tomate, aceite y sal, una de esas cosas tan exquisitas y sencillas que por fuerza han de ser difíciles de conseguir. Ese pan puede ser un punto de partida para un bocata, y aquí ya se abre un abanico infinito de posibilidades. Los recuerdos de la infancia, del recreo escolar, me llevan a las anchoas y a la mortadela. Más tarde, las imágenes más espectaculares evocan unos neoyorkinos «submarinos», con ingredientes variados y en capas, que rellenaban de forma generosa toda una *baguette*. Las conexiones más profesionales y asépticas conducen a los geométricos sándwiches que te encuentras a poco que te descuides.

La expresión más fecunda del pan tiene lugar cuando este se espera a serlo en función de la compañía. Las principales manifestaciones son la pizza, la empanada y otras elaboraciones singulares, como el asturiano *bollu preñau*, donde el pan envuelve a un entregado chorizo que se ha fundido en él durante la cocción, o el hornazo salmantino, repleto de las carnes más suculentas de la chacinería ibérica. Por razones no siempre sencillas, ha ganado popularidad entre nosotros la pizza, nacida en Nápoles hacia 1830. El producto tenía sus raíces en antiguas tortas de griegos y babilonios, pero incluía dos ingredientes «de importación»: el tomate, venido de América, y la mozzarella, de leche de búfala, que llegó a Italia en el XVIII. La pizza Margarita parece tener su origen en 1889, cuando en Nápoles se honró la visita de los reyes Umberto I y Margarita obsequiándoles con la comida de su predilección. Para obtener un colorido patriótico, el obrador Raffaele Esposito ofreció entonces una pieza cubierta de tomate, blanca *mozzarella* y verdes hojas de albahaca.

Mucho antes de existir la pizza, en España ya se hacían empanadas, y, a decir verdad, existen más variedades y posibilidades. Cualquier gallego que se precie está convencido de que la empanada presenta multitud de ventajas, gastronómicas y nutritivas, sobre la pizza. Como se sabe, aunque la base de pan es también muy fina, existe otra capa superior. La masa suele ser de trigo, aunque en las rías Bajas se hacen algunas con harina de maíz. En su interior se distribuye un guiso que se fabricó cociendo en aceite de oliva cebolla picada con pimiento rojo y verde, además de pimentón y el ingrediente específico preferido: bacalao, *xoubas* (sardinas pequeñitas), bonito, zamburiñas, vieiras, lomo de cerdo... lo que cada uno prefiera. El horno terminará la faena. Existen variedades singulares, que merecen mención aparte y pertenecen a los libros de oro gastronómicos, como la empanada de lamprea, pero eso es harina de otro costal.

Porciones de una deliciosa empanada gallega de bonito [Bonchan].

La Última Cena

El pan es el alimento por antonomasia en la cultura mediterránea. No ha de extrañar que el cristianismo haya concretado la principal liturgia alrededor de una comida de amigos, y que en este ágape el signo primordial sea el pan. Es curioso pensar que en los banquetes de hoy dejamos registro detallado de los platos, incluyendo postres y vinos, sin decir nada del tipo o los tipos de pan empleados. Del menú de la Última Cena ha quedado como protagonista el pan, por mucho que el plato fuerte pudiera ser el cordero asado.

La liturgia de tradición católica adopta la idea de que el pan que compartió Jesús con sus discípulos en aquella cena era un pan ácimo (sin levadura). Eso es lo más usual en las misas de hoy, aunque desde el Concilio de Florencia (1439) quedó establecido que la consagración podía hacerse con ambas formas de pan de trigo. Los cristianos ortodoxos, en cambio, prefieren celebrar la eucaristía con pan fermentado, entendiendo que la palabra griega *ártos* —utilizada en el evangelio— significa «pan con levadura», siguiendo con ello a san Juan Crisóstomo e interpretando además que la Última Cena tuvo lugar antes de la Pascua, que era cuando comenzaba para los judíos la prohibición de comer pan fermentado durante siete días.

En cualquier caso, el pan utilizado para la consagración había de ser forzosamente de trigo, y esta es una de las razones que impulsaron a trasladar esta gramínea al continente americano. Lo mismo sucedió con las cepas de vid, que los misioneros plantaron para poder disponer más fácilmente de vino para las misas, sin tener que llevarlo desde Europa.

El color de la cáscara de los huevos depende de la raza de la gallina,
y no influye en la calidad nutricional [Eukukulka].

14. *El huevo, un todoterreno de la gastronomía*

En el frontispicio de la primera edición de su obra *De generatione animalium* (1651), William Harvey hizo figurar el lema *«Ex Ovo Omnia»* («Todo proviene del huevo»). Dejo a un lado la trascendencia en el terreno de la embriología de esa afirmación —realizada doscientos años antes de que pudieran observarse al microscopio óvulos fertilizados de mamíferos— para centrarme exclusivamente en los huevos de las aves. En algunos de los modernos museos de ciencia puede contemplarse hoy día cómo se produce la eclosión de los huevos de gallina, una vez que han transcurrido los 21 días de incubación. He de reconocer que tras observar el fenómeno cientos de veces sigo maravillándome al pensar que en cada uno de aquellos recipientes calcáreos existían desde el principio todos los ingredientes necesarios para fabricar los huesos, los músculos, los ojillos, las plumas o las uñas de aquellos animales que tomaron la decisión de salirse del cascarón.

La idea inmediata es que el huevo lo contiene todo. Pero en realidad el óvulo que da origen al polluelo es la yema, pues la clara está constituida por sustancias alimenticias. La yema, que al abrir un huevo fresco se presenta bien redonda, se aproxima al 30 % del peso del huevo; tiene menos agua que la clara y es rica en lípidos (34 %), predominando los de ácidos grasos saturados y el colesterol. Contiene también proteínas (16 %), vitaminas liposolubles, fósforo y algo de hierro. Su coloración está en relación con la alimentación del animal; a mayor presencia de carotenos tendrá un color más anaranjado. A veces puede presentar trazas rojizas de sangre, que provienen del tracto de la gallina antes de haberse formado la clara y la cáscara, y que, en contra de la creencia popular, no es un indicador de que el huevo esté fertilizado. Puestos a deshacer creencias, recordemos aquí también que el huevo fecundado no presenta ventaja —ni inconveniente— nutritivo alguno.

La clara o albumen —así llamado por su color blanco— representa el 60 % del peso del huevo y está formada por agua y unas 40 proteínas. No contiene grasas. En los huevos frescos puede observarse una zona, próxima a la yema, de mayor consistencia y que no se desparrama. La albúmina es la proteína más abundante y se la considera como patrón, por su contenido en aminoácidos esenciales. Otra de ellas, la avidina, tiene la propiedad de impedir, si el huevo se toma crudo, la asimilación de la vitamina H, importante para el crecimiento. Por ello no es recomendable tomar muchos huevos crudos. Una curiosidad sobre la clara de huevo es que se trata de uno de los escasísimos alimentos que tienen carácter alcalino. Su pH es de 7,6 en el huevo recién puesto y va aumentando con el tiempo hasta 9,7.

El huevo es un potente cóctel de proteínas. En crudo son moléculas solitarias, unas cadenas de aminoácidos enrolladas en ovillo y que permanecen aisladas. Al calentar, al batir o en presencia de ácidos, esos ovillos se abren, exponiendo puntos por los que pueden enlazarse unas moléculas a otras creando una red tridimensional. Si el proceso continúa, se incrementan los enlaces y tiene lugar la coagulación, ya que las estructuras creadas no son solubles en agua. Si se prosigue el calentamiento, se separa el agua que retienen las proteínas y el huevo se endurece y seca. Es un proceso que en la cocina conocemos bien, cuando se trata, por ejemplo, de hacer un revuelto.

La cáscara, constituida fundamentalmente por carbonato de calcio, representa el 10 % del peso, y está perforada por 7.000-17.000 poros que permiten el intercambio gaseoso con el exterior. Es también permeable al agua y su color depende de la raza de la gallina. En contra de lo que piensan muchas personas, los huevos blancos tienen la misma calidad nutritiva que los morenos. Bajo la cáscara existen dos membranas, que son estructuras proteicas que rodean la clara y en un extremo (el más plano) forman la cámara de aire, tanto mayor cuanto menos fresco es el huevo. Por ello, los huevos que tienen unas 4 o 5 semanas tienden a flotar en el agua.

Los huevos son un modelo de versatilidad culinaria. Solos o en multitud de salsas, postres, sopas, pudines, rellenos, cremas y otras preparaciones. Las formas más populares de tomarse un huevo son cocido, frito y escalfado. La clara se solidifica a una temperatura entre 60 °C y 65 °C, mientras que para coagular la yema son necesarios unos cinco grados más. Para una cocción óptima puede cubrirse el huevo con agua, llevar a ebullición y dejar 8 minutos sin mucho calor. Todos hemos visto huevos con exceso de cocción: la clara adquiere una gran consistencia y la yema aparece recubierta por una capa verdosa (de sulfuro de hierro II).

Freír un huevo es tarea considerada como de iniciación a la cocina, aunque hacerlo bien no resulta fácil, ni mucho menos, y aún sin seguir las instrucciones de Ángel Muro, quien en *El Practicón* convierte la tarea en una auténtica especialidad. Es importante partir de huevos muy frescos. El aceite, abundante, no debe estar ni demasiado frío, ni tampoco hirviendo. La teoría dice que la temperatura ideal debe estar entre 125 °C y 140 °C. Obviamente, el aceite será de oliva. Con una espumadera se rocía el huevo con la grasa caliente, para lograr la coagulación superficial de la parte superior, mientras el interior permanece semilíquido.

Los huevos escalfados se consiguen abriendo el huevo en una taza de café o cucharón y dejándolo caer desde muy cerca en agua con algo de vinagre que está a punto de hervir, sin llegar a ebullición franca, ya que la turbulencia ayudaría a dispersar la clara. El añadir un poco de vinagre (un ácido) al agua de cocción ayuda a que las proteínas coagulen a menor temperatura, con lo que quedará más blando. Es imprescindible partir de huevos muy frescos, para que la yema permanezca envuelta en el albumen, que formará un globo blanco. Se sacan con una espumadera cuando la clara haya cuajado.

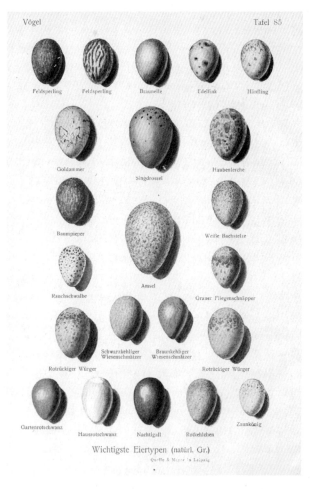

Ilustración extraída de *Die Singvögel der Heimat* (*Los pájaros cantores del hogar*), Leipzig, Quelle y Meyer, 1921.

Otros huevos

Hasta la domesticación de las gallinas, hace unos 8.000 años en China y la India, el ser humano utilizó como alimento los huevos que encontraba de las aves salvajes. El punto de partida para el consumo habitual de huevos en Occidente fue en el siglo V a. C., cuando en Grecia e Italia comenzaron a criar gallinas, aunque ya conocían el sabor de los de oca, pintada y pato. Para los amantes de lo exótico, los más asequibles hoy son los siguientes:

Avestruz. Su huevo puede pesar entre 1,5 y 1,8 kilos, lo que equivale aproximadamente a 24 de gallina, y tarda hasta una hora y media en cocerse. Tiene una cáscara dura, de unos 2 mm de espesor, con aspecto de porcelana y color crema-blanco brillante, con poros grandes y visibles, capaz de soportar el peso de una de estas aves —más de 125 kilos—, por lo que hay que abrirla con cuidado, pero con contundencia. Lo mejor es ayudarse de un destornillador y un martillo para hacer un orificio redondo en una de sus puntas. El huevo de avestruz tiene menos grasa que el de gallina. Pero es de sabor fuerte y tiene mucha yema, por lo que se suele rebajar con agua para hacer tortillas. Puede dar para 15 personas.

Pato. Los chinos son muy aficionados a estos huevos. Contiene una mayor proporción de albumen. La yema contiene más grasa que la del huevo de gallina. Son muy ricos en vitamina A y en las del grupo B. Normalmente se toman cocidos, y es curioso saber que tras la cocción la clara se vuelve algo azulada y la yema de un color naranja rojizo.

Codorniz. La cáscara tiene diferentes coloraciones y patrones de dibujo, lo que en estado salvaje servía al ave para reconocer los propios. Pesan alrededor de 10 gramos y se cuecen en 5 minutos. Son más energéticos, ricos en hierro y vitaminas del grupo B que los de gallina. Tienen menor proporción de vitamina E.

ZETLAND BREED.

THE HEREFORD BREED.

No todas las razas vacunas tienen las mismas aptitudes para producir leche, los criterios de selección que se han usado a lo largo de la historia han sido rusticidad, capacidad de producción láctea, capacidad reproductiva, aptitud de trabajo y cárnica; unidas a un manejo relativamente fácil por el ganadero [*The breeds of the domestic animals of the British Islands*. London, England. Longman, Orme, Brown, Green, and Longmans, 1842].

15. *Esto es la leche*

Los mamíferos tenemos el privilegio de poder pasar unos cuantos meses de nuestras vidas exclusivamente a base de leche materna. Hace años, cuando pudimos observar por vez primera imágenes de fetos que en el útero succionaban su dedo pulgar, interpretamos el hecho como una manifestación del reflejo de mamar. Quiere ello decir que estamos preparados para hacerlo desde antes de venir al mundo, y así el pezón materno se convierte en el primer objetivo de búsqueda para el recién nacido. En el hombre, la condición del pecho femenino como arrobador objeto de deseo perdura, como todos los lectores saben, hasta mucho tiempo después de finalizada la lactancia. «El seno alimentará al niño y regocijará al padre», dicen que dice el Corán, aunque yo no lo he encontrado.

La trascendencia de la leche como alimento primordial dio lugar a su incorporación a importantes mitos, comenzando por definir un paraíso donde corren ríos de leche y miel. Según la leyenda clásica, nuestra galaxia, la Vía Láctea, era un cúmulo de millares de gotitas de leche procedentes de los senos de la diosa Hera —Juno en la versión romana— esparcidas por el cielo cuando ella apartó bruscamente a Hércules de su pecho. Para los hindúes, la vida surgió de la ebullición de un océano de leche, y los celtas y egipcios recurrían al alimento primero para elaborar las pócimas con las que buscaban alcanzar la inmortalidad. Episodios relacionados con la lactancia son frecuentes en todas las culturas, como la de la diosa Isis, que concedía la inmortalidad a quien se nutriera de sus pechos o la de Rómulo y Remo, que fueron amamantados por una loba.

Además de nutrir a su prole con la leche humana, desde muy antiguo —quizás hace más de 10.000 años— el hombre supo ordeñar y apreciar la leche de otros animales. La costumbre de utilizar una u otra depende del tipo de mamífero asequible que prevalezca en una región. Hoy existen países donde es habitual el consumo de leche de burra, de camello, de búfala o de cebú. No hace falta irse muy lejos: en Laponia se consume leche de reno. Entre nosotros, las más utilizadas son las de vaca, oveja y cabra, siendo la leche el alimento de origen animal que más se consume en el planeta. Solamente de leche de vaca en el año 2020 se han producido 240.000 millones de litros.

Algunas leches han servido desde antiguo —además de utilizarse como alimento— de cosmético más o menos efectivo. Son famosos los baños de Cleopatra y Popea. De esta, esposa de Nerón, se dice que llevaba en el séquito 500 burras, destinadas a proporcionar la leche preferida para sus baños. Tengamos en cuenta que cada uno de aquellos animales no daba más que un litro y medio al día. En cambio, una vaca lechera puede producir diariamente hasta 60 litros de leche. Hazañas aparte: el 16 de enero de 1982, la vaca cubana Ubre Blanca produjo «en tres ordeños 109,5 litros de leche, hazaña sin precedentes en los anales de la ganadería mundial», según informó adecuadamente la Unión de Periodistas de Cuba. En materia de producción, el mamífero que se lleva la palma es la ballena azul, cuya hembra en época de cría da diariamente 600 litros de leche en sus dos enormes mamas. (Para los amantes de los récords digamos también que las mamas más pequeñas del universo las tiene la musaraña, un insectívoro en el que miden tan solo 2 milímetros cuadrados).

El uso más común de la leche en la cocina es, sin duda, la salsa bechamel, fundamento de numerosas otras salsas y aplicaciones (croquetas, canelones, huevos, gratinados...). La fórmula original se atribuye —sin mucho motivo— al marqués Louis de Béchameil, consejero de Luis XIV, y se preparaba añadiendo crema de leche a un caldo. La receta considerada más ortodoxa parte de leche que se ha hervido con una hoja de laurel y un casco de cebolla con clavo y nuez moscada, aunque también puede llevar apio, champiñón, zanahoria o incluso, jamón. Se deja reposar media hora. Luego, en un recipiente de fondo grueso, se funde una cucharada de mantequilla y se añade otro tanto de harina, calentando lentamente este *roux* sin que tome color. Se va añadiendo la leche poco a poco y removiendo durante una media hora con cuchara de palo. Se sazona con sal y pimienta.

Muchos postres de la cocina española se fundamentan en la leche. Quizá los más emblemáticos sean el arroz con leche, el dulce de leche y la leche frita, más propios de las regiones del norte de la península ibérica, donde más abundaba la leche. En esencia, la leche frita —dícese que es un plato imprescindible en las grandes solemnidades monacales y episcopales— se prepara hirviendo unos diez minutos con cáscara de limón y azúcar leche donde se ha desleído harina (las clarisas de Nuestra Señora de la Consolación, cerca de Palencia, le mezclan al trigo algo de harina de maíz y añaden una copita de anís). Se ponen luego yemas de huevo batidas y se cuece algo más. Se deja cuajar en fuente plana, se corta en porciones que luego se rebozan, fríen en aceite bien caliente y salpican con azúcar y canela.

Algunas personas tienen problemas con la digestión de la leche. El más corriente, sobre todo en poblaciones procedentes de África, consiste en una intolerancia a la lactosa. El disacárido lactosa es abundante en la leche humana, donde representa el 7 % del peso y constituye el 40 % de la energía consumida durante la lactancia. En las leches de vaca y cabra el porcentaje no llega al 5 %. Además de aportar energía, la lactosa estimula la absorción intestinal y la retención del calcio y del hierro. Su digestión tiene lugar en el intestino delgado, donde hay un enzima denominado lactasa que

Un vaso de leche aporta unos 300 mg de calcio,
el 30 % de la cantidad diaria recomendada.

es capaz de romper la lactosa en dos monosacáridos (glucosa y galactosa), que ya pueden ser absorbidos, pasando a la sangre. Si una persona tiene deficiencia de lactasa puede tener problemas de hinchazón, diarreas y otros. El prescindir de la leche y derivados lácteos por cualquier motivo debe compensarse con un aporte extraordinario de calcio.

Composición de la leche de distintos mamíferos

Porcentaje	Humana	Vaca	Oveja	Cabra	Búfala	Burra
Hidratos de carbono	6,9	4,9	4,6	4,6	4,8	6,7
Grasas	3,8	3,9	5,7	4,3	7,2	1,0
Proteínas:	1,9	3,5	5,8	3,6	3,8	2,0
Minerales	0,2	0,7	0,8	0,8	0,7	0,3
Agua	87,2	87,0	82,1	86,9	83,5	90,0

En el recuadro se registran valores medios que, por supuesto, pueden presentar variaciones apreciables, incluso en el mismo animal. Los hidratos de carbono en la leche están casi exclusivamente en forma de lactosa. La grasa contiene carotenoides (pigmentos que le dan un color amarillento); colesterol y triglicéridos; numerosos ácidos grasos, que contribuyen al sabor; y vitaminas liposolubles (A, D, E, K). En el suero hay también vitaminas hidrosolubles C y B. De las proteínas la más importante es la caseína, que es la que se coagula al cuajar la leche. Entre los minerales, destacan las sales de calcio, potasio y los fosfatos. La leche fresca contiene también muchos tipos de enzimas y bacterias, que se destruyen en la pasteurización.

Venta de leche en Puerto España. Trinidad y Tobago (c. 1920) [Wellcome Collection].

Producción y consumo de leche en el mundo

A nivel mundial, los tipos de leche que más se consumen son la de vaca (85,26 % del total), de búfala (10,76 %), de cabra (2,24 %), de oveja (1,5 %) y de camella (0,23 %).

Aunque la media en el mundo sea de un vaso de leche al día por habitante, existen diferencias muy notables. Entre los países donde existe más afición a la leche están Finlandia, Noruega y Nueva Zelanda, que pasan de los dos litros diarios. En Irak el consumo diario por habitante es de 170 gramos y en Bangladesh de 50.

Pasteurización de la leche

Se realiza para eliminar las bacterias presentes en la leche y permitir su conservación. Es importante no sobrepasar la temperatura de 74 °C , a la cual las moléculas de lactoglobulina cambian de forma irreversiblemente, con lo que se altera el sabor. O bien se calienta a 63 °C durante 30 minutos o se llega a los 72 °C pero solo durante 15 segundos (procedimiento HTST) enfriando luego rápidamente. En el procedimiento UHT se calienta durante 1-2 segundos a 138 °C. La leche esterilizada se obtiene calentando los recipientes con la leche embotellada a 110 °C durante 20-30 minutos. Se conserva durante mucho más tiempo, pero su sabor ha cambiado.

Quesos a la venta en el mercado de San Juan de Luz, Francia [Bibiana García Visos].

16. *El queso, inmortalidad de la leche*

Una de las inigualables greguerías de Ramón Gómez de la Serna —la que da título a este capítulo— define al queso con más trascendencia que ningún otro enunciado. Significa la vida eterna de la leche, muchas veces producida en cantidades superiores a las que podía consumir o vender el pastor. Quizás su invención fue inevitable, como lo es el que la leche se cuaje o el que pueda terminar batida con los ajetreos de un viaje. Por ello los orígenes de los productos lácteos se igualan a los del pastoreo. Existen testimonios históricos de hace 5.000 años, como el sumerio *Friso de la lechería* —que permanece en el Museo Nacional de Irak, en Bagdad—, pero el queso es sin duda más antiguo y su invención tuvo lugar en distintas comunidades humanas de forma independiente.

En Europa presumimos de quesos. El general Charles de Gaulle hacía gala de que Francia podía exhibir 265 variedades. Cualquiera de nosotros sabría nombrar unos cuantos, empezando quizás por los cremosos, Camembert o Brie, para finalizar en un azul como Roquefort. En Bélgica dicen lo mismo y España no quiere ir a la zaga, Suiza (con Emmental y Gruyère a la cabeza) prefiere destacar su calidad. Si añadimos otros europeos que hemos conocido en ocasiones que se han convertido en memorables (un Mozzarella italiano en aquella pizza, un Gouda holandés en bocadillos, un Feta griego en ensalada, un Parmesano en los macarrones, un Cheddar inglés, un Queijo da Serra portugués) reconoceremos el infinito abanico sensorial que nace de una sola palabra: queso.

El queso se obtiene en primera instancia por coagulación de la leche. Las proteínas lácteas contienen un 85 % de caseína, cuya coagulación puede conseguirse por la acción de enzimas capaces de romper la cadena proteica, como la quimosina, que tradicionalmente se extrae del cuarto estómago —llamado precisamente «cuajar» o «cuajo»— de los rumiantes jóvenes. Durante muchos siglos se utilizó el cuajo de los terneros secado al sol y triturado para fabricar el queso. Desde finales del siglo XIX se usa la quimosina sintética en disolución, y desde 1988 existe además quimosina producto de la recombinación de ADN. Existen también cuajos vegetales, como el que se utiliza para la fabricación de la Torta del Casar, que se extrae de los pistilos de la flor del cardo *Cynara cardunculus*, y otras, así como una sustancia contenida en el látex de la higuera, lo que se cita en el *Liber Animalium* de Aristóteles.

Al coagular la caseína se forma un gel en el que quedan atrapadas moléculas de agua y microscópicas gotitas de grasa. Una vez cuajada la leche se procede a cortarla en fragmentos del tamaño de un garbanzo, para proceder seguidamente a la separación del suero y al salado. Según los casos, la sal puede añadirse a la leche, a la cuajada o introduciendo

Una suculenta tabla de quesos [Nitr].

el queso ya prensado y formado en baños de salmuera. Con ligeras variantes, ese es el proceso para obtener un queso fresco. El queso nos ofrece energía (hasta más de 4 kcal por gramo en los bien curados), calcio, fósforo, cinc, riboflavina y vitaminas A y B12. En el platillo de las advertencias consignaremos su contenido en colesterol y sodio. Pero hay grandes diferencias, y muchas se deben al proceso de maduración.

Durante la maduración del queso tiene lugar la actuación de unos enzimas denominados lipasas, que son originados por microorganismos y hacen que existan ácidos grasos libres. Los hongos del género *Penicillium* (y otros como el *Geotrichum candidum*) son los auténticos protagonistas de la maduración de los quesos. Cada una de las especies de hongos puede preferir unas condiciones ambientales distintas, y así encontramos que la temperatura, humedad, acidez, salinidad y mayor o menor presencia de oxígeno son determinantes. En general los hongos crecen mejor a una temperatura entre 20 °C y 25 °C, aunque pueden desarrollarse a temperaturas inferiores; admiten bien medios ligeramente ácidos (pH 4 a 7), soportan concentraciones de sal del 2 %, y pueden vivir con bajas concentraciones de oxígeno.

Sus acciones son de lo más variado. Por ejemplo, el *Penicillium camemberti* consigue que se hidrolicen los triglicéridos, con lo que el queso se ablanda en su interior, haciéndose cremoso, y además desprende el amoníaco —por descomposición de aminoácidos—, que da al Camembert su olor característico. Otras sustancias que dan aroma y sabor a los quesos son cetonas y alcoholes secundarios que se forman, y cuya presencia o ausencia depende de las cepas de hongos presentes. Así mismo, la maduración del asturiano queso de Cabrales tiene lugar durante 2 a 4 meses en cuevas donde la humedad es del 90 % y la temperatura oscila entre 8 °C y 12 °C; allí viven hongos *Penicillium roqueforti*, que son los culpables de las vetas de color azul verdoso. Por su parte, los ojos del queso Emmental se deben al ácido propiónico formado durante la fermentación.

La familia láctea

Cuajada: con raíces profundas. Proviene de la coagulación de las proteínas lácteas, lo que puede tener lugar de forma espontánea —si se deja reposar la leche— al tiempo que se separan la nata y el suero, o bien provocado con un aumento de temperatura (antiguamente a veces se introducían cantos rodados calientes) y la adición de unas gotas de cuajo. No tiene lugar, como en el yogur, un proceso de fermentación. Quizás es más popular en España la cuajada de leche de oveja, que normalmente contiene más grasa. Su valor nutritivo está en consonancia con la leche de la que procede, pero es más digestiva y el calcio que contiene, más asimilable. La cuajada es el punto de partida para la fabricación de quesos.

Kéfir: ideales exóticos de salud. Originario del Cáucaso, es un producto obtenido a partir de la leche, en cuya formación además de diversas bacterias —la más destacada es *Lactobacillus acidophilus*— también intervienen levaduras que dan lugar a fermentaciones, como *Torula kefir* y *Saccharomyces kefir*. Como resultado se obtiene un líquido cremoso ligeramente alcohólico y carbonatado, de consistencia granulosa y similar al yogur, pero ligeramente más ácido. A veces se denomina kéfir a los gránulos de bacterias y hongos en la masa de proteínas y azúcares que generan esa transformación de la leche.

Nata: símbolo de selección. Por antonomasia, la nata es la membrana superficial que se forma en la leche cuando se calienta hasta ebullición. Está formada sobre todo por lactoalbúmina desnaturalizada. Con ella nuestras abuelas hacían galletas o nos preparaban para merienda unas tostadas inolvidables. También llamamos nata a la crema de leche, una sustancia de consistencia grasa y color blanco amarillento que se encuentra en la leche y que es una emulsión de grasa en agua. Puede apreciarse en la zona superficial si dejamos reposar la leche cruda (no homogeneizada), y separarse por centrifugación. Suele contener hasta un 50 % de materia grasa. Se emplea sobre todo en repostería.

Mantequilla: Caperucita y el último tango. También llamada «manteca de vaca», se obtiene a partir de la crema de leche que tiene un alto contenido graso, incluso superior al 50 %. Tras dilución y maduración, por la acción de bacterias se separan los ácidos láctico y butírico, que le darán a la mantequilla su aroma característico. El paso esencial es el batido, para agrupar la grasa, tras lo que luego se separa el suero, se amasa, lava y moldea. A partir de 100 litros de leche se obtienen 3 kilos de mantequilla. Siempre fue un producto caro, que motivó la aparición de sucedáneos como la margarina. Es alto su contenido en colesterol y grasa.

Requesón: suavidad y delicadeza. El auténtico requesón es un producto de segunda coagulación; se obtiene a partir del suero sobrante en la fabricación de quesos por fermentación con bacterias *Lactobacilus.* Calentando a unos 90 °C se consigue que las seroproteínas coagulen en una masa blanca, suave y esponjosa. Contiene una proporción de proteínas cuatro veces superior a la de la leche, y normalmente tiene mucha menos grasa. En algunos lugares le añaden al suero algo de leche con su nata, calentando de nuevo hasta el hervor. También se conoce como requesón un queso fresco obtenido al añadir zumo de limón a la leche cocida (que ha sido calentada previamente). Las proteínas del requesón auténtico, procedentes del suero, son de alto valor biológico.

Yogur: el más popular de la familia. Se obtiene al añadir a la leche, entera o desnatada, bacterias que originan la fermentación de la lactosa formando ácido láctico, de modo que el incremento de acidez hace que coagulen las proteínas. Según la normativa europea, el número de bacterias vivas en el yogur no debe ser superior a 100 millones por gramo. Las especies más empleadas son el *Lactobacillus bulgaricus* y el *Streptococcus thermophilus.* También se emplean otras, bajo pretexto de que son similares a las que se encuentran normalmente en nuestro intestino, como *L. casei* y *L. bifidus.* Si el yogur no se calienta después de la fermentación (para hacer lo que se ha llamado yogur pasteurizado), las bacterias continúan vivas, y pueden pasar así a vivir en nuestro tracto gastrointestinal. El poder alimenticio del yogur es similar al de la leche, si bien el calcio es más asimilable. Hoy los encontramos con multitud de añadidos.

El delicioso yogur griego [A. Berth].

17. La carne de vacuno

La hecatombe es el más famoso de los sacrificios rituales alimentarios. Queda claro nada más comenzar la *Ilíada* que a Apolo —el que hiere de lejos— le encantaban las hecatombes. Como su nombre indica, de *hekaton* (cien) y *be* o *bous* (buey), implicaba a un número alto de animales, uno o varios de los cuales, tras ser degollados, se quemaban en el fuego como ofrenda al dios, y el resto eran consumidos por los oferentes en un banquete cívico. Aunque recibía ese nombre, no siempre se trataba de bueyes. Para nosotros, también, la de vacuno es la carne por antonomasia, la más consumida, la que debemos entender si no se especifica el animal.

Todas las razas de vacuno existentes pertenecen a la especie que fue bautizada por Linneo como *Bos taurus*. Probablemente proceden del uro, animal extinguido al que en 1827 dieron el nombre científico de *Bos primigenius*, pero no existe unanimidad entre los científicos sobre si son o no especies diferentes. Hoy viven en el planeta Tierra unos 1.000 millones de vacas, genérico en el que he incluido —nunca se sabe si con corrección política o no— a bueyes, toros, terneras, novillos y demás miembros reconocidos de la especie, pero dejando a un lado a los de la subespecie *B.t. indicus* (cebú).

Son las carnes preferidas en España, donde utilizamos el nombre de ternera lechal para los animales que se alimentaron solo de su madre, y ternera en general para el bovino menor de un año, que además ha probado pastos y piensos. En estas categorías contamos con las denominaciones de origen gallega, asturiana, de Navarra, Extremadura y Pirineos catalanes, además de las carnes de Ávila, Cantabria, Guadarrama, País Vasco y Morucha de Salamanca. La carne de ternera lechal es de color pálido, fundamentalmente porque la leche carece del hierro suficiente para fabricar la mioglobina que da al músculo su color rojizo. Esta carne es la más blanda, suave, delicada e insípida.

El incremento hacia carnes más rojas, sabrosas, consistentes y nutritivas se sigue con el añojo (sacrificados entre 10 y 18 meses), novillo (hasta 3 años) y buey o vaca (hasta 5 y más años). La práctica totalidad de las carnes que se venden hoy como buey —por definición, el macho castrado— son de hembras de vacuno. Mención aparte merece la carne del toro de lidia, que implica por su naturaleza y forma de sacrificio una consideración especial. Desde el punto de vista nutritivo, la carne es la proteína por antonomasia; son proteínas de alto valor biológico (muy semejantes a las nuestras),

El brahman es una raza que proviene del cruce entre ganado bovino occidental (*Bos primigenius taurus*) y razas cebuinas (*Bos primigenius indicus*). Durante mucho tiempo, gran parte de las hamburguesas que se comercializaban en América provenían de esta raza [Thaicowboy Magazine].

y con un contenido de grasa variable. En vitaminas destacan las del grupo B, y de los minerales hay que señalar el contenido en hierro, aunque también aporte otros como yodo, fósforo, manganeso, zinc o selenio.

Al observar la carne vemos que contiene tejido muscular, una cantidad mayor o menor de grasa, tanto en el exterior del músculo como formando vetas, y también tejido conjuntivo, que forma los tendones y unas láminas delgadas que mantienen unidas las fibras musculares. Estas fibras contienen las principales substancias que dan a la carne su sabor y olor. Otras son aportadas por la grasa, que además ayudará a hacer la carne más tierna y jugosa. La interacción entre unas y otras hace que se hayan identificado hasta mil compuestos volátiles diferentes en una carne asada. La mayor dureza de un corte depende de la cantidad que tenga de tejido conjuntivo, que está formado también por proteínas, siendo el colágeno el tipo de este tejido más abundante en las carnes.

La retinta es una raza tradicional española. Se suele criar en ganadería extensiva para aprovechar los pastos y la bellota de las dehesas tradicionales [Narcisopa].

Los cortes que tienen poco tejido conjuntivo se preparan normalmente con calor seco, es decir, asadas a la brasa, a la parrilla, al horno... o fritas. Es el destino del solomillo, chuletón, lomo, redondo o babilla. Por supuesto, en las piezas muy tiernas no es imprescindible el asado, a no ser que se quiera la costra dorada que manifiesta la caramelización de las proteínas. Nunca olvidemos que un asado largo endurece la carne, porque las fibras musculares se encogen y deshidratan. En este párrafo no puedo dejar de citar nuestro recurrido bisté o bistec con patatas fritas, cuyo nombre heredamos del inglés *beefsteak*: de *beef*, buey, y *steak*, lonja, tajada. Al menos eso dice el diccionario de la RAE, pero yo he leído alguna vez que *steak* era antiguamente «palo» y así el *beefsteak* era la tajada que podía pincharse en un palo para su asado.

La carne rica en tejido conjuntivo es apropiada para una cocción lenta, para que el colágeno se convierta en gelatina. Se hacen así los guisos de carne donde no debe faltar un líquido, sea agua, vino o cerveza —cuya acidez ayuda al ablandamiento— o caldo. Las carnes más adecuadas para ello son la falda (con o sin hueso), la llana y el morcillo, aunque nunca debemos olvidar que «hasta el rabo todo es toro», y que precisamente del rabo se obtiene uno de los guisos más untuosos que puedan conseguirse en la cocina.

La exclusiva carne de Kobe con su característica grasa infiltrada, procedente de la antigua raza Wagyu [Hungry Works].

Carnes con nombre propio

Carpaccio. En honor del pintor veneciano Vittore Carpaccio, amante de los colores rojos. El original consiste en una carne cruda en lonchas muy finas, normalmente posibles si se congela la pieza y se usa una herramienta de corte adecuada.

Chateaubriand. Así llamado para recordar al político y escritor francés, según parece por haber ofrecido este plato de su cocinero Montirineil a Napoleón. Se trata de un filete ancho de buey a la parrilla (normalmente del solomillo) con una salsa cremosa de hierbas donde no puede faltar el estragón.

Entrecot. Desde mediados del XVIII usamos esta palabra, (del francés *entrecôte*), que literalmente significa «entre costillas», y que suele emplearse para el filete obtenido al quitar el hueso a una chuleta.

Goulash. Guiso popular húngaro con carne de vaca, cebollas, pimiento y pimentón (paprika), al que pueden añadirse patatas y otros vegetales.

Hamburguesa. Parece que del puerto de Hamburgo salieron los alemanes que introdujeron en América una pieza de carne picada, normalmente de vaca, y a la parrilla. Por sí sola es un alimento equilibrado, y el único peligro está en la dosis. Acompañada de patatas fritas, mayonesa y kétchup supera las 600 kcal.

Kobe. Localidad japonesa que da nombre a la carne vacuna procedente de la antigua raza Wagyu, que se distingue por ser la más cara del mundo. La carne se caracteriza porque tiene mucha grasa integrada en la masa muscular, lo que la hace más *palatable* y tierna. Las leyendas dicen que estos bueyes reciben masajes, beben cerveza y otras singularidades.

Ossobuco. Plato italiano, nace de cortar el morcillo —hueso incluido— en rodajas de 3 cm. El tuétano tiene el protagonismo que se merece. Su receta principal —*alla milanese*— lo sirve con una salsa de anchoas y ajo, acompañándolo de arroz.

Rossini. El compositor italiano da nombre a un turnedó —a su vez así llamado porque fue hecho de espaldas a los comensales—, elaborado a partir de un filete grueso del solomillo, que va sobre una rebanada de pan y cubierto con *foie grass* y trufa.

Tartar (*steak*). A saber lo que tiene que ver con Gengis Khan y sus guerreros. Es solomillo troceado con cuchillo bien afilado en fragmentos de menos de un centímetro. Se amasa bien la carne con sal, pimienta, mostaza, yema de huevo y alcaparras. También, al gusto, aceite de oliva, salsa Worcestershire y/o tabasco, cebolla, ajo, perejil, pepinillos…

Stroganoff. Plato ruso que lleva la carne de buey cortada en láminas, con cebollas y setas, en una salsa a base de crema de leche agria. Data del siglo xix y está dedicado al conde Pável Aleksándrovich Stróganov.

Sukiyaki. Plato japonés que se preparaba tradicionalmente en cazuela honda de barro o hierro en el centro de la mesa. El buey, cortado en láminas, se acompaña de verduras, fideos y otros ingredientes para cocer en salsa de soja. Los trozos se mojan en huevo batido al irlos comiendo.

Villagodio. Chuletón del lomo alto de buey (o vaca). Puede pesar de 1 a 2 kilos y se prepara asado a la parrilla sin deshuesar.

Wellington (solomillo). En versiones fácilmente olvidables todos lo hemos visto en alguna boda. Es un solomillo envuelto en hojaldre que se ha dedicado al héroe de Waterloo porque según parece era uno de sus platos preferidos.

18. *Encomio de la casquería*

En animales comestibles, y en términos muy amplios, todo lo que no es músculo (carne) es casquería. He aquí un mundo gastronómico diverso como pocos, con multitud de materias primas y preparaciones. A primera vista y en general los platos de este género se han considerado siempre como populares, a pesar de que muchos son ofrecidos por restaurantes de lujo y de que algunas variantes son exclusivas de tiendas especializadas (pensemos en un *foie* —hígado al fin y al cabo— o en unas crestas de gallo confitadas). Es este el gran conjunto al que pertenecen sesos, patas, hígado, lengua, tripas, morro, criadillas, riñones y mollejas, además de la sangre, y también el corazón —que si bien es músculo, se considera víscera—; es evidente que en estos alimentos encontramos más variedad de texturas, color, aromas y sabores que en las carnes de los respectivos animales.

El consumo de casquería es de larga tradición, y tuvo notable presencia en las cocinas de Grecia y Roma. En la Edad Media tanto la lengua —salada— como patas y todo tipo de despojos gozaron de gran favor por parte de las clases humildes. En las constituciones de los colegios mayores en España durante los siglos XVI y XVII se reglamentaba que la comida de los sábados sería a base de menudos, casquería y livianos. Así el *Libro del Arte de Cozina*, de Domingo Hernández de Maceras, que fue cocinero de un colegio mayor en Salamanca, dedica todo un capítulo a la «comida de sába-

Publicidad de la genuina lengua de buey Paysandu, «ideal para picnics y desayunos».

dos», donde se ocupa de cabezas de carnero (en pastelón, en empanada), lengua (en pastelones o cubiletes, empanadas), manos de carnero (cocidas, rebozadas, guisadas), hígado (guisado), livianos de carnero (en torreznos, en costrada), riñones de vaca y sesos de vaca o carnero. También da una receta de «manjar blanco de callos de vaca», en donde los equipara a la pechuga de gallina.

El *Nuevo Arte de Cocina* de Juan Altamiras ofrece recetas de sesos; manos de cerdo y de cordero; pepitoria de hígado y de livianos; sangre; cabezas; y hasta incluye criadillas de cordero, en un apartado donde curiosamente advierte «Con bastante rubor, Amigo Cocinero, me pongo a tratar de esta especie; porque como te he hablado de chanza, y las gentes están tan puestas en equívocos en materias poco decentes, no quisiera darles materia para entretenimiento tan arriesgado; pero diré brevemente lo que entiendo, ojalá sea sin ofensa de sus oídos». Luego viene la receta de las criadillas, que tras cocidas, fritas y luego rebozadas en harina y huevo, vuelven a freírse y espolvorean con azúcar y canela.

Aunque casi siempre les pongamos pata de vacuno, es bueno recordar que el nombre de los callos no tiene nada que ver con manos y pies. La palabra es tan antigua como el plato, y viene del latín, donde *callum* significa estómago, término del que deriva «cuajo», y de hecho la leche cuajada se llama así porque para conseguirla hemos de echar mano de ese estómago de los rumiantes. Demos gracias a la evolución que inventó un animal que tiene ni más ni menos que cuatro estómagos, con sus correspondientes texturas. Son estos la panza (donde acumulan el forraje), la redecilla (de superficie con celdillas de nido de abeja), el libro (de estructura laminar) y el cuajar. Hoy se venden bien limpios, pero no está de más dejarlos a reposar unas horas en agua con limón y vinagre, y lavarlos bien en varias aguas antes de su cocción.

Aunque también se preparan los callos en Italia y Portugal (en Oporto, con alubias blancas), Francia y España se disputan el honor de preparar los mejores del mundo. Entre nues-

Corazones de pavo con ajo y romero [Mironov Vladimir].

tros vecinos del norte destaca la receta «a la moda de Caen», capital de la Baja Normandía. Según esta fórmula se hacen cocer, durante más de diez horas al horno, en marmita o cazuela de barro, los callos con pata de buey o ternera, en compañía de puerro, cebolla, zanahoria, apio, *bouquet garni*, pimienta y clavo. Se pone también grasa de buey o mantequilla, y se añade sidra y algo de Calvados. Están bien, pero no mejor que los nuestros. Los callos son plato popular y festivo en muchas partes de España. En Madrid llevan también pies y morro de ternera; jamón o panceta; chorizo y morcilla de cerdo; pimentón (agridulce de La Vera), tomate y vino blanco; ajo, clavo, laurel y guindilla. Muchos son los que afirman que lo ideal es hacerlos de víspera, y recalentarlos luego a fuego lento. La diferencia principal que marcan otras regiones es la adición de garbanzos, como se explica en el capítulo de legumbres.

Los españoles nos tomamos al año unos 50 millones de kilos de casquería y más de la mitad de nosotros reconoce comer estos platos al menos una vez al mes. La especialidad más popular son los callos, preferidos por un 64 %, a los que siguen hígado, patas, morros, manitas y riñones. La afición es mayor en Cataluña (26 % del total), País Vasco (17 %) y la Comunidad de Madrid (13 %). Desde el punto de vista nutricional, el consumo de estos alimentos es recomendable, pues poseen proteínas de alta calidad, es decir, con presencia de los aminoácidos esenciales, también contienen hierro —sobre todo el hígado, corazón y riñones—, fósforo, ácido fólico, cobre y zinc, además de vitaminas A, B y D. Es cierto también que en general tienen contenidos altos de colesterol y que la digestión de estos platos, muchas veces cargados de especias y picante, tiene sus dificultades.

Las partes ocultas de la anatomía

Músculos. Entre las piezas que no son consideradas «carne» en el despiece están las carrilleras, el corazón y la lengua. En realidad es carne magra, que si hacemos caso al dicho que afirma que su calidad depende del trabajo que efectúa el músculo, alcanzará su máxima expresión en los citados, no en vano el corazón no para de latir, las carrilleras corresponden a los maseteros, que los rumiantes emplean para masticar, y la lengua... ¡qué voy a decir!

Tripas. Aparte de las que se usan para embutir, en el caso de estómagos son los protagonistas de los callos. Se trata de músculos de fibra lisa, esto es de contracción lenta e involuntaria. Tras subrayar la importancia de su limpieza, recordemos que las de cordero se comen por ejemplo enrolladas en un ovillo, y una vez cocidas con ajo, cebolla, perejil, pimienta, laurel, vino y brandy, son aliñadas con ajo, tomillo, romero y asadas a la brasa, plancha o fritas en sartén. Los zarajos pertenecen a esta categoría.

Cartílagos y tendones. Las manos y patas de cuadrúpedos se llevan la palma en este tipo de tejidos que tienen la propiedad de que en una cocción prolongada se convierten en gelatina. Son el *summum* de la palatabilidad y de la untuosidad. Las orejas, sobre todo las de cerdo, son otro ejemplo apetecible de esta categoría, donde también podríamos incluir las crestas de gallo, por su carácter gelatinoso. Carácter especial tiene el tuétano de los huesos, que da personalidad a sopas y caldos, y es objeto de alguna preparación privilegiada, como unas patatas rellenas.

Vísceras. Según el diccionario, la palabra corresponde a «órganos contenidos en las cavidades». El corazón sería el más importante, pero ya lo hemos valorado como músculo. Nos quedan el hígado, riñones, timo, pulmones (liviano) y sesos. Son las que requieren una mayor precaución ya que en los dos primeros casos actúan como filtros en el cuerpo de los animales. Aún dejando a un lado los de oca y pato, que tienen categoría de exquisiteces, los hígados de ternera, cordero y cerdo son de amplia aceptación. Los riñones también son apreciados, sobre todo cuando se trata de los de animales jóvenes, y las mollejas (la glándula del timo hipertrofiada en rumiantes jóvenes) gozan de muchos adeptos, preparándose sobre todo a la brasa.

Criadillas. Pueden considerarse vísceras (y sin duda su relación con el término «visceral» sería tema para una tertulia). Son los testículos de corderos y toros. Se trata de un alimento controvertido, que produce náuseas a algunas personas y afición irracional a varones que creen *ad pedem literae* que de lo que se come se cría. Al margen de supersticiones, la tortilla del Sacromonte está divina.

Van Gogh, *Bodegón con caballas, limones y tomates* (1886)
[Collection Oskar Reinhart, Winterthur].

Caballas ahumadas [Lunov Mykola].

19. *Pescado azul como el mar*

El 27 de febrero de 1886 Van Gogh se fue a París a vivir con su hermano Theo, que era marchante de arte. A sus 33 años comenzó a conocer a los grandes impresionistas, y a cambiar los tonos oscuros de su paleta por otros más luminosos y claros. El bodegón con caballas es una de las primeras obras de este período, y por ello creo que vienen al caso unas palabras del pintor en una carta a su hermano escrita dos años más tarde desde Arlés: «El Mediterráneo tiene el color de la caballa, quiero decir, cambiante. No siempre sabes si es verde o violeta, incluso no puedes decir si es azul, porque al instante el reflejo que cambia ha tomado un matiz rosa o gris». Van Gogh evocaba las caballas que había mirado con tanto detalle —«no puedo trabajar sin modelo»— al descubrir de verdad el Mediterráneo. No es mal homenaje para un humilde alimento que aúna su enorme valor dietético con plenitud de sabor, versatilidad culinaria y asequibilidad económica.

La presencia de este pescado en el bodegón parisino de Van Gogh puede deberse a la irrupción del mismo en el mercado, lo que tiene lugar a partir de febrero, cuando la caballa (*Scomber scombrus*), tras haber pasado el invierno en aguas profundas del mar del Norte, a veces a más de 300 metros, comienza a aparecer en aguas superficiales costeras, y a caer en las redes. Se trata de una captura de estacionalidad muy acusada, que continuará siendo abundante en las pescaderías hasta comienzos del verano, aunque en casos aislados

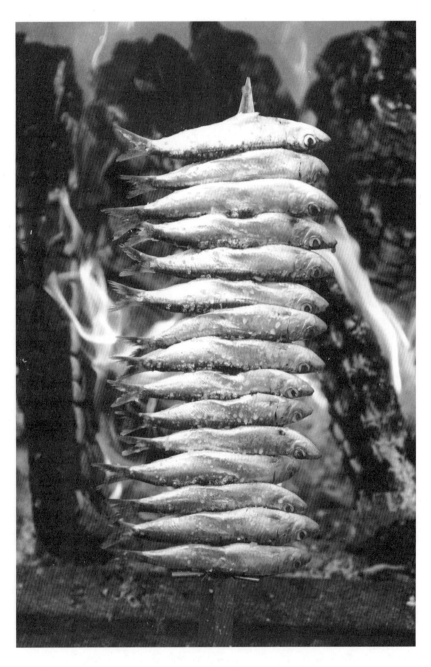

Sardinas asadas a la brasa, una fuente de omega-3 [Bear Fotos].

puede encontrarse durante todo el año. Francia es el país europeo con mayor registro de caballas en un *ranking* donde España ocupa el cuatro lugar.

Es muy fácil de reconocer por su cuerpo brillante, de precioso color azul turquesa con bandas oscuras, vientre plateado y aletas grises. Durante el invierno, la caballa prácticamente no come. Es al subir a aguas superficiales cuando comienza a alimentarse, primero de zooplacton, y luego de todo lo que pueda llevarse a la boca. Es un gran depredador, que vive en grandes bancos y realiza migraciones, alimentándose de pequeñas anchoas, sardinas, espadines y otros peces también pelágicos, es decir, que viven normalmente alejados de la costa. La reproducción tiene lugar en primavera, y los ejemplares jóvenes no se irán mar adentro hasta el otoño. El carecer de vejiga natatoria le obliga a nadar incesantemente para no hundirse, pero también le permite vivir tanto en aguas superficiales como profundas. Es muy parecida al verdel (*Scomber japonicus*) y de hecho muchas veces no se hace distinción entre ambos.

Una de las recetas más populares nos ofrece la caballa adobada, para lo cual se trocea y deja marinar durante unas horas en una mezcla que lleva sal y vinagre, ajo machacado, romero, tomillo, orégano y pimentón. Luego se escurre, se reboza en harina y se fríe en abundante aceite. Para los ejemplares pequeños se usa también el escabeche. Tras freír los bichos bien limpios se colocan en una fuente honda, donde serán cubiertos con la salsa. Esta se prepara dorando en el aceite unos dientes de ajo con tomillo y laurel, y añadiendo luego un poco de pimentón tras dejarlo enfriar; por fin se pone un vaso de vinagre y otro de vino blanco y se da un hervor. Con ello se riegan las caballas, que ganarán al esperar unas horas, aunque así se conservan durante varios días. También puede consumirse asada a la parrilla, a la plancha, al horno, a la brasa, ahumada y en papillote.

Pero muchas personas han conocido a la caballa en su versión en conserva, en aceite, procedimiento que mantiene las virtudes dietéticas. Es un recurso que ha servido para hacer asequibles en zonas de interior y durante todo el año los llamados «pescados azules», que incluyen especies tan populares en la dieta mediterránea como las sardinas, las anchoas, la melva o el atún. Se trata de pescados que tienen hasta más de un 10 % de grasa. Suele atribuirse al inglés Peter Durand la invención de las latas de conserva, cuando en 1810 obtuvo una patente que servía para mantener los alimentos encerrados en recipientes de hojalata recubiertos de estaño. Era importante que los pescados permanecieran protegidos de la luz y sumergidos en aceite, y las latas tenían la ventaja sobre los tarros recién inventados por Nicolas Appert de que no eran frágiles.

Además de contener grasas insaturadas, los pescados azules son ricos en proteínas, en proporción similar a la carne o los huevos. Estas son también importantes, por su calidad, al contener todos los aminoácidos esenciales, es decir, que no pueden ser sintetizados por nuestro organismo. Destacan por su importancia la lisina, clave en el crecimiento, y el triptófano, que interviene en la formación de la masa muscular. Contiene vitaminas A y D, así como vitamina B12, fundamental para el funcionamiento del sistema nervioso, y vitamina E, que es protector como antioxidante. De su contenido en minerales destacan el yodo (25 veces mayor que en la carne), el fósforo y el calcio (en los individuos pequeños, que se comen con espina), así como el sodio y el potasio. Es un alimento muy energético, suministrando unas 1,4 kilocalorías por gramo.

Un seguro cardiovascular

En 1986, tras 15 años de trabajo, un estudio realizado en siete países demostró que la presencia de ácidos grasos insaturados en la dieta disminuía el riesgo de padecer obstrucciones en las arterias coronarias. A diferencia de las grasas saturadas, que son sólidas, las insaturadas suelen ser aceites, y la razón estriba en la naturaleza de los ácidos grasos que contienen. Con el nombre de omega-3 se conoce a un grupo de ácidos grasos poliinsaturados, capaces de adicionar varias moléculas de hidrógeno; desde el punto de vista químico se caracterizan porque en su molécula, formada por una cadena de átomos de carbono, tienen varios dobles encales. Conocidos por sus iniciales, el ALA tiene tres dobles enlaces, en una cadena de 18 átomos; el EPA tiene 5, en una cadena de 20; y el DHA tiene 6 dobles enlaces, en una cadena de 22. El ALA (ácido alfa-linoleico) se considera esencial, pues el cuerpo humano no lo fabrica y ha de ser obtenido de la dieta. Además, en el cuerpo el ALA puede convertirse en los otros dos, aunque no en la cantidad suficiente, por lo que también han de formar parte de nuestra alimentación. Estos ácidos omega-3, que se encuentran fundamentalmente en pescados grasos y algunos mariscos, tienen propiedades antiinflamatorias y ayudan a prevenir las enfermedades cardiovasculares, ya que por un lado disminuyen los niveles de colesterol y triglicéridos, y por otro reducen la facilidad de agregación de las plaquetas en sangre, con lo que es más difícil que se formen trombos. Se suele recomendar un consumo de 1,25 gramos de omega-3 al día.

El top ten del omega-3

Aunque el contenido en ácidos grasos depende de numerosos factores, como la edad y el tamaño del animal; la época del año; la alimentación del pez; o el momento de la pesca respecto al desove, se pueden dar unos valores de referencia: Caballa: 2.5; Salmón: 1.8; Anchoa (en lata): 1.7; Arenque: 1.6; Atún: 1.5; Sardina (en lata, con espinas): 1.4; Trucha: 1.0; Mejillón: 0.7; Emperador: 0.7 y Bonito (en lata): 0.7

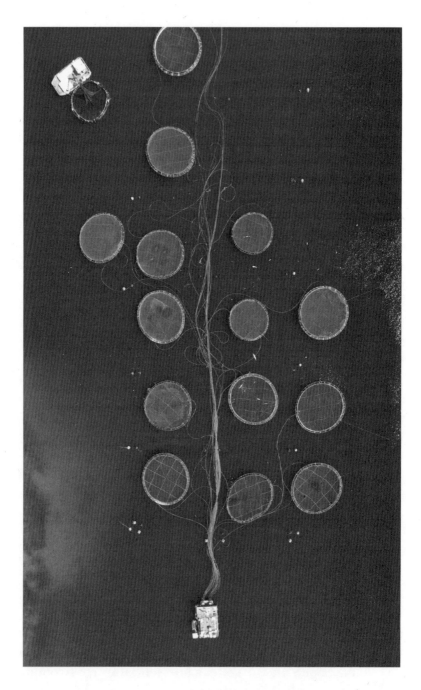

Fotografía aérea de un criadero de besugo y lubina en aguas profundas y calmas de Galaxidi, Grecia [Greens and Blues].

20. *Besugos y otros peces que nacen pescados*

En 2003 comenzó a comercializarse —por primera vez en la historia y en el mundo mundial— el besugo creado y criado en cautividad. Eran los primeros animales de esa especie candidatos a tener denominación de origen. Tras ocho años de estudios se pusieron en el mercado toneladas de individuos que no conocieron el mar abierto. Eran besuguitos salidos de unos huevos que habían eclosionado en una piscifactoría de Valdoviño (Coruña) cuatro años antes, y que allí crecieron hasta alcanzar un kilo de peso, y luego dejaron sus jaulas de crecimiento para viajar, ya fuera del agua y en proceso de defunción, hasta los establecimientos donde se exhibieron para atraer la atención del público.

En *La casa de Lúculo o el arte de comer,* Julio Camba dedica uno de sus capítulos al besugo, calificándolo como el más madrileño de los pescados de mar, y añadiendo con sorna galaica que en la noche de Nochebuena «Madrid consume millares y millares de besugos, unos asados, otros quemados y otros carbonizados». Quede constancia de ello para recomendar que jamás dejen ustedes un animalito de estos en el horno más allá de 20 minutos, que son los suficientes para que desaparezca la transparencia propia del músculo del pescado crudo. La cocina del pescado no busca nunca reblandecer unos bichos que ya no tienen la carne con la consistencia de los terrestres.

Una ración de ceviche peruano sobre «leche de tigre», el líquido blanco que queda al marinar el pescado con cítricos, ajíes y cebollas [Javier Volcán].

De hecho, podríamos consumirlo crudo, preparando con él un ceviche (o cebiche), como se hace en México, formando tacos o filetes y marinándolos en jugo de limón para después aderezar con tomate, cebolla, cilantro, aceite de oliva y —¡cómo no!— chile. En los ceviches, como en nuestra preparación de los boquerones en vinagre, es el ácido del limón el que consigue la coagulación de las proteínas del pescado. En la ruta del besugo de Galicia o el Cantábrico a Madrid se hacía con el animal un escabeche, que garantiza su conservación por días. Yo escogí para estrenarme con estos nuevos besugos «de pisci» una receta del siglo XVIII en donde cítricos, vinagre y especias preparan de manera perfecta al bicho. Recomendable.

Una especie más, la del *Pagellus bogaraveo* (Brünnich, 1768), ha venido a añadirse a la creciente lista de peces que pueden nacer ya pescados para el consumo humano. Al sabio gastrónomo que fue Cristino Álvarez le gustaba recordar —y así lo dejó escrito bajo su habitual firma Caius Apicius— que el castellano es el único idioma occidental que distingue entre peces y pescados. Los besugos y demás especies de piscifactoría fueron peces sin saber que ya estaban pescados, destinados a dar con sus delicadas carnes con músculo de fibra corta en el plato, para mayor goce de comensales.

Partiendo de una puesta de 240.000 huevecillos de alrededor de 1 mm de diámetro y tras cinco días de incubación salen unas 200.000 larvas de 3 a 4 mm. Solo un 10 % de ellas sobreviven a los cinco meses, alcanzando un peso de 10 gramos. Esos 20.000 alevines pasarán unos 42 meses en jaulas de engorde en el mar hasta alcanzar su peso de mercado. O sea que un besugo tarda en hacerse el mismo tiempo que un toro de lidia. La calidad de los ejemplares producidos depende de factores relacionados con el entorno en que se desarrollan, sobre todo con el tipo de alimentación.

La idea de que podemos influir en las características de los animales que domesticamos está ya en la Biblia, aunque la narración adopte la idea mágica de que lo semejante produce lo semejante: «Y tomó Jacob varas de álamo verdes, y de avellano, y de castaño, y descortezó en ellas mondaduras blancas, descubriendo así lo blanco de las varas. Y puso las varas delante del ganado. Y concebían las ovejas delante de las varas, y parían corderos listados» (Génesis, 30; 37-39). Jacob diferenciaba sus ovejas con listas de las de su suegro Labán. Aquí se habla de mamíferos, pero también hay peces listados, es decir, que tienen rayas, como la caballa.

Al autor del *Génesis* no se le ocurrió poner un ejemplo de peces listados, entre otras cosas porque la ganadería de aquellas épocas era casi exclusivamente terrestre. Digo casi porque los pobladores de China en el Neolítico, hace unos 7.000 años, consumían grandes cantidades de pescado y se da por seguro que ya entonces tenían cultivos de carpa. O sea que, mientras no se demuestre otra cosa, el primer pez cultivado por el hombre fue la carpa de río, en una época en que los chinos habían semidomesticado cabras y ovejas.

El besugo no es listado, sino maculado. Una de las características que sirven para identificar a los adultos es la presencia de una mancha redonda en ambos lados, situada encima de la aleta pectoral, al comienzo de la llamada «línea lateral». Así distinguimos el besugo verdadero de otras especies como el aligote (*Pagellus acarne*) o el pargo. En libertad, el besugo vive en el fondo de la plataforma litoral, a una profundidad entre 200 y 500 metros. Se alimenta de moluscos bivalvos, gusanos marinos, peces más pequeños y sobre todo crustáceos, aunque a veces se conforma con algas y plancton. Puede llegar a vivir hasta 15 años y a medir como medio metro. Aunque en principio son solitarios, acaban formando cardúmenes, pero es un pez escaso en nuestras costas desde hace años. Las técnicas de piscifactoría permiten acercarlo a muchos más hogares.

21. *De Venus, vieiras y veneras*

En el ingenioso y divertido libro *Notas de cocina de Leonardo da Vinci* se dice que Leonardo compartía ilusión y trabajos con Sandro Boticelli en una cantina a la entrada del Ponte Vecchio de Florencia. Aquel supondría, sin duda, un escenario ideal para que dos jóvenes creativos fabulasen aplicaciones culinarias a moluscos de todo tipo: ostras, almejas y vieiras incluidas, comprobando la satisfacción que produce el penetrar a las delicias encerradas en sus conchas. Lo imaginamos. Pero lo que en verdad sabemos es que en 1484 Sandro —ya con 40 años— pintó el más famoso de los cuadros que hacen referencia al nacimiento de Venus, representando a la diosa del amor, la belleza y el deseo carnal surgiendo de una venera, o concha de vieira, como decimos en Galicia.

Sandro Botticelli, *El nacimiento de Venus* (c. 1484-1486)
[Galería Uffizi].

Composición fotográfica con vieiras frescas, y limpias
para su preparación culinaria [Uliab].

Todas las formas de antiguas leyendas sobre el tema aseguran que Venus nació del mar, si bien Plauto, que escribió en el siglo tercero a. C., concreta que fue del interior de una concha venera. Es probable que esa idea ya estuviese en leyendas griegas anteriores. La que pintó Boticelli es, sin duda, de la especie presente en el Mediterráneo, *Pecten jacobaeus*, curiosamente bautizada así por Linneo en 1758, mientras que las que podrían conseguir los peregrinos a Santiago de Compostela fuesen de otra vieira, la *Pecten maximus*, que es animal atlántico, puede llegar al medio kilo de peso y tener una concha de más de 15 centímetros. Leyendas al margen, me imagino a los peregrinos jacobeos volviendo a sus tierras luciendo las conchas de las vieiras que se zamparon tras concluir su andadura a orillas del mar del Finis Terrae. Era una forma de acreditar su viaje.

La vieira es animal hermafrodita. Lo que nos comemos es el potente músculo abductor (el cilindro blanco central) y los órganos genitales, que forman una especie de gajo de naranja. La parte rojiza de la punta (que algunos llaman «coral») corresponde a la glándula reproductora femenina, y la porción de la base, de un color ocre blanquecino, es la masculina. El músculo abductor sirve para cerrar con fuerza las valvas y así defenderse de sus depredadores, el principal de los cuales es la estrella de mar. Mejor defensa tiene en escapar volando a reacción, para lo que toma agua y luego la expulsa con fuerza en chorros direccionales, saliendo disparada en sentido contrario. Si se la deja tranquila vive reposando camuflada en el fondo arenoso, entre 20 y 100 metros de profundidad, con la concha plana hacia arriba. Si entreabre las valvas pueden verse el manto y abundantes pequeños ojos como perlas, que le sirven para apreciar la cercanía de enemigos.

Los cocineros de hoy hacen maravillas con las vieiras, utilizando fundamentalmente el músculo abductor. En el espectacular libro *El marisco en Galicia* (Lunwerg, 2004) se dan modernas recetas de grandes restauradores clásicos de entonces, con el bivalvo gratinado al albariño (Zalacaín), en brochetas y acompañado de cuscús (Toñi Vicente), con crema de patata (Casa Pardo) y con crema de calabaza (Can Roca). Personalmente sigo la tradición con el modo que me enseñó mi abuela: coloco en la concha únicamente el músculo abductor y las gónadas del animal, luego de haberlos salpicado de sal y pimienta y tras mojarlos en buen aceite. En una sartén voy pochando cebolla cortada muy fina, y cuando está blandita, si en ese momento tengo a mano un albariño, pongo un chorrillo. Tras el nuevo hervor, cubro con ello el cuerpo de la vieira, y espolvoreo pan rayado. Luego, horno fuerte solo diez minutos, pues el exceso de cocción las endurece, y a la mesa.

En otro tiempo las vieiras fueron muy abundantes en Galicia, lo que puede uno recordar al ver la capilla de la isla de La Toja cubierta de valvas planas, como lo estaban muchas fachadas enfrentadas a vientos y lluvias del sur en casas de las Rías Baixas. Por muy hermafrodita que sea este molusco, hoy no abunda, siendo necesario respetar las vedas y la talla mínima legal de captura (10 cm), tamaño que el animal tarda dos años en alcanzar, alimentándose a base de fitoplancton. Afortunadamente, existe también vieira cultivada, en bateas. Al mercado llega fresca y congelada, y en este caso se suele suministrar exclusivamente el músculo abductor, supongo que por concesión al mercado estadounidense, que descarta las gónadas. Quien las adquiere frescas sabe que la vieira, cuando está viva, cierra de forma potente e inmediata sus valvas cuando se la toca, y por ello no conviene comprar vieiras que permanezcan abiertas. De su contenido nutricional destaca su riqueza en calcio, hierro, fósforo y potasio.

La concha por antonomasia

La venera es ornamento pleno de significados. La encontramos como motivo ya en monedas fenicias acuñadas en Sagunto durante el segundo siglo a. C., y sea por razones simbólicas o puramente decorativas, es icono que abunda en fachadas, sepulcros, fuentes, mosaicos, esculturas, vidrieras, vasos, objetos de adorno y muchas otras formas de arte. Para los budistas chinos es emblema de la buena suerte, signo de viajes propicios y de fecundidad. Para los aztecas la vieira representaba la matriz de la mujer y el nacimiento. En su *Historia Naturalis*, Plinio la llama venera, de acuerdo con la tradición que la relaciona con la diosa Venus, y es símbolo de regeneración y nacimiento. En la iconografía cristiana no aparece hasta el siglo XII, y está vinculada al Camino de Santiago. La más antigua (1140) figura en la imagen del Santiago peregrino en el pórtico occidental de la preciosa iglesia románica de Santa Marta de Tera (Zamora). Desde entonces ha sido símbolo casi imprescindible en imágenes o construcciones relacionadas con el peregrinaje compostelano. Modelo de abundancia (más de 300) es la salmantina Casa de las Conchas, de finales del siglo XV. En heráldica, es la concha por antonomasia, y aparece desde el siglo XIII, ya en los orígenes de los escudos de armas, en los que se dice simboliza constancia y lealtad. Contienen veneras los escudos de numerosos apellidos y están secularmente vinculadas a ciudades como La Coruña, donde también se acuñó moneda y cuya ceca tenía como símbolo una de esas conchas.

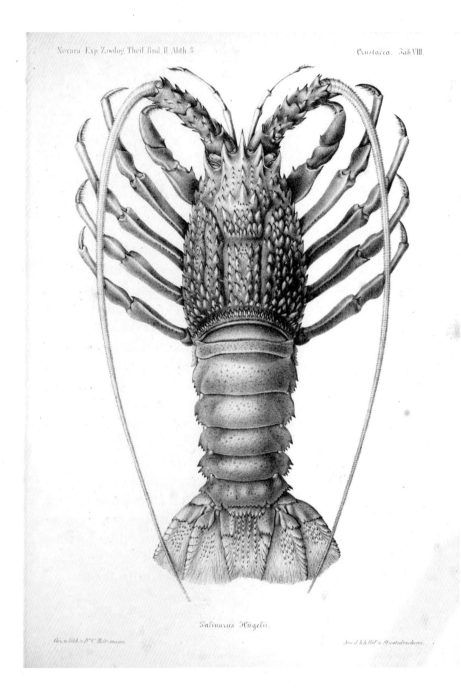

Palinurus Hügelii.

Las langostas espinosas son muy apreciadas por su interés
culinario. Habitan los fondos rocosos habitualmente.

22. Mariscos, la encarnación del océano

Son las joyas de la gastronomía, los platos más caros de las cartas de restaurantes y los comienzos de cualquier ágape singular. Los mariscos son un signo de celebración, aunque, en honor a la verdad, ha de recordarse que también existen miembros de la familia aptos para todas las economías. Para empezar, convengamos una definición, llamando mariscos a los invertebrados marinos comestibles provistos de esqueleto externo. De esa manera un zoólogo nos diría que con ello estamos mezclando animales de tres grupos distintos, como son moluscos, crustáceos y equinodermos, y un cocinero apuntaría que así se excluye a los apreciados moluscos cefalópodos, como el pulpo, calamares y sepias, lo que no debe significar detrimento alguno de su categoría gastronómica.

Así son las cosas, y esa es la definición más empleada. Para entendernos, digamos que los moluscos presentan una masa carnosa blanda, protegida por una o dos conchas (ostras, almejas, mejillones, vieiras, bígaros, cañaíllas...), mientras que los crustáceos tienen un esqueleto externo de estructura más compleja (centolla, langosta, percebe, gamba, langostino...) y equinodermos son, por ejemplo, los erizos de mar. Todos esos animalitos tienen algo en común, que es el ser capaces de transmitirnos el sabor a mar. Aunque ello dependa de numerosos factores, un responsable parece ser el sulfuro de dimetilo, conocido por DMS. El fitoplancton produce, cuando es metabolizado, ese gas fuertemente oloroso, que resulta el principal responsable del olor a mar y del sabor del marisco. El DMS tiene un aroma tan intenso que basta una concentración de unas cien partes por trillón en el aire para que nuestro olfato nos avise de que estamos cerca del océano.

En general, la calidad de un marisco depende de su alimentación y de factores ambientales. Por supuesto, para ellos es bueno que exista riqueza de fitoplancton y zooplancton. Si nuestra salud depende de nuestra alimentación, a los moluscos y crustáceos les sucede lo mismo, y en ello está la clave de diferencias evidentes entre los animales que provienen de cultivos y los que vivieron en libertad, normalmente con una alimentación mucho más variada. Pensemos que en una gota de agua marina hay algas unicelulares —el fitoplancton—, como diatomeas y dinoflagelados, que constituyen el alimento de invertebrados (crustáceos microscópicos, larvas de moluscos) y de peces. También hay animales microscópicos —el zooplancton—, un conjunto con extraordinaria diversidad de especies, entre las que se incluyen crustáceos, huevos y larvas de peces, moluscos y equinodermos.

La riqueza de alimento, unida a las condiciones de la costa y el fondo marino son las claves para que existan las maravillas del marisco, y para que a tantos y tantos pueblos de España les guste presumir de denominación de origen: los percebes de la Torre (La Coruña), los de Cedeira o del Roncudo; la almeja fina de Carril; el langostino de Sanlúcar o de Vinaroz; la ostra de Arcade; la navaja de Finisterre; la gamba roja de Denia o de Palamós; el mejillón de Lorbé; la centolla de Vigo; la langosta de La Guardia; el berberecho de la ría de Arosa; las bocas de la isla de Cádiz; la gamba blanca de Huelva; y las nécoras «de la Ría» (y aquí en Galicia le dirán cuál es la ría que mejor las tiene, por mucho que en el mercado hoy abunden las traídas de Irlanda, Francia y Escocia). La lista se completa si ponemos procedencia a camarones, cigalas, vieiras, bogavantes y demás.

El marisco más popular del mundo es la gamba, de la que existen numerosas variedades, entre las que destacan en España la gamba roja (*Aristeus antennatus*) y la gamba blanca (*Parapenaeus longirostris*). Su contenido nutricional no varía mucho entre las distintas especies. Cada 100 gramos proporciona 96 kilocalorías, y contiene 21 gramos de proteínas (de alta calidad biológica), así como 1,4 gramos de grasa (predominan los ácidos insaturados). Prácticamente no contiene hidratos de carbono. La gamba es también una fuente excelente de fósforo, yodo, selenio y algo de vitamina E. En el lado menos deseable hemos de anotar que contienen un valor alto de colesterol: 200 mg, y que además contienen purinas, que dan lugar a ácido úrico. Los mariscos con menos colesterol son el percebe (14 mg) y el mejillón (32 mg).

La mejor manera de cocer los mariscos es en agua de mar. La razón es bien fácil de entender, echando mano de la física. La clave está en el fenómeno conocido como ósmosis, y que es el culpable de que el agua y otras substancias pasen a través de las membranas de las células, tratando siempre de equilibrar las concentraciones. Por ello, cuando queremos hacer un caldo o una sopa, de manera que pasen al agua los sabores de un alimento, lo ponemos a cocer en agua sin sal; en ese caso lo sabroso será el líquido, que salaremos al final. Pero si lo que queremos es comernos los bichos hemos de procurar que no cedan sabor al agua de cocción, y ello se consigue poniéndoles en un agua con la salinidad «habitual» para ellos. Lo más sencillo, agua de mar. Algunos prefieren que el marisco «pique» un poco de sal, y le añaden todavía un poco más. Si no hay agua de mar, preocúpese de añadir al menos 50 gramos de sal por litro.

Gusto gallego

Nº1 invierno 2014 | GASTRONOMÍA Y VIAJES

Un percebe y algunos de sus descendientes son motivo de portada en la revista de gastronomía y viajes *Gusto gallego* [Fotografía de Luis Carré].

Su majestad el percebe

El percebe es uno de los mariscos que saben más intensamente a mar. Como la ostra o como los erizos, pero sin la liviandad de estos. En el percebe, el mar se hizo carne. El percebe gallego (*Pollicipes cornucopia*) es muy fácil de distinguir de otras especies de *Pollicipes* que tienen una uña con mayor número de placas calcáreas, como los que viven en Canadá, pero es hermano de los que habitan las costas occidentales de Portugal, Francia y Marruecos. Su grandeza —y el problema para los compradores— está en que aunque pudiera ser confundido externamente, tiene un sabor único al probarlo. Vive pegado a la roca por un músculo, que constituye la parte comestible. En la uña encierra sus órganos vitales, y unos cirros —que son el resto evolutivo de las patas que le corresponden como crustáceo— y que usa exclusivamente para acercar la comida a su boca; además de ello, necesita vivir en agua que se renueve constantemente, aportando nuevo alimento. Es hermafrodita, pero no se autofecunda. El no poder desplazarse y acercarse a otro para la copulación lo suple gracias a que tiene el pene más largo de todo bicho viviente: más de dos veces la longitud de su cuerpo. No sé si en relación con ello, resulta que el percebe no tiene corazón, y además es de sangre azul —sin hemoglobina—, lo que le obliga a vivir en aguas con gran cantidad de oxígeno disuelto, es decir, frías y muy batidas. Por ello los mejores percebes están en las rocas más azotadas por las olas. Esos son todos sus secretos, pues la receta para prepararlos no puede ser más sencilla: hacer hervir el agua de mar, abundante, echar los bichos, esperar el nuevo hervor y sacarlos a la fuente calentitos.

¿Y cómo se come esto?

Si se dispone de animales frescos y de calidad conocida, lo mejor es tratarlos con cariño y sencillez: la cocción justa y pocos tratamientos. El marisco se puede tomar...

CRUDO. Es la manera ideal de probar el sabor del mar. Con las necesarias precauciones sobre su procedencia y frescura, aún puede hacerse con ostras —nunca menos de una docena—, almeja fina («de Carril»), erizos y berberechos. Hay personas que prefieren poner unas gotas de limón.

A LA PLANCHA. Siempre que se retiren al poco tiempo; los moluscos, inmediatamente después de abiertos. Se hace con almejas, navajas, gambas, langostinos, cigalas, langostas y bogavantes. Los mejillones, coquinas y berberechos pueden abrirse en un recipiente cubierto, en cuyo fondo se ha puesto previamente, si se quiere, un chorro de aceite.

COCIDO Y FRÍO. Es importante cocer en agua de mar o de salinidad semejante. Cada uno con su tiempo de cocción. Así van camarones, bocas de la isla, nécoras, cigalas, centollas, gambas, langostinos, santiaguiños, bígaros, cañaíllas, buey de Francia, langosta y bogavante. Hay quien pone al agua una hoja de laurel, o unas algas. En algunos casos (camarones, gambas...), para evitar una cocción excesiva —y mejorar la presentación y consistencia de su carne—, se retiran tras la ebullición con una espumadera y se ponen en un recipiente con agua de mar y cubitos de hielo.

COCIDO Y CALIENTE. Es el modo de servir los percebes.

EN PLATOS ELABORADOS. Sobre todo, al horno, para vieira y zamburiña. También, en guisos, empanadas, arroces y ensaladas todos los demás, si se me permite, con la excepción del percebe.

23. Vamos a freír espárragos

Existe una anécdota sobre el pintor Manet y unos bodegones de espárragos que merece ser relatada. El principal de ellos podría acompañarse con un texto de Marcel Proust: «Lo que más me gustaba eran los espárragos, teñidos de azul marino y rosa y cuyos tallos, delicadamente pintados en malva y azul, se tornan transparentes de modo imperceptible hacia la base del tallo –todavía manchado con la tierra que lo abrigó— en iridiscencias que no son de este mundo». El otro bodegón, con un único ejemplar, pintado con extrema delicadeza e insuperable técnica sobre fondo claro, tiene una justificación llena de encanto: el primero había sido vendido en 1880 por Manet a Charles Ephrussi por ochocientos francos, y cuando este envió al pintor la cantidad de mil, obtuvo la réplica de Manet regalándole el segundo óleo con una nota que advertía: «A su manojo le faltaba un espárrago».

El citado texto de Proust continúa más adelante haciendo referencia al olor que los espárragos dejan en la orina: «… la esencia preciada que yo aún reconocería cuando, tras haberlos cenado, representasen toda la noche sus sencillas y poéticas farsas, como una de las hadas de Shakespeare, hasta transformar mi orinal en un frasco de perfume». Y no es solamente Proust quien tiene por agradable ese inconfundible olor. En *El amor en los tiempos del cólera*, García Márquez escribe: «… se fue a dormir casi a las tres. Antes disfrutó del placer instantáneo de la fragancia del jardín secreto de

Édouard Manet, *Manojo de espárragos* (1880)
[Museo Wallraf-Richartz].

Édouard Manet, *El espárrago* (1880)
[Musée d'Orsay, París].

su orina purificada por los espárragos tibios». Agradable o no, es un olor originado por un compuesto de azufre (metil-mercaptano), que se forma durante la digestión del vegetal. Aunque todas las personas producen ese compuesto no todo el mundo lo huele, pues la capacidad de detectarlo está condicionada por un factor genético.

Los espárragos crecen silvestres en el área mediterránea, y fueron sin duda alimento de nuestros antecesores en el paleolítico; cultivados ya desde antiguo por egipcios, griegos y romanos, han sido considerados como la aristocracia de los vegetales. El *Asparagus officinalis* L. se apellida así porque era planta reconocida por la práctica herborista; no en vano se le han atribuido muchas propiedades medicinales —lo que como casi siempre no tiene justificación científica alguna— y hasta afrodisíacas o eróticas —lo que por supuesto tampoco, como no sea la obvia capacidad de sugerencia de su forma o el provocador gesto de comerlos tomándolos con los dedos—, pero sí que puede decirse que, además de ser diuréticos y contener fibra, encierran en cantidad apreciable algunas vitaminas y minerales. Son ricos en fósforo y vitaminas del complejo B (B6 y ácido fólico), además de A, C y E. Aunque debe tenerse en cuenta que gran parte de la vitamina C se queda en el agua de cocción.

En lo que respecta a espárragos verdes, los prefiero silvestres o trigueros, de los también llamados amargueros, que sean más bien delgaditos. Primero hay que cortarlos en trozos de unos tres centímetros desde la punta hasta la parte fibrosa. Luego, en una cacerola se fríen unos dientes de ajo, y una rebanada de pan. Una vez retirados ambos, los espárragos se hacen a fuego lento en ese aceite, con la cacerola tapada. Cuando están tiernos se les da una vuelta con pimentón y algo de vinagre (mi capricho es que sea de Montilla), además de añadir el resultado de majar en el mortero los ajos y el pan con una rama de perejil y, si gusta, una pizca de comino. Hay quien lo quiere con jamón, pero yo, francamente, no lo necesito. Unos huevos cuajados o fritos serán el complemento perfecto.

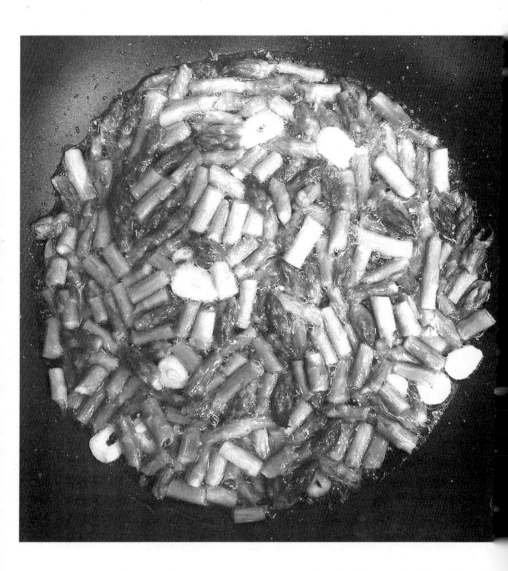

Espárragos trigueros se fríen en la sartén con unas láminas de ajo [fotografía del autor].

Los espárragos blancos —entre los que destacan los incomparables de Tudela— se obtienen enterrando los tallos de manera que no pueda llegar a ellos la luz solar que es necesaria para producir la verde clorofila. Este proceso lleva a obtener espárragos más gruesos y fibrosos, y de sabor más intenso, ligeramente amargo. Es un cultivo que requiere cuidados y recogida a mano, lo que repercute en su precio. Los espárragos frescos son propios de la primavera. Es recomendable consumirlos lo antes posible, pues con el tiempo pierden sabor y contenido vitamínico, además de volverse más fibrosos, como consecuencia de un proceso de lignificación. Se recomienda guardarlos en la nevera y mejor envueltos en algo húmedo.

El método de mantener espárragos, y en general vegetales, en conserva se lo debemos al cocinero e inventor Nicolas Appert, que utilizó el baño maría para conservar alimentos envasados en botellas de cristal, que luego tapaba con corchos encerados. El descubrimiento de Appert, en el que había trabajado 14 años, fue ideado para la despensa de los ejércitos de Napoleón, lo que le valió el reconocimiento del emperador, además del prometido premio de 12.000 francos. Con ese dinero montó la primera fábrica de conservas. Gracias a ello, los apreciados espárragos no solo podían estar disponibles en cualquier época del año, sino que incluso Grimod de La Reynière, el primer periodista gastronómico de la historia, en su *Almanach des gourmands* (1810) afirmaba que «en invierno estaban más deliciosos que el año anterior».

Mejor es usar los espárragos frescos, aunque inevitablemente alguna vez hemos de recurrir a los de conserva. Para intentar que no denuncien esta procedencia, sigan el consejo de Maribel Corbacho, maestra de cocineros: «Ustedes abran la lata. Escurran muy bien los espárragos. Pongan a calentar agua con algo de azúcar, en cantidad suficiente para cubrirlos. Cuando rompa el hervor, pongan los espárragos; vuelvan la cazuela al fuego, sepárenla nuevamente cuando vuelva a hervir y dejen ahí los espárragos unos 4 minutos». Escúrranlos muy bien otra vez, sobre un paño blanco limpio. Y los tendrán en perfectas condiciones para servirlos con alguna de las salsas habituales, mayonesa o vinagreta; porque otro de los defectos de los espárragos en lata, no achacable a ellos sino a quien los manipula, es servirlos demasiado fríos.

El porqué de los dichos

Con ese título se ha editado y reeditado un precioso libro de José María Iribarren en donde, si bien se explica el origen de la expresión «mañana será otro día, y verá el tuerto los espárragos», no encontramos justificación para la tan común recomendación de «vete a freír espárragos». Esta se utiliza ante una persona cuando se desea que desaparezca pronto, o para rechazar un comportamiento. El historiador romano Cayo Suetonio atribuye a Augusto la exigencia: *«Citius quam asparagi coquantur»*, lo que viene a ser «más rápido de lo que cuecen los espárragos», ya que el espárrago no debe exceder de los cinco minutos en el agua hirviente. Quizás ese pueda ser un origen de la frase, pero hay quien piensa que en realidad, la idea original debía ser otra, teniendo en cuenta que los espárragos blancos no se fríen, por lo que se supone que la expresión estaría destinada a mandar a una persona a cumplir con algo imposible. Freir espárragos trigueros se hace, pero lleva su tiempo. Entre nosotros existen las variantes vete a freír churros, a freír buñuelos o a freír monas. Todo vale. «Freír puñetas» es un híbrido de freír espárragos y hacer puñetas —que son bocamangas de encaje, laboriosas de confección, que llevan algunas togas—, y que no tiene sentido, pues como fácilmente puede comprenderse, no es adecuado freír.

24. Legumbres con fundamento

He de confesar que cuando de niño supe que Esaú había vendido su primogenitura a Jacob por un plato de lentejas (Génesis, 25:29-34) nunca tuve muy claro cuál de los dos hijos gemelos de Isaac y Rebeca había salido ganando. Recuerdo que el preferido de Rebeca era Jacob, y que a este le daba por cocinar, lo que le permitió aprovechar la flaqueza de su hermano, que volvía de cazar, ofreciéndole un «guiso rojo» de lentejas. Cultivada como el garbanzo desde la antigüedad en toda la cuenca mediterránea, la planta de lenteja responde al nombre científico de *Lens esculenta*, que adopta entre nosotros dos variedades principales, una pequeña (verdina o pardina) y otra de mayor tamaño, la rubia, que alcanza en La Armuña (Salamanca) su producción más prestigiosa. No nos dice Cervantes cuál de las dos era la habitual de los viernes para el Quijote. Para su cocción, la lenteja no necesita hidratarse tanto como la alubia o el garbanzo, con quienes forma la gran trilogía de legumbres.

Pocos alimentos hay que tengan tantos nombres entre nosotros como las alubias. También llamadas judías y habichuelas, pueden a su vez ser fabes, mongetes, fabas, bajocas, pochas o caparrones, y en América además frijoles, fréjoles y porotos. Si nos ponemos a precisar rigurosamente el tipo de alubia, el catálogo se hace más y más extenso: carillas, garrofón, judiones, etc. O sea que existen muchas variedades. Todas ellas son legumbres, esto es semillas secas extraídas de las vainas de leguminosas, para las alubias fundamentalmente del

Fabada [E. Torres].

género *Phaseolus*. Casi en su totalidad vinieron a Europa desde América. Allí los pueblos de México les llamaban *ayacot*, según consta en el libro de historia natural de Francisco Hernández *De Historia Plantarum Novi Orbis* (siglo XVI). A esa palabra debe su origen la francesa *haricot*, según sugiere Maguelonne Toussaint-Samat en su *Historia natural y moral de los alimentos*.

Nuestras principales variedades se incluyen en cuatro especies: judía común, *Phaseolus vulgaris*; judía española o escarlata (judión de La Granja o del Barco de Ávila), *Phaseolus multiflorus*; judía de Lima o garrofón, *Phaseolus lunatus*; y judía carilla, *Vigna sinensis*, quizás la única alubia cultivada en España antes del Descubrimiento. De la judía común existen gran número de variedades: blanca de riñón y blanca redonda (subespecie *nanus*); larga selecta, cuarentena, granja de fabada (subespecie *volubilis*); y otras. Aun dejando a un lado aquellas que consumimos con su vaina en verde (judías verdes), las alubias adoptan hoy en España múltiples y notables manifestaciones culinarias; pensemos en una butifarra con *mongetes del ganxet*, unos judiones del Barco de Ávila con oreja, unas pochas con codorniz, las verdinas con almejas, las alubias rojas a la tolosana, un potaje de judías carilla o la inigualable fabada. Nuestros vecinos presumen, a su vez, de *feijoadas* y de *cassoulet*.

Como en muchos platos rústicos, la calidad de una fabada asturiana depende en gran medida de sus ingredientes. Las *fabes* han de ser del año, de las llamadas de «la granja» (alargadas, no arriñonadas, que luego quedarán increíblemente untuosas, pero que no tienen nada que ver con los —a su vez espléndidos— judiones segovianos de La Granja de San Ildefonso), y los compangos porcinos de la mejor calidad. Desalado el lacón y el tocino, se colocan en una cacerola con las *fabes* (remojadas desde el día anterior), una cebolla y una hoja de laurel, cubriendo con agua fría. Tras desespumar, se añade un chorretón de aceite y se hacen cocer a fuego lento y algo destapadas, procurando que nunca queden descubiertas y rompiendo el hervor de vez en cuando con un poco de agua fría. A la media hora se añaden el chorizo y la morcilla. Al final se retiran el laurel y la cebolla, se añade azafrán y se sala. Se deja reposar una media hora y se sirven con el compango troceado.

Las variedades de garbanzos no presentan una diversidad tan evidente. Se distinguen por su forma —más o menos redondeada—, por su color —entre blanquecino y amarillento— y por su tamaño. Los más apreciados en España son los de Fuentesaúco (Zamora), de piel muy fina, los garbanzos lechosos andaluces y el llamado «de pico de pardal», de tamaño pequeño como todos los garbanzos pedrosillanos, que es el que se utiliza para el cocido maragato. Todos pertenecen a la especie *Cicer arietinum* (garbanzo común). Es una planta que se desarrolla muy bien en temperaturas cálidas y en terrenos de secano, dada la profundidad que alcanzan sus raíces. La principal zona de cultivo en España es Andalucía (el 75 % de la producción), pero se sorprenderá quien vea la procedencia del producto en munchos paquetes de los supermercados. Es ingrediente de muchos cocidos españoles, así como base de potajes de cuaresma y acompañante fundamental de los callos en Andalucía, Cataluña y Galicia.

Porque, para eso de los callos con garbanzos, España tiene tres núcleos capitales, que están en Cádiz, Barcelona y La Coruña. El centro, con Madrid como paradigma, prefiere tomarlos sin la compañía de legumbres, pero en los vértices de ese triángulo ibérico se consigue la máxima expresión de la leguminosa emparentada con Cicerón en forma de plato tabernario. Los callos, esencialmente las paredes de los cuatro estómagos que tienen los rumiantes, se acompañan normalmente de patas de vacuno —para mí, imprescindibles—, y también de chorizos, a veces junto con morro, jamón y morcilla. Por supuesto que caben otros ingredientes, de vaca y puerco, pero son los garbanzos quienes dan identidad a esos callos periféricos. En Galicia predominarán el pimentón y el comino; en Andalucía resaltará la hierbabuena; y en Cataluña sentiremos la presencia elegante de la huerta.

Las verdaderas habas

En algunos lugares de España se confunden las alubias con las habas tiernas o verdes. A diferencia de las primeras, que provienen de América, las habas verdaderas, las que odiaba Pitágoras, que también rechazaba el historiador Heródoto (siglo v a.c.) y que fueron sospechosas para muchos otros ilustres, eran bien conocidas en el área mediterránea. Su cultivo comenzó probablemente unos 6.000 años a. C. en el Oriente medio, a partir de una especie silvestre que hoy desconocemos. Los botánicos están intrigados porque la especie cultivada hoy (*Vicia faba* L.) tiene doce cromosomas, y no puede cruzarse con ninguna de las especies silvestres del género *Vicia*, que tienen catorce. Su presencia en muchos yacimientos arqueológicos de toda Europa nos indica que suponían un alimento muy común hace más de 3.000 años. Tenían la ventaja sobre garbanzos y lentejas que eran plantas que también crecían en lugares húmedos. Las primeras se plantan en octubre, y el refranero precisa: «Quien quiera coger habas muchas, que las siembre por san Lucas». Se recolectan a partir de abril y están presentes durante todo el verano. Las habas verdes constituían un alimento popular en España hasta que fueron desplazadas por las alubias venidas de América.

Entre las joyas de la cocina española pueden incluirse las habas granadinas, que han de freírse despacio en un aceite que habrá adquirido el aroma de las lonchas de jamón de Trévelez previamente rehogadas en él, y que terminará de fundirse con las habas una vez estas hayan alcanzado su punto.

Proteínas vegetales

Todas las legumbres son ricas en proteínas, con un contenido que representa del orden de un 25 % de su peso. Sin embargo, hay que decir que son proteínas que carecen de uno de los aminoácidos esenciales para nosotros, la metionina. Afortunadamente, este aminoácido está presente en los cereales, por eso desde el punto de vista nutricional es aconsejable acompañar las legumbres con cereales (por ejemplo, el «arroz con habichuelas» murciano y andaluz. También son ricas en hidratos de carbono y fibra. Contienen vitaminas B1, C (habas) y minerales como hierro (lentejas), si bien no se asimila tan fácilmente como el hierro de origen animal.

25. La patata, el acompañante perfecto

La patata es hoy, tras los cereales, el alimento más importante de la humanidad. Desde el punto de vista culinario es una joya, que admite miles de preparaciones y múltiples funciones en la comida. Sea frita, cocida o asada, se presente entera, en dados, lonchas o puré, son innumerables las aplicaciones que tiene, como ingrediente o acompañante de cocidos, guisos, ensaladas, asados o fritos. El 80 % de su peso es agua, y en el resto destaca su contenido en almidón, además de vitaminas c y b6, niacina y potasio. Una patata grande asada puede aportar unas 220 kilocalorías, que se convertirían en más de 300 si la hubiéramos cocinado como patatas chip. Aunque muchas personas la consideran un alimento de riesgo para engordar, la verdad es que la culpa normalmente no es de la patata, sino de las grasas o salsas acompañantes.

Parece imposible imaginar una cocina sin patatas, y sin embargo, es un alimento que no se utilizó en Europa —salvo casos aislados y como alimento para el ganado— hasta el siglo XVII. En su origen era una planta de los Andes del Perú, donde parece que ya se cultivaba 6.500 años a. C. Los hitos en la extensión de su consumo están vinculados a episodios de necesidad. Por ejemplo, la introducción de la cosecha de patata en Galicia se ha relacionado con una iniciativa de los monasterios, como respuesta a una hambruna debida a la peste de los castaños hacia 1730. De la misma época es la primera relación escrita de las variedades existentes en Europa, realizada por un irlandés: blanca de riñón, blanca redonda, amarilla, roja redonda y negra. A mediados del siglo XVIII se cultivaba ya en toda Europa.

Protagonistas son las patatas en algunos platos, como las *papas arrugadas,* que se preparan en Canarias a partir de variedades de pequeño tamaño, cociéndolas enteras y con piel en algo de agua con mucha sal, y luego se toman acompañadas de mojo (salsa) en sus variedades rojo (picón) y verde (con cilantro). Los cachelos gallegos se hacen cortando patatas grandes en rodajas de un centímetro y medio de grosor, con su piel, y cociéndolas en agua con sal y a veces una hoja de laurel. Son el acompañamiento ideal para las sardinas asadas. Entre la juventud tienen amplia aceptación las patatas fritas, que pueden comerse a todas horas y admiten diversas formas: en rodajas más o menos finas (chips), en bastoncillos, en dados, etc. Pueden servirse con diferentes salsas, con frecuencia fuertes y picantes.

Patatas fritas en aceite de oliva, una tentación irresistible [G. Olga].

Son numerosos los platos españoles que tienen como principal ingrediente secundario la patata. Quizás el más famoso sea el marmitako, un guiso caldoso tradicional del País Vasco que consigue, a mi entender, la mejor expresión gastronómica del bonito. Se rehoga —en una marmita, por aquello de hacer honor al nombre— con un poco de aceite una cebolla picada, y se añade pimiento verde en juliana. Luego se pone tomate deshecho y las patatas cortadas en dados de unos 2 cm. Se cubre con caldo de pescado (sacado de las espinas del bonito) y se añade pasta de pimientos choriceros. Hay quien también quiere un chorro de vino blanco. Cuando falten menos de cinco minutos se pone el bonito, también cortado en dados, que ha de quedar jugoso.

En compañía de huevos las patatas dan lugar a la tortilla española, que según algunos inventaron en Navarra, donde tenemos testimonio escrito de su existencia en 1817. Por supuesto que es anterior; en su versión más extendida lleva patatas cortadas en láminas y cocidas en aceite, con cebolla; todo ello envuelto por fin en huevo bien batido y cuajado en la

Plantando patatas en Francia en la primera mitad del siglo XX [Everett].

sartén por ambos lados. Cada familia española tiene su tortilla, y existen multitud de secretos para hacerlas únicas. En casa las preferimos en sartén de forja, con fuego de leña y añadiendo al aceite de freír las patatas una cucharada de manteca de cerdo. Es un plato contundente desde el punto de vista energético: una ración de 200 gramos contiene unas 330 kilocalorías.

Los guisos de carne, aunque no se diga, muchas veces llevan patatas. Se puede partir de un sofrito con cebolla, pimiento, tomate y zanahoria. La carne de vacuno, que previamente se habrá troceado y dorado, se añade al sofrito, y después se cubre con caldo, un chorro de vino blanco y se deja cocer. Se pone laurel y alguna otra hierba al gusto, además de azafrán. Veinte minutos antes del final se añaden las patatas troceadas y, a veces, guisantes. En el caso de carne de ternera suele usarse la falda, pero también pueden emplearse otras carnes, de cordero, de cerdo e incluso corzo o jabalí, variando según el gusto de cada cual las verduras y las hierbas.

Papas arrugadas, típicas de las islas Canarias, que se toman con mojo picón (rojo) o verde [Vasanty].

Curiosidades sobre la patata

ADORNO. Hasta que el farmacéutico Antoine Parmentier demostró su utilidad como alimento, la patata en Francia se usaba como planta de adorno.

AZÚCAR. Si se almacenan a temperatura menor de 7 °C el almidón se convierte en azúcar y las patatas se reblandecen y adquieren un sabor extraño.

CHIPS. Son patatas cortadas en rodajas muy finas y fritas en aceite muy caliente. Nacieron en Estados Unidos en 1853.

GIGANTE. La patata chip más grande fue presentada por la empresa Pringle en 1990, medía 58x37 cm.

INTOXICACIÓN. El comer patatas crudas puede llevar a intoxicación por contener la planta el alcaloide solanina.

OXIDACIÓN. Si tenemos que pelar muchas patatas y queremos que no se oscurezcan por oxidación, podemos sumergir en agua las que vamos pelando.

POTASIO. La patata es rica en iones potasio, lo que ayuda a reducir la hipertensión por efecto diurético.

PRODUCCIÓN. La producción mundial de *Solanum tuberosum* se estima en 380 millones de toneladas anuales. En España consumimos 1,3 millones.

SEMILLAS. El fruto de la planta es un pequeño tomate verde, que puede tener en su interior unas 400 semillas, que germinan con dificultad.

UNIVERSAL. La patata es el vegetal de cultivo más extendido. Actualmente se cosecha en 125 países del mundo.

VARIEDADES. Un catálogo de 1860 recoge 177 variedades. Hoy se reconocen 3.600 tipos de patata, de 11 subespecies diferentes.

VODKA. La patata es un ingrediente fundamental en la fabricación del vodka, junto a cereales que fermentan produciendo alcohol a partir de su almidón.

El secreto de la aristocracia

Las patatas *soufflé*, la versión más exquisita de las patatas fritas, fueron «inventadas» por casualidad. Fue en Saint Germain-en-Laye, un 26 de agosto de 1837. Durante la comida oficial de inauguración de la primera línea férrea de la región de París, se habían de servir patatas fritas, pero al cocinero le avisaron de que habría un retraso, con lo que decidió suspender la fritura y finalizarla más tarde, ya con la reina María Amelia y los convidados en la mesa, en un aceite muy caliente. Para sorpresa de todos, las patatas se hincharon formando unos pequeños globos dorados y crujientes.

Hay varias claves en el secreto de unas buenas patatas *soufflé*. Una es el espesor de las rodajas, que ha de estar comprendido entre 3 y 6 milímetros. Las más delgadas o más gruesas no se inflan. Es importante secar las patatas antes de ponerlas en la sartén. Las restantes claves son la temperatura de los aceites y el tiempo de espera. La primera cocción ha de ser a una temperatura inferior a 180 °C, o sea, con aceite no muy caliente. Luego, se sacan y se espera un tiempo, para por fin sumergirlas en aceite muy caliente (220 °C). Hay que salarlas y servirlas.

La explicación del fenómeno puede ser la siguiente: es necesario que exista primero una capa más o menos impermeable y elástica en la superficie, y luego que esta se hinche debido a la formación de vapor en el interior. Esa capa deshidratada sin poros, o con poros pequeños, se consigue en la primera fase del proceso, colocando las patatas secas en aceite no muy caliente. Si aumenta la temperatura del agua en las células del interior de la patata, los gránulos de almidón se hinchan, pero como la patata es un material aislante térmico, esa cocción del centro tarda en producirse. Hay que freír a temperatura no muy alta, y esperar. Se consigue que el almidón hinche y que el agua se difunda hacia las zonas más secas, próximas a la capa impermeable. La segunda fritura vaporiza el agua, que no puede escapar y al mismo tiempo produce el dorado exterior.

27. *Contigo, pan y cebolla*

Fuere por san Valentín, o en momentos de arrobamiento, se ha popularizado la expresión que sirve de titular. Solemos interpretar esa frase como una afirmación de la fuerza que da el amor para vencer dificultades y salir adelante. Supongo que está de más explicar que el pan, en sentido literal y metafórico, es básico para la supervivencia humana. La cebolla no lo es, y por ello la convierto en motivo de reflexión. No se trata de hablar de pan y vino —con lo que podríamos seguir caminando— ni de otras combinaciones. ¿Por qué acompañar ahí el pan con la humilde cebolla? Aún recordando el hecho de que los pobres del antiguo Egipto se alimentaban a veces así, las peculiaridades del vegetal nos invitan a pensar en otras direcciones: la estructura del bulbo, y el eterno proceso de conocimiento que simboliza el ir abriendo capa tras capa, o la clave bioquímica, que nos recuerda las lágrimas que sin duda han de derramarse en toda relación bilateral. Pero también habrá que considerar facetas gastronómicas.

Ante todo, ha de decirse que la cebolla ha sido, por antonomasia, comida de pobres. Miguel Hernández escribió en la cárcel de Alicante, donde moriría, unas *Nanas de la cebolla* dedicadas a su hijo de pocos meses. Tras recibir una carta de su mujer diciéndole que no comía más que pan y cebolla, el 12 de septiembre de 1939 el poeta de Orihuela respondía a Josefina Manresa:

Estos días me los he pasado cavilando sobre tu situación, cada día más difícil. El olor a la cebolla que comes me llega hasta aquí y mi niño se sentirá indignado de mamar y sacar zumo de cebolla en vez de leche. Para que lo consueles te mando esas coplillas que le he hecho, ya que para mí no hay otro quehacer que escribiros a vosotros o desesperarme...

> *En la cuna del hambre*
> *mi niño estaba.*
> *Con sangre de cebolla*
> *se amamantaba...*

La cebolla fue uno de los primeros alimentos de la humanidad, consumida en tiempos prehistóricos y ampliamente cultivada en el antiguo Egipto, Grecia y Roma. Hoy se estima que figura en sexto lugar en la lista de vegetales más cosechados en el mundo, con una producción de 30 millones de toneladas, de los que un millón corresponde a España. Existen multitud de variedades, ya que es muy fácil de hibridar, pero suelen destacarse tres grandes tipos; por su forma, se diferencian en chatas y redondas, y entre estas la blanca —con un color de piel entre amarillo y ocre— y la morada. Aunque en general el sabor depende no solo de la variedad, sino también del lugar y condiciones de cultivo, la morada tiene un sabor menos picante, y suele preferirse para las ensaladas. No es recomendable guardarlas en lugar húmedo ni cerca de las patatas, pues estas desprenden humedad que hace que las cebollas se estropeen.

Indicaré que la cebolla (*Allium cepa*) es planta de la familia de las Liliáceas, pariente de cebolletas (*A. fistulosum*), cebollinos (*A. schoenoprasum*), puerros (*A. porrum*), ajos (*A. sativum*) y chalotas o escalonias (*A. ascalonicum*). Lo de cepa viene del latín *cibus*, que significa «alimento, manjar o comida», palabra emparentada con cebo y cebar, y que es la misma raíz que concluye en castellano cebolla, en catalán *ceba*, en gallego y portugués *cebola*, en checo *cibule*, en alemán *zwie-*

bel, en italiano *cipolla*, en noruego *kepaløk*, en polaco *cebula* o en tagalo *sibuya*. En general se trata de una familia de plantas con amplio uso en la cocina, como alimento y sobre todo como ingrediente para realzar sabores. Las mismas moléculas que originan el lagrimeo son las que excitan las papilas gustativas y los receptores del olfato, y ello, manejado con moderación en la cocina, hace que nuestros sentidos estén más sensibles a los sabores y aromas de los alimentos.

Casi todas las especies del género *Allium* tienen un sabor intenso, debido a la presencia de compuestos de azufre, pero la cebolla es la única que provoca lágrimas. Este efecto se produce porque al cortarla se rompen las paredes celulares, y así ciertos aminoácidos azufrados que tiene se ponen en contacto con enzimas, formándose compuestos volátiles, como el ácido propenil sulfénico, que se descompone rápidamente dando sulfóxido de tiopropanal, que es el que hace llorar, quizás porque libera ácido sulfúrico en contacto con el líquido lacrimal. El ojo reacciona como debe, produciendo lágrimas para disolver y despedir al agente irritante. Evidentemente hay personas que son más sensibles que otras a estas agresiones químicas, y es indudable que con la práctica se adquiere una cierta tolerancia. Suele recomendarse trocear las cebollas bajo el grifo del agua fría, de modo que esta arrastre los compuestos lacrimógenos.

Inmersos en la cocina, y troceadita la cebolla, veremos que si la freímos adquiere más sabor que cocida. Ello sucede porque el agua con sal hierve a poco más de 100 °C, mientras que la temperatura del aceite de oliva al freír una cebolla es de unos 160 °C. Esta diferencia térmica ayuda a que se desprendan agua y algunas sustancias propias de la cebolla cruda, lo que concentra y modifica los sabores. A su vez, otros compuestos reaccionan químicamente a esa temperatura para convertirse en sustancias dulces. También el aceite adquiere sabor, de compuestos liposolubles que contiene la cebolla. Por cierto, que cuando se hace un sofrito de ajo y cebolla es preferible añadir el ajo cerca del final del proceso,

Calçots limpios, preparados para ir al horno [fotografía del autor].

pues de otra manera puede quemarse, a no ser que optemos por dejar la cebolla medio cruda, lo que no suele ser recomendable.

Al menos en su versión popular, la cumbre gastronómica de la cebolla es la *calçotada* catalana, una fiesta de grupo para asar y degustar *calçots*, que obtiene en Valls, al norte de Tarragona, su mejor expresión. Los *calçots* son tallos tiernos de cebolla, cultivados según laborioso proceso y así llamados porque al final se han «calzado» con tierra para que crezcan blancos. De cada cebolla nacen entre 7 y 12 tallos, que se recogen a partir de enero. Se asan en grandes parrillas sobre fuego fuerte de sarmientos, se envuelven con papel (de periódico) para que se mantengan calientes y terminen de cocerse y luego se comen, tras quitarles la capa exterior ennegrecida y mojarlos en una salsa que recuerda al romesco. Esa salsa *per calçots* lleva almendras, avellanas, tomate y está especiada con ajo, pimentón y guindilla. Aunque el inexperto pueda confundirlo a la vista, el *calçot* es más ancho, tierno y dulce que la cebolleta. Un porrón —mejor de Priorato— completa perfectamente la cuchipanda.

Existen diversos estudios que demuestran que las cebollas contienen sustancias que son beneficiosas para la salud, con propiedades antimicrobianas y antioxidantes, otras que ayudan a bajar la tensión y el colesterol, y también otra que actúa como anticoagulante. Su contenido en calcio, fósforo y azufre es significativo.

Hay que tener en cuenta que la cebolla raramente se toma sola, sea cruda en ensaladas o asada a la parrilla. Por ello hemos de considerar el contenido alimenticio y calórico de los acompañantes. Por ejemplo, las cebollas no contienen grasa, pero no puede decirse lo mismo de los aros de cebolla que ponen en algunas cafeterías. Cuatro de esos aros suponen unas 160 kcal, de las cuales el 60 % viene del aceite de fritura.

Publicidad del agua minero-medicinal del célebre balneario de Mondariz (Pontevedra).

28. *El agua, lo absolutamente imprescindible*

Al tratarse de la sustancia que más abunda en nuestro organismo, el agua se convierte en el alimento más importante. Además de formar parte de los órganos y tejidos, resulta imprescindible para el metabolismo, ya que son multitud los procesos y reacciones químicas que tienen lugar en su seno; en ella se desarrollan los procesos fisiológicos esenciales del organismo. Existe tanto en el interior de nuestras células como en el espacio extracelular; en la sangre y líquidos circulantes; y también en los que bañan las células. El 60 % de nuestro peso es agua.

Curiosamente, la composición de los líquidos que hay dentro y fuera de las células es muy diferente. En ambos casos, el disolvente es el mismo: agua, pero varían las concentraciones de muchas moléculas e iones. Por ejemplo, el interior de las células contiene unas 30 veces más iones de potasio que los líquidos que las rodean, mientras que estos fluidos son mucho más ricos en iones de sodio. Aunque la célula apenas lo contenga, para ella es imprescindible estar rodeada de un medio acuoso rico en sodio.

Todo ello nos da idea de la importancia del equilibrio hídrico de nuestro organismo y de los sistemas de regulación del metabolismo del agua, lo que se traduce en que una de las necesidades más imperiosas que podemos sentir es la que se manifiesta en la sed. Podemos vivir sin comer varias semanas, pero sin beber no resistiremos más que unos pocos días. Todos necesitamos tomar al día unos 40 gramos de agua por kilo de peso corporal, ya que perdemos alrededor de esa cantidad, que en caso de un adulto puede ser casi litro y medio en la orina y el resto en la respiración, sudoración y heces.

Las necesidades hídricas del organismo comienzan antes de que lleguemos a sentir la sensación de sed, e incluso persisten algo después de que desaparezca, lo que debemos tener en cuenta para acordarnos de beber. Por término medio, una persona ha de ingerir más de un litro de agua al día (entre 6 y 8 vasos) en forma de líquidos, además de la que contienen los alimentos. Por fortuna para nosotros, el agua del grifo es de calidad suficiente en todos los lugares de España, pero además existe una amplia gama de aguas embotelladas en nuestro país, que por cierto presenta un abanico de alternativas de los más amplios del mundo.

Como todo el mundo sabe, el agua es mejor que las bebidas que contienen alcohol para calmar la sed, pero también es preferible a los refrescos que llevan azúcar, porque el intestino delgado necesita agua para digerir ese azúcar y ha de tomarla del cuerpo. En cuanto a la temperatura, tiene su sentido beberla fría, no solo por la sensación de frescor que proporciona, sino que también calma mejor la sed, porque al enfriar el estómago hace que este se contraiga, con lo que se acelera el tránsito del agua al intestino y su correspondiente asimilación.

Aunque todos nos hemos aprendido aquello de que el agua es «incolora, inodora e insípida», ello se refiere al agua pura, y no al agua potable. Es verdad que esta ha de ser cristalina y sin olor —no es bueno que huela a cloro o a compuestos de azufre—, pero el agua de mesa tiene sabor. La que normalmente consumimos, sea embotellada o del grifo, contiene sustancias disueltas (dióxido de carbono, sodio, hierro, calcio, flúor...) que nos permiten escoger la de nuestra preferencia. Los expertos en cata de aguas —que los hay— recomiendan tomarla en copa de cristal fino, a una temperatura alrededor de 20 °C, y afirman que incluso pueden hacerse «maridajes» entre un tipo de agua y un plato determinado.

El agua mineral puede ser «con gas», «con efervescencia natural» y «sin gas». El agua con gas suele ser alcalina, lo que ayuda a neutralizar la acidez. Entre las aguas sin gas podríamos distinguir entre cálcicas, cloruradas, magnésicas, sódicas, sulfatadas, fluoradas, ferruginosas y otras. En el mercado encontramos también «aguas con sabor», como alternativa para el consumidor de refrescos, ya que contienen una cantidad de azúcar mucho menor. La idea es antigua, muy utilizada a nivel popular por el simple procedimiento de añadir pequeñas cantidades de zumos o cortezas de frutos (limón, naranja) o hierbas aromáticas (menta, hierbabuena). En la pintura *El Aguador de Sevilla* de Velázquez (1620) detectamos la presencia de un higo en el vaso de agua, sin duda para dar sabor a esta.

Detalle de *El aguador de Sevilla*, Diego Velázquez, c. 1620 [Apsley House, Londres].

Las aguas «isotónicas» contienen la misma concentración de sales y azúcares que la sangre, y ayudan a reponer las pérdidas de minerales cuando tiene lugar una sudoración intensa y duradera, como sucede durante la práctica deportiva.

Pero el agua es también fundamental en la cocina, pues constituye el medio más habitual para la preparación de alimentos (hervidos, al vapor, escalfados, escaldados, al baño María...). A este respecto la diferencia más importante reside en la dureza del agua, que es una medida de la cantidad de sales de calcio y magnesio que contiene. Se llaman aguas blandas las que tienen menos de 50 miligramos por litro de carbonato de calcio y aguas duras las que sobrepasan los 120 miligramos por litro. Las aguas blandas son propias de terrenos graníticos y de alta montaña, mientras que las duras provienen de suelos calizos.

Las aguas duras no son adecuadas para la cocción de legumbres, aunque a veces la dureza puede corregirse añadiendo algo de bicarbonato sódico. En general, son preferibles las aguas blandas. Son muchos los que creen que el agua dura es buena para la paella, e incluso quien piensa que en ello está el secreto del punto del arroz inigualable que consiguen en Valencia. La verdad es que yo no acabo de imaginar un motivo. Razonamientos científicos a un lado, la paella en agua dura sí será más valenciana, pues así suelen ser las aguas del levante español.

29. *La fruta, el imperio de los sentidos*

Pocos grupos de alimentos —si es que alguno— ofrecen una diversidad tan amplia como la fruta. En todos y con todos los sentidos. Por ejemplo, los artistas saben que no existe rincón de la paleta ni número de Pantone que no podamos encontrar en los frutos de un árbol. Es la variedad puesta al servicio de la universalidad de la tentación. Para gustos se pintan colores. Los bodegones de frutas nos ofrecen formas redondeadas y coloridos brillantes, seductores reflejos, tersuras reconocidas. Nos invitan a comer con los ojos, y no seré yo quien diga que ese asequible placer es algo desdeñable.

El encuentro cuerpo a cuerpo con las frutas reales nos abre además otro inmenso y complejo campo sensorial, como es el del olfato. Dentro de un tipo de fruta determinada, los aromas dependen de variables como el grado de maduración, el momento de recolección o la historia de ese fruto antes de llegar al mercado. En un ejemplar de pera o de manzana pueden encontrarse de 15 a 20 compuestos volátiles diferentes, ésteres en su mayoría, que son los responsables principales de su aroma y de su sabor. Los ésteres son líquidos incoloros, con olor agradable e insolubles en agua, pero que se disuelven con facilidad en alcohol y otros disolventes orgánicos.

Los estudiantes que hayan tenido la fortuna de pasar por un laboratorio de química saben por experiencia que el acetaldehído (etanal) huele a manzana, aunque el principal ingrediente aromático de las manzanas sea el butanoato de metilo. Por cierto, si este compuesto es olfateado en estado puro quizás nos recuerde más a la piña, en la cual realmente predomina el acetato de etilo. Un galimatías que plantea un

Joven con cerezas, óleo sobre tabla de Giovanni Ambrogio de Predis, c. 1491 [Marquand Collection].

reto a olfatos químicos. Por su parte, el acetato de pentilo se asocia a las peras y el butanoato de etilo a los plátanos, el butanoato de pentilo a los albaricoques y el acetato de octilo a las naranjas. En las uvas es muy frecuente el 2-feniletanol, y el característico olor de la variedad moscatel se debe a compuestos como linalol, citronelol y geraniol, que son alcoholes. Pero todos los demás citados son ésteres.

Tras el olfato la fruta nos invita a la experiencia táctil, objeto de bíblica prohibición: «ni lo toquéis siquiera, no vayáis a morir» (Gen 3,3). Al tomar la fruta en la mano comenzamos a tener pistas sobre su interior, y así cuando podemos seleccionamos las naranjas más densas, porque sabemos que estarán más jugosas. La piel de la fruta presenta a su vez una gama amplísima de sensaciones táctiles, desde la aspereza del kiwi a la suavidad del melocotón, la rugosidad de la naranja o de la fresa. El grado de dureza nos corrobora asimismo el nivel de maduración.

La entrada en boca supone la culminación del proceso sensorial del disfrute por antonomasia (recordemos que «dis-frutar» significa sacar fruto a algo). Al morder la fruta se expresarán sensaciones para el gusto, el olfato, el tacto e incluso el oído. Primero comprobaremos características mecánicas de la fruta, como la dureza, la deformabilidad o el grado de adherencia, y luego, ya en la boca, la textura, observando si es granulosa, untuosa, jugosa, crujiente o si tenemos sensación de chasquido. La textura de la fruta depende del tamaño de sus células y de su contenido en pectinas; la protopectina forma una especie de malla con el agua, lo que confiere firmeza a la fruta, pero con la maduración se transforma en pectina soluble, y la malla se rompe. Cuanta más pectina soluble tiene, más blanda es la fruta.

La expresión de sabores, olores y texturas se completa en la boca. Tras esa experiencia plena de los sentidos, las frutas comienzan su papel en la nutrición, siendo fuente de agua, azúcares, fibra, vitaminas (sobre todo C y provitamina A) y minerales (sobre todo, potasio y magnesio). ¡Salud!

Algunos números de la fruta

— 100 kilos por persona y año es el consumo mundial de fruta. En España es de 82.

— 5 es el número de celdillas en las peras, cada una de las cuales tiene 1 o 2 semillas.

— La fruta más grande es la sandía: 159 kilos de peso es el mayor tamaño alcanzado por una sandía, en EE.UU. (2012). En España, en 2015, un ejemplar pesó 100 kilos.

— De 8 a 12 es el número más frecuente de gajos de una naranja, y no depende de su tamaño

— Los niños, y muchos adultos, casi no toman fruta porque les da pereza pelarla.

— 20 son los albaricoques que suelen venir en un kilo.

— 0,7 son los gramos de potasio contenidos en un plátano, la fruta que más tiene.

— 26 kilos de naranjas frescas al año es lo que consume un español por término medio

El consumo medio mundial de fruta es de 100 kilos por persona al año [Aleksey Mnogosmyslov].

Detalles anecdóticos

— La naranja Navel, o de ombligo, es una mutación originada en un monasterio de Brasil en 1820. Esa mutación se caracteriza por la aparición (monstruosa) de una segunda naranja en la base de la original.

— El color rosado de la pulpa de sandía se debe a la presencia del pigmento licopeno, sustancia con capacidad antioxidante que también existe en los tomates.

— La fructosa, el más dulce de los azúcares, es un monosacárido de absorción lenta. Como todos los carbohidratos aporta 4 calorías por gramo.

— Las ciruelas y las peras contienen cantidades relativamente altas de sorbitol, un alcohol emparentado con los azúcares, que posee un conocido efecto laxante.

— El kiwi es originario de las laderas del Himalaya. En Nueva Zelanda fue introducido en 1906, y en España se cultiva desde los años 70. Es la fruta más rica en vitamina C.

— Según diversas encuestas, las frutas preferidas por los españoles para postre son manzanas, plátanos y peras, en ese orden. En consumo la naranja es la primera, seguida de manzanas, plátanos y melones.

— Las frutas más ricas en vitaminas son las que han recibido más sol en el árbol. Suelen también ser las más coloreadas.

— Las brevas se pueden encontrar en el mercado español entre los meses de junio y julio. Los higos, fruto del mismo árbol, vendrán desde agosto a octubre.

— En las cerezas destaca su contenido en antocianos, unos polifenoles relacionados con el color que también se encuentran en las uvas tintas, que son antioxidantes.

— Si la granada no se recolecta antes de que madure completamente, el fruto revienta en el árbol, esparciendo sus granos.

— La pera y la manzana (sin pelar) son las frutas más ricas en fibra, importante para mejorar el tránsito intestinal.

— Los taninos, sustancias ásperas al paladar, tienen propiedades astringentes y antiinflamatorias, por lo que resultan eficaces en el tratamiento de la diarrea.

— Las propiedades dietéticas que se atribuyen a las manzanas se deben en gran medida a los flavonoides y la quercitina, con propiedades antioxidantes.

— Los españoles llevaron muchas frutas al Nuevo Continente, como las uvas, manzanas, plátanos, melones, albaricoques, cerezas, higos, naranjas y limones.

— El contenido en vitamina B6 de las uvas solo se ve superado por frutas tropicales, como el aguacate, la chirimoya, la guayaba y el mango.

— La piña es la fruta preferida por las mujeres, y la más consumida en España entre las originarias de América.

— El aceleramiento o retraso de la maduración se puede controlar manipulando los niveles de etileno, oxígeno y dióxido de carbono a los que está sometida la fruta, así como la temperatura.

— La cereza dulce lleva el nombre científico de *Prunus avium*, como agradecimiento a las aves, que al comerla llevan las semillas a distancia, favoreciendo su propagación.

30. *Cefalópodos: con pies y cabeza*

En Cerdeña toman el pulpo tras macerarlo durante un día, una vez cocido y troceado, en una salsa hecha con ajo, aceite, tomates secos y frescos, además de guindilla y vinagre. Lo toman frío, como antipasto o entremés. Creo que fue este *polpo all'agliara* el que probó Ringo Starr en 1968, motivando que un pescador sardo le explicase lo suficiente sobre la vida de los pulpos para que de allí saliese la idílica idea de *Octopus's Garden*. Gracias a los Beatles mucha gente sabe que los pulpos se refugian en cuevas entre las rocas, en la entrada de las cuales van almacenando piedras de colores y conchas de los mariscos que se zampan creando un auténtico jardín mineral.

Los pulpos son elegantes al nadar y finos al comer. En su dieta predominan los mejores mariscos que puedan agenciarse por el fondo marino: nécoras, cangrejos de todo tipo —y hasta langostas, como quedó reflejado en un mosaico de Pompeya—, almejas, vieiras, y si no hay otra cosa, mejillones. Sabido lo cual, ha de recordarse algo obvio, como es el que la calidad de una carne depende de la alimentación que haya tenido el protagonista en cuestión. Los cerdos de bellota ofrecen una de las demostraciones más palpables. El pulpo también lo hace, y su gloria gastronómica radica en lo exquisito de su dieta.

El pulpo recién capturado tiene la piel brillante y llena de colorido. De hecho, en el mercado lo presionan con los

El delicioso plato gallego pulpo *à feira* [Mariontxa].

dedos para hacer ver que todavía tiene capacidad de cambiar de color. En general se prefieren los machos a las hembras, que se diferencian por tener en los brazos algunas ventosas más grandes que las otras. Como su carne es muy dura, las recetas antiguas comienzan por recomendar que se suministre al animal una paliza, golpeándolo con un mazo hasta que uno se canse. Hoy, gracias a la congelación, es innecesaria esa tarea. Me confesó El Pirri, en Betanzos, en la tasca que ofrece el mejor que puedo probar en la zona, que cada invierno compra y congela 21.000 kilos de pulpo. El de febrero es el mejor.

La receta *à feira* parte de un animal grande, que ya ha sufrido la congelación y descongelación para ablandarse. Tiene la cabeza vacía, limpias las ventosas y ha sido desprovisto de ojos y de su pico. Asiéndolo por la cabeza, en una olla grande con abundante agua hirviendo se sumerge el pulpo, que enroscará sus patas, y se saca del agua. Así se repite el ritual tres veces (dicen que para evitar que se desprendan luego piel y ventosas). Tras una cocción, cuyo tiempo depende del origen y tamaño del bicho, pero que puede oscilar entre 20 y 45 minutos, se escurre y se trocea con tijeras, extendiendo los discos en fuente plana. Allí reciben sal gruesa, buen aceite de oliva y pimentón con algo de picante. La identidad de las ferias está en las calderas de cobre y la leña de roble, las aceiteras y pimenteras de latón y los platos de madera.

Esa es la fórmula emblemática de Galicia, tomada probablemente de los arrieros maragatos, feliz punto de encuentro entre el aceite y el pimentón que traían a Galicia y los pulpos secos que llevaban al interior. Entre las numerosas villas que rinden homenaje al pulpo, destaca O Carballiño. La afición por el pulpo en esta zona de la provincia de Orense puede deberse a los monjes del monasterio de Oseira, que ya en el siglo XVII cobraban en especie el uso de foro de las tierras de labranza que poseían en Marín, lo que les hacía acumular grandes cantidades de pulpos. Para asegurar su conservación, el pulpo se curaba previamente, secándolo al sol y al aire marino y así llegaba a las zonas de interior.

Existen además otras fiestas del rey de los cefalópodos en Santa María de Oia (Pontevedra), donde lo preparan tanto *à feira* como en empanada, y en Mugardos, donde una vez cocido lo ponen en un guiso que lleva patatas, cebolla, tomates y pimientos. También las hay en Ribadeo, Taragoña (Rianxo), Valadares (Vigo) y O Sardiñeiro (Fisterra). Las fiestas de San Froilán, en Lugo, suponen quizás el mayor homenaje de todos los que recibe el pulpo en Galicia. A pesar de esos reconocimientos el bueno sigue llamándose *Octopus vulgaris*.

Hay cerca de doscientas especies de pulpo, pero el que se consume en Galicia es el *Octopus vulgaris* [Vladimir Wrangel].

A la hora de cocinar el pulpo en el Mediterráneo predominan las recetas con ajo, como en la fórmula sarda, y en distintos guisos. Hacia el sur pueden añadir garbanzos y en toda la costa variar las especias, que pueden incluir hasta nuez moscada y canela en alguna receta de Castellón. De las recetas catalanas me quedo con el romesco. Hay también otros pulpos en España, como el pulpo blanco (*Eledone cirrhosa*), cuyos ejemplares juveniles sirven de ingrediente principal para los *polpets*, que pueden ir salteados con cebolla o en guisos diversos. Es de color amarillo grisáceo con manchas oscuras. Vive entre rocas y piedras en el Mediterráneo.

Otro cefalópodo que atiende por *vulgaris* es el calamar (*Loligo vulgaris*), aunque existen numerosas especies, alguna de las cuales es muy difícil de diferenciar del auténtico, sobre todo si nos fijamos en su coloración, que es variable. La palabra calamar tiene su origen en *calamus*: caña o pluma para escribir, lo que representa una alusión a la forma del ligero esqueleto del animal; además, en latín vulgar el tintero (recipiente que antiguamente se usaba para la tinta) se llamaba *calamarius*. Está claro que tiene el nombre merecido, dada la bolsa de tinta que alberga, y que se usa para algunas recetas de guisos, incluyendo el impresionante *arròs negre*.

Otras veces el arroz negro se hace con sepias, lo que no deja de ser una *contradictio in terminis*, ya que si es negro no es sepia. El color que llamamos así es un castaño rojizo, cuyo pigmento se extraía de las bolsas de tinta de la *Sepia officinalis*. Se comenzó a utilizar en el siglo XVIII, y tuvo una amplia aceptación durante el XIX. Hoy sigue existiendo en el mercado auténtica tinta de sepia, aunque su uso se reduce a artistas especializados. Curiosamente la jibia que se ha hecho más popular en la cocina es de un blanco impoluto, una vez limpia y desprovista de su piel, preparada a la plancha y con *all i oli*. La plancha o la parrilla le devolverán en parte el color sepia.

En vivo y en directo

En un acuario tenemos posibilidad de ver vivos algunos de estos animales, que sin duda nos sorprenderán por su comportamiento.

PULPO (*Octopus vulgaris*). Dentro de las cuevas trata de pasar inadvertido. Cuando sale podemos verlo en modos de locomoción de lo más variado, moviendo sus ocho brazos con singular elegancia. Para nadar a veces se abre conformando una especie de sombrilla que al cerrarse repentinamente, le permite salir disparado a gran velocidad. Dada su total ausencia de esqueleto puede pasar por orificios muy delgados, y acercarse a sus víctimas allí donde se encuentren.

CALAMAR (*Loligo vulgaris*). Con una longitud de unos veinte centímetros, nada elegantemente en medio de los acuarios, a menudo formando grupos que parecen interpretar una danza. Parecen tímidos y delicados. El cuerpo tiene forma de torpedo, con dos aletas que ocupan la mitad del cuerpo y dan una apariencia de rombo. Dotados de una sugerente transparencia, su color más habitual es blanco rosáceo con un moteado púrpura en la parte superior. Los ejemplares pequeños se conocen como chipirones.

SEPIA (*Sepia officinalis*). Con frecuencia puede llegar a una longitud de 30 centímetros, y es frecuente verla en los fondos, donde a veces se camufla adoptando el color del fondo y recubriéndose de arena. Cuando nada ondea sus aletas de modo sugerente. El cuerpo es ancho y algo plano. Las aletas recorren todo el cuerpo. Su coloración varía entre negro o pardo con listas o moteado. Cambian muy rápidamente de color. Es espectacular verla capturar peces pequeños con sus tentáculos.

31. *Hortalizas, salud y alegría de la huerta*

Es curioso que los mitos del paraíso se hayan centrado exclusivamente en hablarnos de frutos —y prohibiciones— propios de los árboles, sin prestar atención alguna a los frutos de la tierra. No seré yo quien niegue las excelencias y virtudes de las frutas arbóreas —sean de verano o invierno, mediterráneas o tropicales, más ácidas o más dulces—, pero quiero llamar la atención con una mirada humilde a la impresionante oferta tentadora que nace de las plantas más a ras de suelo. El primer homenaje ha de ser, sin duda, para las gramíneas, no en vano constituyen el 20 % de la superficie vegetal del planeta y son claves para la alimentación animal y humana, donde destaca la trilogía histórica de cereales: trigo, arroz y maíz, que han sido base nutricional de civilizaciones de otros tantos continentes. Esos, con la patata (una solanácea), son los vegetales más importantes.

La verdad es que desgraciadamente nuestras dietas son pobres en vegetales, a pesar de que es amplia la riqueza de variedades que existe en el mercado, y diferente para cada estación del año. La diversidad se extiende a un gran número de especies vegetales, de numerosos géneros y familias, y se expresa ampliamente al escoger para el consumo flores (alcachofa, coliflor), hojas (lechuga, espinaca, coles), tallos (apio, espárrago, cardo), tubérculos (patatas), raíces (zanahoria, remolacha), bulbos (cebolla, ajo) y frutos (calabacín, beren-

Cosechando zanahorias, 1939 [Russell Lee].

jena, pepino, judías). A esa diversidad, que adorna el establecimiento de verduras, hay que añadir los cientos de preparaciones que se pueden encontrar congeladas, deshidratadas o enlatadas. Las frutas y verduras son símbolo de comida sana (por su contenido en fibra), bajas en calorías, sin colesterol y fuente casi imprescindible de las vitaminas A y C.

Las hortalizas tienen un contenido alto de agua —normalmente superior al 70%— y apreciable de hidratos de carbono (azúcares y almidón), con pocas grasas (con la excepción de aguacates y aceitunas) y escasas proteínas (si exceptuamos las leguminosas), pero son muy ricas en vitaminas y minerales así como en fibra, lo que resulta saludable porque favorece el tránsito intestinal. Tras el invierno, donde nunca faltaron las alcachofas y todas las coles, llegan los tirabeques, habas, espárragos, guisantes y judías verdes, que actúan como heraldos de la primavera. No se por qué, en lo profundo de mi inconsciente, la llegada de la estación que altera la sangre está vinculada a las cerezas, las fresas y a unos guisos de tirabeques pequeños con patatas nuevas que bordaba mi abuela.

Con mis amigos del Pamplonetario he disfrutado de las mejores menestras que pueda ofrecer la huerta de Tudela. Es el plato de verduras por antonomasia, que en su versión ortodoxa incluye alcachofas, espárragos, guisantes y habas. El secreto está en el punto de cocción de cada una de las verduras, que han de parecerse todo lo posible en su color, aroma y textura a como estaban en la huerta. Los sabios dicen que es sencillo llegar al punto perfecto de cada una, que es «cuando ya no están duras, pero todavía no están blandas». El aroma del ajo en un aceite invisible redondean el regalo hortícola, que a veces se adorna con huevo cocido y jamón. La menestra riojana puede llevar además cardo, acelgas, borraja, zanahorias, judías verdes y hasta patatas, y se caracteriza porque las verduras se rebozan —una vez hervidas— en harina y huevo, y se fríen antes de proceder al guiso final.

El *Diccionario de la Real Academia Española* define las hortalizas como plantas comestibles que se cultivan en las huertas [Antonina Vlasova].

Puestos a aligerar, las verduras pueden además hacerse a la parrilla, al vapor o salteadas en un wok, esa sartén china, semiesférica, que permite mover mejor los alimentos. En todos esos casos la clave de su excelencia estará en partir de unos buenos productos, de temporada y recién recogidos. Debemos seleccionar siempre las que sean propias de la zona, pues tienen más posibilidades de estar frescas. Tengamos en cuenta, por ejemplo, que en seis horas la mitad del azúcar que contienen unos guisantes ya recogidos se habrá convertido en almidón, con lo que serán menos dulces y más harinosos. El contenido en vitaminas también decrece y más si son cortadas. Si las verduras no se pueden comer en el día, deben guardarse en la nevera.

La huerta nos señala los comienzos de la agricultura. Unas muestras de restos de guisantitos encontrados en un yacimiento arqueológico de Tailandia dieron por la prueba de carbono 14 una antigüedad que los remonta a 9750 años a. C. En Europa comenzamos por utilizar las verduras de hoja, y sobre todo las distintas variedades de coles, que son las hortalizas europeas por antonomasia y se cosechan en invierno, pues resisten las heladas. La *Brassica oleracea*, o col silvestre, que crecía espontánea en todas las costas de nuestro continente, ha dado lugar, gracias a la ciencia y el arte de la agricultura, a más de cuatrocientas variedades: berza, los distintos repollos, lombarda, coliflor, brócoli, coles de Bruselas... El olor que desprenden al cocerse depende de compuestos azufrados, lo que aconseja siempre hervirlas con el extractor funcionando.

Como queda dicho, las verduras no son un alimento calórico. Cien gramos nunca llegan a las 100 kcal (casi siempre se quedan entre 10 y 30), aunque las alcachofas y los guisantes son las que más se acercan. Puestos a seleccionar, las coles de Bruselas y el brócoli destacan por su contenido en vitamina C, así como las zanahorias y espinacas por la vitamina A. Recordemos que las espinacas contienen hierro (si bien no en las cantidades fantásticas que suponía Popeye) y calcio, pero como también tienen un gran contenido en oxalatos, esos iones quedan atrapados de modo que no son asimilables. De hecho, cuando se preparan a la crema, los oxalatos se apoderan de la práctica totalidad del calcio de la leche. Para dietas ricas en calcio y hierro son más recomendables los grelos (*Brassica rapa*, var. rapa), hojas del nabo que preceden a la floración. El potasio es fácil de encontrar en muchas verduras: acelgas, borraja, coles, brócoli o alcachofas, que por cierto también son ricas en magnesio y fósforo. Lo dicho, toda una riqueza de la huerta.

Las familias que viven en el huerto

— Gramíneas o poáceas (trigo, cebada, avena, centeno, arroz, maíz, caña de azúcar).
— Leguminosas o fabáceas (guisantes, judías, garbanzos, lentejas, habas, tirabeques, soja).
— Liliáceas (espárrago, cebolla, ajo, puerro, cebolleta, cebollino, escalonia).
— Compuestas o asteráceas (lechuga, achicoria, endibia, escarola, alcachofa, cardo, girasol).
— Crucíferas o brasicáceas (berza, col, repollo, nabo, grelo, nabiza, rábano, berro, lombarda, coles de Bruselas).
— Cucurbitáceas (pepino, calabacín, calabaza, melón, sandía).
— Umbelíferas o apiáceas (apio, zanahoria, perejil, hinojo, chirivía, anís).
— Quenopodiáceas (acelga, espinaca, remolacha).
— Solanáceas (tomate, berenjena, pimiento, patata).
— Boragináceas (borraja).
— Lamiáceas o labiadas (menta, salvia, albahaca, hierbabuena, orégano, tomillo, romero).
— Rosáceas (fresa, frambuesa, zarzamora).

Algas, las verduras del océano

Aunque su uso tradicional —fundamentalmente agro-pecuario— se limita a algunas culturas costeras, las algas van ganando adeptos en la cocina. Ya, desde comienzos del pasado siglo se utilizaron como materia prima para la obtención de alginatos y carrageninas, que se emplean como gelificantes y estabilizantes.

Hoy no es difícil encontrar algas en el supermercado, bien en lata o deshidratadas. De todas ellas, recomiendo especialmente wakame (*Undaria pinnatifida*), de intenso sabor marino, ingrediente perfecto para un arroz caldoso de mariscos. Como todas las algas, es especialmente rica en fibra, pues contiene más del 35 % de la porción seca, frente a un 30 % en el caso de las coles de Bruselas, que es la verdura terrestre que más contiene. También es rica en calcio y yodo.

Otra que va muy bien en los arroces de marisco es el «espagueti de mar» (*Himanthalia elongata*), cortada en tiras como podría ir una judía verde en la paella valenciana. Deliciosa a su vez en un revuelto acompañando unas gambas. Es más carnosa y de un sabor que para algunos recuerda al percebe. Contiene fibra y hierro.

Son asimismo muy apreciadas el kombu (*Laminaria ochroleuca*), rica en ácido glutámico, que es el responsable del sabor umami, y que realza los demás sabores de la comida, y la lechuga de mar (*Ulva rigida*).

Cerdos ibéricos en montanera aprovechando las bellotas [Sergio Víctor Vega].

32. *Cerdo, un animal sin desperdicio*

Es la carne que más se consume en el mundo, y los españoles no quedamos atrás en la afición porcina, como refleja un dato revelador: cada año se sacrifican en nuestro país unos 40 millones de cerdos. Ese número es similar al de los puercos —con perdón—, que hoy siguen vivos en España, y que es cercano al de seres humanos. Valga ello como razón para la familiaridad de un animal al que denominamos de tantas formas, como recuerda el cantar popular: «Hubo seis cosas en la boda de Antón: cerdo y cochino, puerco y marrano, guarro y lechón». Si añadimos otras denominaciones como gorrino, gocho y cocho, veremos lo fácil que resulta al que suscribe no incurrir en redundancias.

El invento viene de lejos. Hace 10.000 años que los chinos domesticaron el cerdo, y la China sigue siendo el principal país productor y consumidor del mundo. Antiguamente el cerdo fresco disfrutaba allí de un estatus privilegiado, y se dice que eran tan reacios a separarse del gorrino que los difuntos eran a veces acompañados hasta la tumba por su piara de cerdos. Alrededor del año 4000 a.C. y por un decreto del Emperador, se ordenó a los chinos criar y alimentar cochinos (nada que ver, pues cochino viene de cocho). Evidentemente, la gastronomía china disfruta de múltiples formas de preparación, destacando un cerdo con salsa agridulce, propio de la cocina cantonesa, que incluye salsa de soja y piña, además de cebolla y tomate.

Los judíos y musulmanes se basan en un texto del Levítico para evitar el consumo de esta carne: «También el cerdo, porque tiene pezuñas, y es de pezuñas hendidas pero no rumia, lo tendréis por inmundo (11,7)». Está claro que esta recomendación no ha influido mucho en la consideración que entre nosotros damos al cerdo. De todos los halagos que ha merecido este animal, me quedo con un soneto de Charles Monselet, un poeta de la gastronomía. Es el que comienza afirmando «*Car tout est bon en toi: chair, graise, muscle, tripe!*», califica al gorrino de «*Philosophe indolent, qui mange et que l'on mange!*», y termina con expresiva dedicación: «*Adorable cochon! Animal roi! Cher ange!*»

Si hay alguno, este es el animal imprescindible en los platos contundentes de la cocina española, símbolo de la abundancia y buen comer. Sin cerdo no hay cocido, como ya dejó escrito Fray Gabriel Alonso de Herrera, en su *Libro de Agricultura* (Alcalá, 1513) al afirmar «... no hay carne, así fresca como cecinada, que tanto abunde e hinche la casa, ni que tanta hartura y mantenimiento den a la persona». También en clave decorativa alaba su presencia Agustín de Rojas:

La morcilla, el adobado,
testuz, y cuajar relleno,
el pie ahumado, la salchicha,
la cecina, el pestorejo,
la longaniza, el pernil,
que las paredes y techos
mejor componen y adornan
que brocado y terciopelos.

Así es, destacando la extendida idea de que es el animal en que se dan menos desperdicios. Es cierto que algunas partes consideradas menos nobles, como los pies, se consumen también en otros animales. Las manitas de cordero y las manos de ternera tienen un contenido en colágeno similar, y así disfrutaremos igualmente de piezas muy ricas en gelatina tras la cocción, pero existen otros fragmentos anatómicos, como las orejas o la piel, que son exclusivos del puerco. La oreja de cerdo tiene numerosísimas versiones en nuestra cocina, en diversos pucheros con alubias blancas o pintas, con garbanzos, con lentejas o con arroz. En Galicia existe una sencilla versión que, una vez cocida —a veces con patatas— la presenta cortada en tiras para ser aliñada como el pulpo *á feira*, es decir, con aceite de oliva, sal gruesa y pimentón.

Esa oreja ha tenido una salazón previa, como sucede en el norte de España con la mayor parte del cerdo, y esa era la forma en que muchas piezas de un animal troceado pasaban el invierno en las casas, esperando a ser desaladas y consumidas poco a poco, hasta llegar a la explosión gastronómica del carnaval. El Martes de Entroido da remate en Galicia a una época fría y lluviosa, donde el caldo y el cocido se constituyeron en la raíz del cuerpo. La máxima exaltación porcina se produce en esos cocidos con patatas y grelos, también garbanzos o alubias, donde el lacón y la cabeza de cerdo capitanean un plato excepcional y contundente que sirve para afrontar con serenidad la cuaresma. Versiones pantagruélicas añaden *butelos* (botillos en el Bierzo), androllas, chorizos, costilla y otros ingredientes. En toda España existen platos equivalentes con carne de cerdo curada, que ha concentrado sus sabores, en muchos casos en compañía de pimentón.

La cocina del cerdo fresco tiene también amplio desarrollo, destacándose asados de grandes piezas, como jamón y lacones, además de parrillas de muchas otras, al igual que guisos y estofados. La lista de partes exquisitas, como solomillos y lomos se completa con la feliz moda de la presa de paletilla (cabecera del lomo), pieza que en los ibéricos presenta una exhibición de líneas de grasa entreverada; también cabe en esta categoría el llamado «secreto», que se corta de la parte superior de la falda, una pieza pequeña y nada espectacular, pero jaspeada de grasa y que es una auténtica delicia. Lástima que cada bicho no tenga más que dos secretos.

Desde el punto de vista nutricional está claro que habrá que hacer diferencias entre tantos tipos distintos de piezas, de animales de dos razas (blancos e ibéricos), con alimentaciones muy distintas, sacrificados en estado adulto o de leche y de carne que puede ser fresca o curada. Por ejemplo, el cerdo ibérico tiene mucho mayor contenido de ácido oleico. Por término medio 100 gramos de carne fresca contienen 20 g de proteínas, 8 g de grasa y unos 70 mg de colesterol; es rica en vitaminas del complejo B y aporta unas 150 kcal. En el caso de las chuletas, los 100 gramos aportarían unas 300 kcal, y si esos 100 gramos fueran de panceta llegaríamos a las 450 kcal.

El cerdo en el refranero

— *A cada cerdo le llega su San Martín*
— *Allí se me ponga el sol, donde me den vino y jamón*
— *Carne de cochino pide vino*
— *Cuando no hay jamón ni lomo, de todo como*
— *De la mar el langostino y de la tierra el cochino*
— *De lo terrestre, el jamón y de la mar el salmón*
— *Del puerco hasta el rabo es bueno*
— *Donde no hay morcilla al humo, no hay bien ninguno*
— *Echa en tus ollas tus pergaminos, que yo echo en la mía jamón y tocino*
— *El jamón y el vino añejo estiran el pellejo*
— *El tocino hace la olla, el hombre la plaza y la mujer la casa*
— *El torrezno del pastor, una vuelta en el asador*
— *Entre pueblo y populacho hay diferencia como entre jamón y gazpacho*
— *Estudiante torreznero, poco librero*
— *Más quiero una salchicha que palabra bien dicha*
— *Ni olla sin tocino, ni sermón sin agustino*
— *Olla sin tocino, es como bota sin vino*

— Si el cerdo volase, no habría ave que le ganase
— Si quieres un mes bueno, mata puerco
— Sin tocino la olla, el diablo se la coma
— Toda cosa es vil adonde falta un pernil

La primera maravilla segoviana

En Segovia, Salamanca y Extremadura dicen asar el cochinillo sin secretos, lo cual, como se sabe, es declaración críptica y quiere decir que es un arte de alto mérito. Algo exclusivo. Desde que siendo infante lo probé en Cándido quedé admirado, y hoy lo sigo intentando así: chamuscada y reluciente una criatura de 2 a 4 semanas (que otros adoban una noche con ajo, limón y hierbas), se frota con ajo machacado, se sala y pone con una taza de agua una hora larga a horno mediano (unos 180 °C). Va en fuente de barro, abierto, con la piel hacia abajo y apoyado sobre palillos de laurel, de modo que el agua queda debajo. En una segunda fase, piel hacia arriba, recibe una ligera ducha de agua o vino blanco y un barnizado con aceite o grasa de cerdo, se le pincha la piel para que pueda salir el aire, y se le obliga a pasar al menos otra hora en el horno; hasta que la piel se presente dorada y crujiente.

El espectáculo del lechón llevado a la mesa es memorable. Como su trinchado. La calidad de la grasa, la ternura, la consistencia de la piel y el sabor marcan la diferencia. Recuerdo uno en el Parador de Segovia que tenía la piel de barquillo. Oficialmente no llevaba para su asado otra cosa que agua y sal, como exigen los cánones del lugar, descansando sobre todo en la materia prima. Los grandes asadores saben escoger animalillos de la raza adecuada, alimentados exclusivamente con leche materna de calidad y sacrificados cuando aún no llegan a los 5 kilos.

CUARTA PARTE

Elaboraciones

Un agricultor siembra arroz a voleo en Calasparra, Murcia [Arturo Alarcón].

33. De arroces y paellas

Tras el trigo, el cereal más cultivado del mundo es el arroz. Comenzó a utilizarse en Asia, quizás unos 6.000 años a. C. Aunque en un principio los tres cereales básicos caracterizaban continentes (trigo para Europa, arroz para Asia y maíz para América), hoy el arroz es alimento fundamental no solo en Asia, sino también en muchos países de Iberoamérica. La introducción del arroz en España se debe a los árabes y tuvo lugar a partir del siglo VIII. El cultivo logró un notable desarrollo en el siglo X, durante el califato de Abderramán III, en la zona de Valencia, donde el suelo, los sistemas de riego y el clima eran más favorables para esta gramínea. Las áreas de cultivo se extendieron hacia otras zonas mediterráneas, como el delta del Ebro y Murcia (Calasparra), y más adelante a las marismas del Guadalquivir y algunos lugares de Extremadura.

El arroz (*Oryza sativa* L.) es una planta gramínea de la que se estima existen en el mundo unas dos mil variedades, que en esencia se clasifican en dos grupos: japónica (de grano medio o corto) e índica (de grano largo). En España se cultivan comercialmente 40 variedades, casi todas del grupo japónica. Para la alimentación se usa la semilla, que está cubierta por una cascarilla que es rica en sílice. Cuando a partir de 1870 se extendió el uso de los molinos a vapor y se generalizó el consumo de arroz descascarillado, se descubrió que esa cascarilla contenía también vitamina B1 (tiamina), y que la ausencia de la misma era lo que producía la enfermedad conocida como beriberi. En la composición del grano predominan los hidratos de carbono, sobre todo el almidón, que supone el 90 % de su peso. También contiene otros azúcares y fibra. El contenido en proteínas es del 8 %. Entre los minerales que contiene destacan el fósforo, potasio, silicio y magnesio.

Las recetas españolas más antiguas corresponden a la cocina hispano-magrebí. Ya en el siglo XIII se preparaba el arroz cocinado con leche y azúcar. El arroz con leche continúa siendo un postre tradicional en muchas casas, normalmente aromatizado con canela. En el *Libro de guisados* de Ruperto de Nola se dan recetas de «arroz con caldo de carne» y «arroz en cazuela al horno», y en esta ya se colorea con azafrán. A pesar de existir numerosas restricciones sobre su cultivo, debido a razones sanitarias —como su relación con la propagación de la malaria, tarea que tan eficazmente realiza el mosquito anofeles—, entre los siglos XVIII y XIX el arroz se convierte en un alimento básico en España, siendo numerosas las recetas que aparecen en los libros de cocina para prepararlo.

El grano de arroz posee las cualidades idóneas para emparse de los sabores del caldo donde se cuece. De ahí su versatilidad para acompañarse de todo tipo de carnes, pescados, mariscos o verduras. El secreto está en conseguir el punto óptimo de cocción, sin que el grano se abra, pues al hacerlo se desprende el almidón, disminuye la intensidad del sabor

Arroz a banda, receta tradicional con pescado [Alfonso de Tomás].

y se pierde la textura idónea. Las variedades de grano largo, como Italpatna y Bleubelle, absorben menos agua, requieren un tiempo de cocción algo mayor, tienen menos almidón —con lo que se apelmazan menos— y se utilizan para arroces «en blanco», como acompañamiento de diversos platos. Entre las de grano medio, en España destaca por su producción y calidad la variedad Bahía.

Son muchos los partidarios del arroz Bomba, sobre todo para preparaciones caldosas. Un detalle característico de esta variedad de grano corto y redondeado es que no se abre longitudinalmente como las demás, sino que durante la cocción se agrieta con fisuras transversales, que le dan un aspecto estratificado y hacen aumentar la longitud hasta dos y tres veces la del grano crudo. En estas fisuras se alberga el caldo de cocción, en una cantidad que llega a ser dos veces y media el peso del grano, con lo que concentra mejor los sabores. Si a todo ello le añadimos que no se empasta después de la cocción, y que su producción es escasa, entenderemos el motivo de su prestigio. Lo he probado muchas veces en arroces caldosos de marisco, mejor mezclando crustáceos y moluscos, incluso cefalópodos, con un buen caldo de pescados de roca al que siempre me gusta añadir unas algas.

Otra posibilidad de arroz caldoso —esta, para los días de invierno— es hacerlo *amb fessols i naps*. En algún tiempo podía ser así, solo con alubias y nabos, una preparación propia de la cuaresma para zonas de montaña. La verdad es que hoy constituye de hecho uno de los platos más consistentes del arroz, pues el puchero puede llevar, además, carne de cerdo (morro, manos, oreja), tocino, morcilla de cebolla y jarrete de ternera; también otras carnes, como el pato, ingrediente propio de la Albufera, que le ponen en Casa Carmina y que convierte aquello en una auténtica maravilla. Como vegetales, y además de los imprescindibles nabos y habichuelas, pueden añadirse cardo, algo de patata y un sofrito de tomate y cebolla. Las claves son que no quede con exceso de grasa y —como siempre— que el grano no se pase.

La paella valenciana

Entre todas las preparaciones de arroz que se hacen en España destaca la inigualable paella, nombre del plato que es el mismo del recipiente en que se elabora, una sartén amplia, baja y con dos asas en donde el espesor del cereal ha de ser del orden de un centímetro si se quiere conseguir resultados satisfactorios. Cualquier valenciano nos dirá que lo ideal es hacerla «oficiando» al aire libre, con leña seca —a ser posible, de naranjo— y consumirla en comunidad, tomando cada cual poco a poco del recipiente, con una cuchara de madera de boj, la porción correspondiente al triángulo que le corresponde. Evidentemente, son varios los factores que convierten la elaboración y consumo de la paella en un auténtico rito social, de camaradería y amistad.

Sabiendo que puede llevar de todo, aunque nunca tuve oportunidad de evaluar nostálgicas referencias a tiempos en que incluso podía ponerse carne de rata de la albufera, he de decir que la paella valenciana por antonomasia lleva pollo y conejo —a veces también, pato— en trozos pequeños, además de judías verdes, *garrofón* (alubia blanca ancha y plana), *tavella* (judías de grano tierno) y caracoles de huerta (*baquetas*). Se aromatiza con una ramita de romero y se colorea con azafrán, y en casos, pimentón. También se pone algo de tomate, e incluso otras verduras, como alcachofas o guisantes, según la temporada. La lista de ingredientes necesarios se completa con arroz, agua, aceite de oliva y sal. Algunas veces las he visto con anguila, el único pescado que, a mi humilde entender, puede figurar en una paella valenciana. El proceso supone algunos pasos, como el ritual de la leña, difíciles de explicar, e incluye casi siempre detalles que las dotan de personalidad. Cada cual dirá sus preferencias. Para mí son memorables las preparadas por Javier Quesada y las que ofrece el restaurante La Dehesa José Luis, de pollo, conejo y pato, en la playa del Saler. Una posible síntesis del proceso es la siguiente.

1. Trocear y salar las carnes, preparar las verduras y limpiar los caracoles.
2. Preparar la leña y colocar la paella sobre el trébede cuidando de que quede horizontal.
3. Cubrir las dos terceras partes del fondo de la paella con aceite. Poner al fuego, procurando que se caliente por igual.
4. Freír las carnes, dándoles vueltas para que se doren bien.
5. Añadir las judías verdes. Rehogar con paciencia. Añadir el tomate rallado y el pimentón.
6. Añadir el agua (dos veces y media la cantidad de arroz), así como el *garrofón* fresco (o cocido previamente si era seco).
7. Llevar a fuego vivo y cocer luego a fuego medio durante unos 45 minutos.
8. Añadir los caracoles, la sal y el azafrán.
9. Aumentar el fuego y añadir el arroz. Repartirlo bien.
10. Mantener a fuego vivo diez minutos y a fuego medio otros diez.
11. Retirar la paella, colocar la ramita de romero y dejarla reposar, cubierta con papel, durante 5 minutos

Cocinando paellas con fuego de leña, Valencia [Matt de Daherpe].

Cocido madrileño calentándose con el calor de las ascuas [Daniel Vargas].

34. *Todo cabe en el puchero*

Comencemos por una definición. Llamamos cocido (olla, puchero...) a una comida completa, potente y energética, que suele servirse en «tres vuelcos» o platos, y se prepara por cocción en agua de 4 tipos de ingredientes: carnes de vacuno, cerdo y aves, legumbres (garbanzos, alubias), hortalizas (patatas, zanahorias, puerro, verduras) y embutidos (chorizo, morcilla). El caldo de cocción, normalmente con fideo fino, dará lugar a la sopa. Pero, que quede constancia, en el cocido caben muchos otros ingredientes de esos grupos mientras estén al alcance del cocinero. Ellos darán también las variedades regionales y estacionales. Lo importante es que sean de calidad, al igual que interesa un agua que no sea muy calcárea, y que seleccionemos bien el recipiente.

En el principio existía el asado. Con la invención de la cerámica se hizo posible que diversos ingredientes compartiesen la cocción y así intercambiasen sabores. Nacieron las sopas y los cocidos. El puchero es un recipiente de barro de pareces gruesas, panza abultada y boca ancha. Es un cacharro que conserva muy bien el calor, ideal para una cocción lenta y prolongada; por supuesto, al fuego de leña. No se si es la mejor forma, pero a mí me gusta hacerlo así. Si no, en un pote o en una cacerola de hierro esmaltada, también de paredes gruesas. La olla a presión ahorra tiempo, pero no es fácil con ella dar el punto correcto a las verduras. Y qué quieren que les diga, esto de la cocina también tiene sus liturgias.

Los orígenes del cocido en España se remontan al siglo xv, cuando se produjo una adaptación, más o menos paulatina, de un plato judío propio del *sabath* conocido como adafina. Dado que no les era permitido cocinar en sábado, la costumbre era preparar desde la tarde del viernes, en un puchero de barro de paredes gruesas y tapado, una comida que en esencia llevaba garbanzos, carnes de vacuno (jarrete o falda), un hueso de caña, pollo, cebolla, berenjenas o acelgas, huevos y fideos. Al lado de la lumbre y semienterrado entre las brasas se habría de hacer hasta que pasado el mediodía del sábado, regresasen de la Sinagoga para comerla, aún caliente. Añadían especias como canela, cominos y nuez moscada, y estaba imprescindiblemente teñido con azafrán.

Los cristianos viejos probaron, en tiempos de feliz convivencia, aquellos pucheros, y los adoptaron con la libertad de poder añadirles tocino y todas las demás glorias del cerdo. Así nació la «olla podrida», cuyo nombre resulta un tanto irónico (como cuando escuchamos que alguien está podrido de dinero) y no tiene nada que ver con la putrefacción. Parece que el origen del nombre del plato está en «olla poderida» o poderosa, rica y contundente. Lo curioso del caso es que la traducción al francés de «olla podrida» es *pot-pourri*, palabra que usamos para designar un conjunto rico por su variedad.

En Burgos y otros lugares llaman «sota, caballo y rey» a los tres vuelcos del cocido. Son estos, la sopa (de fideos o de pan) hecha con el caldo, los vegetales (garbanzos, patatas, coles y demás) y las carnes. Normalmente se sirven en ese orden, poniendo a todos la sopa y luego los vegetales, dejando después que cada uno elija las carnes de su preferencia. En el caso del cocido maragato, propio de las tierras de Astorga, el orden es a la inversa, y lo último en tomarse es la sopa, que lleva fideo grueso y es tan espesa que se dice que la cuchara de madera ha de hacer surco, o poder mantenerse vertical si se coloca así en el cuenco.

La variedad de productos vegetales que admite el cocido es enorme, y en ella radica muchas veces su identidad.

La patata es casi omnipresente, como los garbanzos, que son sustituidos por alubias en algunas regiones del norte (Cantabria, Galicia, Asturias). Las verduras más frecuentes son el repollo y otras coles, aunque en Galicia se da preferencia al grelo. También veremos puerros, zanahorias, nabos, muchas otras hortalizas y hasta frutas, como peras verdes, en algún puchero canario.

Las carnes pueden incorporar vacuno (jarrete, falda, aguja…); cerdo, muchas veces tras su curado en sal o adobado (oreja, pata, costilla, lacón…); también aves (gallina o pollo); e incluso caza. En este grupo no apto para vegetarianos incluimos también los embutidos. Hay quien dice que el auténtico cocido maragato lleva diez carnes, por ejemplo: chorizo, tocino, pizpierno (lacón o pata delantera de cerdo curada), morro y oreja de cerdo (curada y desalada), costilla, morcillo y cecina (de vaca), gallina y relleno.

Muchos cocidos, desde el maragato a la escudella, llevan un componente, llamado relleno, bola o pelota, que lleva carnes picadas, ajo, perejil, pan rallado y huevo batido, además de especies. Con ese amasijo se hacen una o varias bolas, que a veces se fríen previamente antes de añadirlas al puchero y tras la cocción se trocean al servir.

Selección de cocidos con nombre propio

COCIDO MARAGATO. Propio de la zona de Astorga, tiene su capital en Castrillo de los Polvazares (León). Contundente como todos, además de ser original por servirse los tres platos en orden inverso, se destaca por sus «diez carnes» y la calidad de sus garbanzos pedrosillanos, pequeños y de la variedad pico de pardal.

PUCHERO CANARIO. Sus ingredientes varían algo según las islas. El más habitual en Tenerife lleva aguja y un hueso de vaca, pollo o gallina, costilla de cerdo, chorizo y tocino, garbanzos, patatas, col, calabaza, batata, bubango (parecido al calabacín), zanahorias, judías verdes, mazorcas de maíz, peras verdes, tomate y cebolla. Se condimenta con azafrán, ajo y cominos.

Cocido madrileño. Lleva morcillo de ternera, huesos de jamón y de caña, gallina, tocino entreverado, chorizo, morcilla, patatas, garbanzos, repollo, zanahoria y una ramita de apio. El repollo se cuece aparte con chorizos y morcilla, para obtener con el resto una sopa más delicada, y antes de servir se rehoga la verdura con un refrito de ajo. En la mesa debe haber una salsera con salsa de tomate y una aceitera con aceite de oliva.

Cocido montañés. Es uno de los cocidos propios de Cantabria, donde también existe el lebaniego o del valle de Liébana, más parecido al madrileño. Su identidad está marcada por la presencia de alubias blancas en lugar de garbanzos; además lleva carnes de cerdo (costilla adobada, oreja, pie y panceta), chorizo y morcilla de arroz, un hueso de codillo, patatas, berza y nabos. Se añade un sofrito de aceite, ajo y pimentón.

Berza gitana. Es plato propio de la Andalucía occidental, y en Jerez presumen de prepararlo como nadie. Se sirve en dos vuelcos: las «berzas» con las legumbres y verduras y la «pringá» con las carnes. Además de las verduras que le dan identidad (cardo, acelga, apio), alubias y garbanzo blanco lechoso, puede llevar carne magra de cerdo, codillo, rabo, tocino, chorizo y morcilla de Ronda, una cabeza de ajos, aceite, pimentón y cominos.

Escudella i carn d'olla. El cocido catalán —obligado el día de Navidad— lleva garbanzos, tocino grueso, oreja, morro y mano de cerdo, huesos de jamón y de vacuno, pecho de ternera, pollo, col, apio, zanahoria, nabo, patatas y butifarra negra. El relleno se llama *pilota* y lleva butifarra blanca desecha, o carne de cerdo picada, huevo, ajo, perejil, pan rallado y canela. La sopa se hace con fideo grueso o pasta de lazos grandes.

OLLA PODRIDA. Plato insigne, antecesor de todos los cocidos, continúa existiendo con este nombre en tierras de Burgos. Hoy se hace con alubias rojas de Ibeas, panceta, costilla adobada, oreja y pata de cerdo, morcilla, chorizo, morcillo de buey, tomate, puerro, zanahorias, pimiento verde y ajos. Se pone una hoja de laurel y se añade un refrito de cebolla en aceite con harina y pimentón.

LACONADA. En Galicia es plato inexcusable para tiempos de carnaval, y a veces prescinde de la sopa. Ingredientes fijos son las patatas y los grelos (brotes tiernos del nabo), y también los chorizos, el tocino entreverado y el lacón (pata delantera del cerdo curada). Muchas veces se añaden costilla, oreja de cerdo y *botelo*, pero la expresión más gloriosa es cuando se pone la cabeza de cerdo completa, que en sí misma contiene más sabores que todas las demás carnes.

EL COCIDO DE LA CHATA (según Cándido Collar, cocinero de la infanta Isabel, hermana de Alfonso XII). Medio kilo de carne de morcillo, media gallina, 100 g de tocino y otros tantos de jamón, un chorizo y una morcilla, un pie salado de cerdo, una bola (carne picada, miga de pan mojada en el caldo, huevo batido y especias), cuarto de kilo de garbanzos de Castilla.

COCIDO DE LA CORTE DE FERNANDO VII: 4 kilos de vaca, 3 piezas de carnero, una gallina, una perdiz, un par de pichones, una liebre, 2 kilos de jamón, 2 chorizos, un kilo de tocino, 1,5 kilos de oreja de cerdo, 1 kilo de pies de cerdo, verdura, garbanzos y especies.

COCIDO POBRE (del Colegio de Huérfanos de san Ildefonso, siglo XIX). ½ libra de tocino, ½ libra de vaca, 2 o 3 huesos de carnero y despojos del matadero, y garbanzos. Una vez al mes se ponía un cuartillo de longaniza. En cuaresma, las carnes se sustituían por huevos duros y castañas.

Un testimonio del siglo XVI

Francisco Martínez Montiño, cocinero de Felipe II, nos dejó esta receta en su libro *Conduchos de Navidad*, editado en Alicante en 1585:

Puchero en tarongetes. Dexo la denominación en valenciano deste plato que no es más que la olla podrida con las variantes que se dirán, pero antes sepan vuestras mercedes que, lo de podrido, no es corrupción de la olla, sino del lenguaje, pues debe descirse, como antes, poderida, que significa poderosa por el gran poder alimenticio questa olla tiene por su suculencia.

En el puchero, vasija del que toma el nombre el plato, pondrás agua fría y los garbanzos y dos libras de jarrete de vaca, con unos huesos de caña y un pie de puerco y un trozo de codillo; y, un poco más tarde, el pavo y una lonxa de pernil y un chorizo, y dos blanquitos, que es un embutido de la tierra y una morcilla de cebolla; añadirás repollo, apio, azenoria, nabos y un trocito de chirivía, y a su tiempo, tres o quatro patatas, sazonándolo todo con sal y azafrán. Algunos ponen también batata, pero hace el caldo muy dulzón. Aunque otra cosa digan, es bueno espumar el puchero.

Aparte haz un picadillo, por mitad de ternera y de magro de puerco con raspaduras de limón y un poco de ajo. Amásalo con la sangre de pavo y pan rallado y piñones y lígalo con una yema y un huevo. Sazónalo con sal, pimienta, una pizca de moscada y perejil. En un platillo escurre un limón y moxa la mano para amasar esta farsa que ha de quedar entre blanda y dura y dale forma y tamaño de naranjitas y una hora antes de la comida ponlas a cocer con caldo del puchero, y une los caldos, sirviendo ambas cosas.

35. Sopas para todas las mesas

La sopa boba —cuyo apogeo se enmarca en los siglos XVII y XVIII— era el alimento que se ofrecía en España a los mendigos en las puertas de los conventos y a donde también acudían a veces algunos estudiantes pobres, a quienes llamaban «sopistas», que agradecían la comida con su música y canciones. Esta parece ser la justificación de que hoy todas las tradicionales tunas universitarias tengan como símbolo una cuchara y un tenedor de palo. Vinculadas de esta manera a los menesterosos, adquieren las sopas un carácter de algo mínimo y primordial, y así se explica que muchas veces se han dado como alimento a quienes no tienen apetito por enfermedad, están delicados o requieren atenciones especiales. Eran los «pucheros de dolientes», las sopas de convalecientes, de preñadas o de paridas, las sopas capaces de «resucitar a un muerto». Pero, como tantas otras veces en cuestiones de cocina, hoy todos conocemos sopas de gran lujo.

Del diccionario se concluye que sopa es un plato consistente en un líquido alimenticio que puede llevar pan, fécula, arroz, pasta u otro tipo de alimentos fragmentados de modo que puedan tomarse con cuchara. Para que la sopa tenga «buena sustancia» ha de partirse de un buen caldo, y esto se consigue siempre que pongamos a cocer en agua sin sal los alimentos escogidos. La presencia de sal dificultaría el paso de los sabores de los alimentos al líquido, por ello las sopas se han de salar siempre al final. La más clásica de nues-

Sopa de calabaza y zanahoria [Zarzamora].

tras sopas se prepara a partir de un consomé, elaborado con gallina y jarrete de ternera, zanahoria, cebolla y puerros. También pueden colocarse algo de jamón, un tallo de apio y un diente de ajo. Se ha de desespumar, y luego cocer hasta que las carnes estén tiernas. Se sala y luego, según preferencias, se añade la carne de gallina en pequeños fragmentos, unos fideos, huevo cocido muy picado o tropezones de pan.

Los caldos, evidentemente, pueden ser más sencillos. El llamado fondo blanco, o caldo de vacuno, puede hacerse cociendo durante dos horas huesos con zanahoria, cebolla y puerro. Los huesos, en general, aportan gelatina —proveniente de la cocción del tejido conjuntivo— que da al líquido una textura untuosa y agradable. En este sentido, el consomé de rabo de toro (*oxtail*) tiene grandes partidarios. En los caldos de gallina muchas veces se forma una capa grasienta que es conveniente eliminar, lo que se facilita dejándolos enfriar y retirando la grasa de la superficie. Para obtener un *fumet*, o caldo de pescado, suelen ponerse cabezas (de rape, merluza…), rodajas de congrio de la parte cerrada, la que lleva más espinas, o pescados enteros «de roca», como el salmonete, el cabracho, el rubio, y otros. Los pescados no deben cocer más de 20 minutos.

Entre las sopas marineras destaca por su prestigio la bullabesa, una especialidad de Marsella que tiene variantes en muchas sopas de pescado españolas. A partir de un buen *fumet*, donde no debe faltar el azafrán, se construye una sopa que lleva mariscos (nécoras, langostinos, almejas), se espesa con tomate triturado y frito con cebolla rallada y ajo, se aromatiza con hierbas (laurel, hinojo, perejil, tomillo), un trozo de corteza seca de naranja y pimienta; moderadamente se suele coronar la sopa con un bogavante o langosta en dos mitades, previamente asado a la plancha, y con ello se pretende convertir en plato de lujo un preparado que tiene origen humilde. Es tradición poner por separado el caldo y el pescado. Para servir el primero se coloca en cada plato una rebanada de pan con ajo. Según los puristas, una auténtica *bouillabaisse* debe llevar al menos seis pescados distintos y han de ser todos propios del Mediterráneo.

En España existe una sopa por excelencia, que admite cientos de variantes: la de ajo. Quizás la más sencilla de todas ellas es la típica de León, que consiste en verter sobre cuencos individuales, donde se han colocado lonchas finas de pan de hogaza (mejor del día anterior, o de varios días), un caldo formado simplemente por un agua hirviendo, donde se han añadido los dientes de ajo tras ser machacados en el mortero con sal gruesa, aceite y pimentón. Otras fórmulas tuestan o fríen el pan; lo desmigan o lo dejan hervir con el caldo durante media hora hasta que se deshaga, doran los ajos y pueden añadirles huevos en diferentes modos, ilustrarlas con jamón o chorizo y utilizar caldos en lugar de agua. Recuerdo una versión «de pastor» —más que reconfortante en una fría noche de invierno— de un pueblo de la ribera del Duero, donde habían mezclado al agua, en dosis adecuada, el caldillo con grasa resultante en la cazuela tras un asado de cordero.

Una sencilla y deliciosa sopa de ajo [ASF Studio].

Platos de cuchara

El cubierto de mesa —digámoslo así— más antiguo es el cuchillo, que tiene sus antecedentes en las herramientas de corte que fabricaron nuestros antepasados tallando piedras, y cuyos testimonios nos sirven hoy para calificar su cultura. La cuchara nació con la sopa, y una de las condiciones para poder calificarlas como tales es que no han de precisar para despacharlas otro instrumento. Quizás en un principio se utilizasen objetos naturales, como conchas marinas, para dar paso luego a las cucharas de madera, y de hecho se han encontrado algunas de estas en yacimientos neolíticos.

A lo largo de la historia se han fabricado cucharas de los más diversos materiales, como astas de animales, marfil, hueso y varios metales (estaño, plata, bronce...). En la Edad Media en España abundaban las cucharas de hierro. Hoy día, además de los cubiertos de acero inoxidable y de plata, siguen teniendo sentido las cucharas de madera, que empleamos por tradición y también razones prácticas (no acumulan el calor y nunca te queman los labios). Las mejores cucharas de palo son de madera de boj, dada su dureza y resistencia.

La sopa ha de tomarse caliente, y en ello radica uno de los secretos de su virtud tonificante. Todos experimentamos de niños el proceso de obtener la temperatura tolerable de una sopa. Aunque varía con las personas, esta puede llegar a ser de más de 70 °C. Los labios son más sensibles a la temperatura y de hecho los utilizamos como termómetro de referencia. Si percibimos que está demasiado caliente recurrimos a soplar en la superficie, con lo que conseguiremos el enfriamiento primero de la capa superior, y luego de todo el contenido de la cuchara, ya que se producen movimientos de convección, por los que el líquido caliente sube a la superficie. El procedimiento no es tan eficaz con las sopas densas.

Pastas para la sopa y mucho más

Es sabido que toda sopa nace de un caldo, y que el que más y el que menos gusta de incorporar a ese líquido sustancioso fragmentos de alimentos sólidos. Los más comunes son el pan (en definitiva, en ello consiste el «hacer sopas» por antonomasia), el arroz y la pasta. Los italianos han hecho de esta una seña de identidad nacional, de modo que cada uno consume al año unos 25 kilos de pasta seca, es decir, sin contar la pasta fresca que se elabora en muchos restaurantes y casas. En comparación, los europeos como media no llegamos a los 7 kilos anuales. En lo específico de sopas, de ellos hemos aprendido a añadirla en forma de fideos de distintos calibres, estrellas, letras, conchas, espirales y más.

Los espaguetis y tallarines, junto con los macarrones, gozan de gran popularidad entre nuestra juventud, y son una importante fuente de energía, pues 100 gramos de pasta aportan 350 kilocalorías. Las salsas más frecuentes para acompañarlos son la napolitana, o de tomate (aromatizado con hierbas donde no faltan la albahaca y el orégano), la boloñesa (que incluye carnes picadas) y la carbonara, que lleva tocino, queso y huevo.

La aromática albahaca [Ivaschenko Roman].

36. *Ensaladas, el placer de la frescura*

Las ensaladas conllevan el intenso placer vinculado a comer algo que está vivo, fresco, con su color y textura originales, mínimamente modificado por manos humanas. Al cocinar, normalmente destruimos los enzimas, bacterias y hongos que llevarían a cabo los procesos de putrefacción, con lo que retardamos la descomposición de los alimentos, pero también modificamos sus características organolépticas. Los alimentos crudos nos parecen más auténticos, más naturales. Como contrapartida, una exigencia de las ensaladas es partir de unas materias primas de excelente calidad y recientemente recogidas. Ingredientes fundamentales son la lechuga y el tomate, junto a otros vegetales y hortalizas que se completan con un aliño y su imprescindible aceite de oliva.

El sabor y el aspecto de muchos vegetales depende de cómo hayan sido cultivados, recogidos y almacenados. Los tomates de la propia huerta, por ejemplo (algún lector quizás todavía lo recuerde), son mucho más aromáticos y sabrosos que cualquiera de los que pueden hoy comprarse en el supermercado. La cosa es fácil de entender si tenemos en cuenta que el tomate es muy difícil de transportar, porque una vez maduro se pudre con facilidad, y de hecho se calcula que la mitad de los tomates que se cultivan en el mundo terminan estropeándose. Por ello, lo que de hecho se hace es recogerlos de la planta en verde, y transportarlos así, para luego en destino someterlos a un tratamiento con etileno

Los tomates son el ingrediente más común en las ensaladas [fotografía del autor].

gas, que provoca la maduración... aunque no es lo mismo que si hubieran alcanzado su punto de sazón en la mata.

Si los tomates verdes se airean bien, impidiendo que el etileno que desprenden permanezca en contacto con ellos, los conservaremos más tiempo. Siempre nos queda el consuelo de tomarlos como en la película *Tomates verdes fritos* (John Avnet, 1991). Una recomendación imprescindible es que nunca se sirvan los tomates fríos, de la nevera. El frío evita la conversión del ácido linoleico en cis-3 hexenol, compuesto responsable de las características dulce y afrutada del tomate. Además, el frío también disminuye la volatilidad de todos los compuestos, con lo que, evidentemente, el tomate será mucho menos aromático. En general, los tomates jamás deberían estar en la nevera.

La verdura más frecuente en una ensalada es la lechuga, de la que existen variedades cultivadas desde hace casi 5.000 años. Todas ellas se caracterizan por segregar un líquido blanquecino cuando se cortan, de ahí su nombre relacionado con la leche. Otros vegetales de su familia son la endivia y el diente de león. La calidad de una lechuga disminuye desde el preciso momento en que se recoge. En ese momento, todas las células se encuentran llenas de agua, que se irá perdiendo si la temperatura es alta o no existe un aislamiento adecuado, y de esa manera el vegetal va perdiendo su forma, color, aroma y textura originales. Aunque lo recomendable es siempre lavar bien las verduras para ensalada, ha de evitarse que tengan agua en su superficie en el momento de aliñar, pues la salsa resbalaría sobre el agua hasta el fondo de la ensaladera.

Toda salsa para ensalada que se precie ha de estar basada en el aceite por antonomasia (recordemos que *az-zait* es, en árabe, el zumo de la oliva). Día a día incrementamos nuestra cultura sobre el mismo, y hoy pueden encontrarse en el mercado magníficas muestras de aceites de distintas regiones españolas, bien de una sola variedad de aceitunas (arbequina, hojiblanca, picual, empeltre...) o de mezclas de ellas.

El aceite ha de ser fruto del prensado y tratamientos físicos, sin utilizar disolventes, resultando un líquido color oro a verdoso, cristalino. El de mayor calidad es el aceite de oliva virgen extra, cuya acidez libre (expresada en ácido oleico) es como máximo del 0,8 %. Además de sus virtudes gastronómicas, está lleno de valores dietéticos.

El aliño perfecto para una ensalada consiste en aceite de oliva, vinagre blanco y sal. Dicen los viejos cánones que se ha de ser generoso en el aceite, parco en el vinagre, moderado en la sal y casi ilimitado en la revuelta que lleve a la integración. La experiencia nos dice que con una proporción de aceite/vinagre de 3 a 1 casi siempre funciona la fórmula, y que puede no estar de más aromatizar esa llamada vinagreta con ajo muy picado, o con pimienta blanca molida, o con mostaza. En cualquier caso, lo importante es aliñar la ensalada en el momento previo a servirla. De otro modo comenzará a alterarse la tersura de los vegetales. A la hora de disfrutar de una ensalada hay que tener en cuenta, como sucede con todos los platos que llevan vinagre, la dificultad de encontrar un vino adecuado. Lo mejor es tomársela con agua (o con cerveza) y dejar el vino para los platos siguientes.

Quiero dedicar con cariño un último párrafo a las aceitunas, un aperitivo popular —no en vano cada español consume al año 3,5 kilos de esas frutas del olivo—, que además puede ser ingrediente de muchas ensaladas. Nadie debería perderse la riqueza de sabores, aromas y texturas que ofrecen. Además de partir de diferentes variedades, como arbequina, cornicabra, hojiblanca, cuquillo, cacereña, gordal o manzanilla, hay que tener en cuenta que los frutos se pueden presentar en distintos grados de maduración (desde verdes a negras) y con diversos aliños. En Córdoba se preparan, tras pasar por salmuera y perder el amargor, con ajos (sin pelar, pero golpeados), naranja amarga o limón, guindilla, sal y distintas hierbas (tomillo, orégano, laurel...). Así preparadas gozan de mi afición especial, pues durante los años de mi niñez me hice adicto, cuando las traía mi abuelo de

Bujalance. También soy aficionado a las negras de Aragón y a las *olives verdes trencades* de Mallorca, con su hinojo y su guindilla verde. Por supuesto, al comerlas debe recordarse que 100 gramos suponen unas 190 kilocalorías.

Ensaladas con nombre propio

Fáciles de preparar, son una invitación a la diversidad. Salvo otra indicación, se aliñan con aceite de oliva, vinagre y sal:

ASADILLO. Consiste en pimientos asados y cortados en tiras, con tomate triturado y pasado por la sartén, aderezado con aceite, sal, ajo y, a veces, cominos.

REMOJÓN. Una fórmula proveniente de los árabes, típica de Granada y Almería. Lleva bacalao asado y desmigado en hebras, con naranja en trozos, cebolleta y aceitunas. Puede también añadirse huevo duro, tomate o patata cocida.

PIPIRRANA. Otra fórmula andaluza. Se pica en trozos pequeños tomate, pimiento y pepino (todos ellos sin semillas), cebolla y aceitunas. A veces se le pone atún en conserva. El aliño lleva también ajo muy picado.

ESQUEIXADA. En Cataluña es muy popular esta ensalada a base de bacalao, que se ha de desgajar (*esqueixar*) a mano, y se compone además con tomate, cebolla y aceitunas verdes y negras.

ENSALADA CÉSAR. Su ingrediente imprescindible son los picatostes, o cuadraditos de pan fritos. Además lleva beicon pasado por la sartén, lechuga, queso freso y anchoas. El aderezo lleva además ajo machacado, pimienta y limón. Hay quien pone pechuga de pollo cocida y en dados, en lugar del beicon.

ENSALADA GRIEGA. La auténtica *horiátiki saláta* lleva feta (queso fresco de oveja) además de tomate, pepino, pimiento verde, cebolla y aceitunas negras, y el aliño tiene también orégano, tomillo fresco y pimienta negra.

ENSALADA WALDORF. Nacida en 1931 en el Waldorf Astoria. Con manzana en dados, sin pelar y rociada de limón, apio en bastoncillos y nueces troceadas. Se aliña con mayonesa y se sirve sobre hojas de lechuga.

ENSALADILLA RUSA. Es toda una invitación a la creatividad. Veamos. Aunque existen discrepantes versiones, históricamente puede tener su origen en la ensalada creada en 1864 por el cocinero francés Lucien Olivier, que estuvo al servicio del zar Nicolás II y que abrió en Moscú el restaurante Hermitage en la plaza Trubnaya. En su versión primera llevaba caviar, cangrejo, lengua de ternera, lechuga, alcaparras, pepino, huevo cocido y otros ingredientes unidos por mayonesa. Hoy existen en Rusia versiones de una ensalada Old Moscow Olivier que reúne en pequeños dados patata y zanahoria cocidas, pepino y guisantes, además de huevo cocido. Unas fórmulas ponen además carne de pollo asado cortada también en dados y otras prefieren añadir cangrejo y algo de cebolleta. La mayonesa es imprescindible. En España empleamos además otros tipos de hortalizas (judías verdes, espárragos, tomate, aceitunas...) y ponemos —según quién y cuándo— bonito, atún, melva, caballa... ¡vaya usted a saber!

37. *Historias de chorizos y familiares*

En su primer viaje espacial, en 1998, el ex ministro y astronauta Pedro Duque se llevó en su equipaje para el Discovery un chorizo de León, además de dos quesos y otros objetos. Nunca un chorizo había llegado tan lejos. España es la patria del chorizo, y de él pueden encontrarse muchas versiones, pero en concreto, los de León tienen —también para mí— un encanto especial. Están confeccionados a base de carne magra y tocino de cerdo, adobados con pimentón picante o agridulce, sal, ajo y orégano. Tras macerar un día, la chacina se embute, normalmente en tripa delgada, luego se ahuma con leña de roble o encina y se orea al frío para su curación. En esencia, esa es la fórmula para todos los chorizos sin apellidos, y las diferencias estriban en el troceado de las carnes y el tipo de pimentones empleados. Ningún chorizo que se precie tiene menos del 30 % de grasa.

Son muchos los apellidos de alcurnia para chorizos españoles, entre los que hemos de recordar los de Don Eusebio (La Alberca, Salamanca), que son de cerdo ibérico, como los de Guijuelo, Jabugo y Extremadura; los de Cantimpalo (Segovia); de Pamplona, con la carne picada fina y en tripa gruesa; o de Potes (Cantabria). Todo chorizo español es rojo gracias al pimentón, ingrediente que no tuvimos hasta el siglo XVI, ya que todos los pimientos vinieron de América. Antes del Descubrimiento, en Europa los embutidos eran blanquecinos, o bien negros, si llevaban sangre. Por ello no

Embutidos recién preparados, Murcia, España [José M. Palazón].

deja de resultar curioso que hoy en algunas partes de España llamen chorizo criollo —o argentino— a cualquier chorizo blanco. El auténtico criollo lleva de condimentos ají molido, pimienta negra, ajo hervido en vino, orégano y semillas de hinojo. Solo se consume asado a la brasa o a la plancha.

Además de esos chorizos, de los que se fabrican con otras carnes (jabalí, ciervo...) o aditamentos (cebolla y calabaza, en el chorizo *ceboleiro* gallego) y variantes como longanizas y chistorras, hay muchos embutidos que gozan entre nosotros de aprecio y popularidad. Prescindo ahora de hablar de lomos embuchados y de otras chacinas que no deben considerarse embutidos, como las cecinas y los jamones. Puestos a hablar de las cosas que resultan al rellenar con algo una tripa parece que la historia comienza con la morcilla. En la Odisea (siglo IX a. C.), Homero hace mención de la tripa rellena con sangre y grasa que puede asarse al fuego. Es, que yo sepa, la referencia más antigua que tenemos de un embutido. Los romanos eran muy aficionados a ellos. Tenían numerosas variantes de salchichas, y sabemos que el *botulus*, una especie de morcilla cuyo nombre ha perdurado en nuestro botillo berciano, se vendía por las calles.

El botillo es otro de los embutidos singulares de España, propio de la comarca del Bierzo y zonas limítrofes en Galicia y la Maragatería. Para hacerlo, se rellena el ciego —una porción del intestino grueso— del cerdo con trozos de unos 4 cm que proceden del despiece: principalmente costillas y rabo, pero también muchas veces lengua, carrilleras y espinazo. Previamente la carne se ha adobado con pimentón, ajo, sal y orégano. Luego se ahuma, dando como resultado una pieza de forma globosa que tiene entre 0,5 y 1,5 kilos. Se consume cocido, con patatas y repollo. Forma muy parecida tiene el morcón, embutido de la misma tripa del ciego, pero confeccionado con la carne magra que se obtiene del músculo trapecio y la cabecera de lomo del cerdo ibérico, adobado con pimentón dulce, sal y especias. Se consume una vez curado durante unas diez semanas. Aquí la palma se la llevan los de Extremadura, Guijuelo y Jabugo. El ciego también se usa para elaborar el chosco de Tineo (Asturias), que lleva cabecera de lomo y lengua.

Entre las morcillas, cuya base común es sangre y manteca de cerdo, existen numerosas variedades. Mis preferencias van por la matachana de León, que se come fuera de su tripa, y la de Burgos, un producto que tiene poco más de dos siglos de antigüedad, ya que hasta entonces el arroz no era un producto asequible allí, y que incorpora a los ingredientes porcinos ese arroz, en un 30 % de su peso, cebolla, pimentón, pimienta negra, orégano y sal. El embutido tiene un diámetro de unos cinco centímetros y se consume frita en rodajas. Otras morcillas hispanas —gloriosas también la de Aragón o la de Ronda— difieren en los ingredientes complementarios o alternativos al arroz —y así se puede añadir miga de pan, cebo-

Tradicional morcilla de Burgos, con arroz [Pat Hastings].

lla y puerro, uvas pasas, piñones, avellanas, calabaza u otros— y también en los condimentos, que pueden incluir diversas pimientas, clavo, nuez moscada, canela, anís y comino.

En Cataluña la sangre del cerdo tiene como principal destino la butifarra negra, que contiene además tocino y carne del animal, con pimienta y otros condimentos. En todo el litoral mediterráneo español existen muchos tipos de butifarra: blanca, con huevo, con lengua, con hígado, trufada, de cebolla y piñones, de perol y otras. Se embuten en tripas de distintos diámetros, que alcanzan su máxima expresión en el *bull* y el *bisbe*. El salchichón —entre los que destaca por su fama el de Vic— es un embutido curado en tripas del intestino grueso, de unos siete centímetros de diámetro. En general contiene carne de cerdo (lomo, jamón, panceta), o con algo de vacuno, y también de otros animales, como ciervo, jabalí o asno. En Arlés (Francia) se hacía con mezcla de asno, vaca y tocino picados en trozos pequeños. Los salchichones llevan sal y pimienta en grano. En Baleares se fabrica también la sobrasada, un embutido crudo curado, de característico color naranja-rojizo que alcanza su gloria con carnes del cerdo negro mallorquín.

La mortadela, una de las debilidades de mi niñez, y cuya exquisitez sigo buscando entre las buenas de Bolonia, es, según la tradición, un producto de la cocina monástica medieval, y parece deber su nombre al término italiano *carne murtata*, o condimentada con bayas de mirto (*Myrtus communis* L), ya que a veces se ponían en el embutido, al igual que pistachos. Ya los romanos aromatizaban la carne con hojas de ese arbusto. Se presenta en vejiga de cerdo o tripa muy gruesa (hoy de plástico). En un principio, parece que se elaboraba fundamentalmente con pasta hecha de carne de caballos o potros a los que se añadían dados de tocino. Hoy contiene cerdo, vaca y a veces cordero, con mucha leche en polvo y féculas. Luego se somete a cocción. Por supuesto, también lleva nitritos, sal, fosfatos, aromas, azúcar y ácido ascórbico (vitamina C), entre otros ingredientes.

Salchichas blancas de Múnich sobre una tabla [Mironov Vladimir].

Perritos calientes y salchichas

Así como el salchichón es seco, la salchicha es fresca. Aunque la palabra salchicha viene del latín *salsicius*, o conservado con sal, hoy aplicamos el término exclusivamente a embutidos escaldados o cocidos en tripa delgada, de cordero (o plástico). Hay multitud de picadillos para su relleno, normalmente de vaca y cerdo, y con un 40 % de grasa. Contienen decenas de aditivos, de los que se publican algunos: proteína de soja, leche en polvo, féculas, colorantes, antioxidantes y conservantes, como el E-250. Alemania es, por excelencia, la cuna de las salchichas. En la Oktoberfest, de Múnich, se consumen miles de toneladas de salchichas. Las más famosas son:

FRANKFURT: La típica de los perritos calientes. Hecha con carne de cerdo y de vacuno. Tiene una textura fina, lleva colorante y varias especias y está ligeramente ahumada.

BOCKWURST: Similar a la Frankfurt, pero de mayor tamaño. De tripa consistente. Se suele tomar cocida, con mostaza picante.

BRATWURST: Es blanca, la idónea para asar a la parrilla o freír. Lleva carne de cerdo (hasta un 90 %), lactosa, sal, hierbas y condimentos.

WEISSWURST (Blanca de Múnich): Blanca y de sabor delicado. En tripa de cordero o cerdo muy fina lleva carne de ternera, tocino y especias. Se consume cocida a baja temperatura y con mostaza dulce.

El ingrediente más común: E-250

A muchos embutidos se les añade nitrito de sodio (E-250) o de potasio (E-249), como agentes que ayudan al curado y a la conservación del color y el sabor. Previenen el crecimiento de las esporas que dan lugar al botulismo. Su proporción está limitada, pues su ingesta continuada puede causar hipotensión, pulso acelerado, dolor de cabeza y anomalías en la visión. En el estómago y en contacto con otros alimentos puede formar nitrosamidas, que son cancerígenas, si bien se cree que esta formación puede evitarse con la adición de vitamina C.

Conserva de champiñones colonizada por hongos [Dmitriev Mikhail].

38. *In vino, veritas*

¿Qué es vino? Afortunadamente, en la vida uno aprende poco a poco el significado de las palabras; las va matizando, precisando, expandiendo. Un día, hace unos cuarenta años, viví una metáfora de lo que sería aprender un concepto de repente. En un viaje por Grecia, tuvimos la posibilidad de ir a una feria o fiesta del vino. Era una noche de verano, en Delfos, no muy lejos de Atenas. Para entrar en el recinto abonamos una módica cantidad, a cambio de la cual nos facilitaron folletos y una jarrita de barro por persona. Una vez en el interior, podías acercarte con la jarrita a cada una de las diferentes barricas que había —creo recordar que superaban el centenar—, y autoservirte. Cada cuba tenía un cartel indicando su contenido... en griego. Es fácil imaginar el desconcierto al abrir una nueva espita sin saber si saldría un tinto recio, un blanco seco, un *vermouth*, un oloroso, un espumoso, un rosado afrutado, un dulce empalagoso o... *retsina*. Allí aprendí lo que era el *retsina*, un vino blanco al que le suponen tres mil años de antigüedad, que huele y sabe rabiosamente a resina de pino, según parece porque ello ayudaba antaño a su conservación. Traté de convencerme de que algo que un pueblo mantiene durante treinta siglos es porque merece conservarse. Años mas tarde pude probarlo frío, y... no desisto. Aquella feria, puesta en España, equivaldría a una cata ciega donde apareciesen sucesivamente, de forma aleatoria, un dulce Pedro Ximénez, un fresco albariño, un tinto

Escanciando fino en una copa [Gena Meléndrez].

de la Ribera del Duero, una malvasía, un complejo priorato, una mistela, un blanco de Rivadavia, un rubí de Toro, una manzanilla de Sanlúcar, un recio Jumilla, un *txacolí*, un licoroso de Málaga, un rancio de Alicante, un potente Cariñena, un moscatel, un clarete de Cigales o del Bierzo, un generoso de Montilla, un reserva de Rioja o un fino de Jerez, para terminar con un tinto de Amandi. Hablar de vino es perderse en un mundo infinito.

Un químico podría definir el vino en razón de su composición. Tarea difícil, pues se han identificado unas 400 substancias presentes en esos líquidos de colores variados y aromas complejos. Predomina el agua (más de un 80 %), pero también hay alcoholes, como etanol (en general 11 %-15 %), glicerina, butilenglicol, inositol, sorbitol y manitol; contienen ácidos, tanto procedentes de la uva (tartárico, málico, cítrico) como del proceso de fermentación (acético, láctico, succínico). También abundan los azúcares (glucosa, fructosa, sacarosa, arabinosa, xilosa...), las sales (fosfatos, sulfatos, cloruros, sulfitos, tartratos, malatos, lactatos... de potasio, magnesio, sodio, calcio, aluminio, cobre, hierro...), fenoles y taninos amargos como los antocianos (rojos) y las flavonas (amarillo). La lista se completa con peptinas, gomas, mucílagos, sustancias aromáticas (aldehídos, cetonas, ésteres,...) y hasta vitaminas (tiamina, riboflavina, ácido pantoténico, nicotinamida, piridoxina, biotina...) y los casi imprescindibles sulfitos añadidos.

Nuestra tradición, excusándose en la Biblia —que por cierto habla del vino unas 450 veces—, atribuye al patriarca Noé la invención del vino. No es mala la elección, porque supone poder resarcirlo de tanta agua como hubo de soportar durante el Diluvio. El pobre quedó tan hartito de lluvia que... el Génesis (9, 20-21) lo cuenta: «Noé se dedicó a cultivar la tierra, y plantó una viña. Un día, bebió de su vino y se embriagó». Hasta ahí la leyenda. De manera más o menos forzada, algunos historiadores colocan el origen de la viticultura en Armenia, al este de Turquía, por la zona donde la Biblia sitúa el mito de Noé y el diluvio. La única referencia científica consiste en el hallazgo de semillas de *Vitis vinifera* en ánforas y otros lugares en excavaciones del Neolítico. Parece que por entonces ya existía un centenar de variedades de uvas, y hay quien afirma que una de ellas era una tinta que goza hoy de gran prestigio en viticultura: la Syrah.

No se sabe con exactitud quiénes introdujeron el cultivo de la vid en España. El caso es que un siglo a. C. ya se exportaba vino, procedente de regiones mediterráneas. Antes de conocerlo, los pueblos de la península ibérica bebían cerveza e hidromiel. Los visigodos, grandes bebedores, concedieron importancia a la viticultura y también los árabes, por mucho que lo prohibiese *El Corán*, disfrutaron del vino casi con la misma dedicación que los cristianos viejos. Es sabido el papel que jugaron los monasterios en la cultura del viñedo, entre otras razones, porque el vino era necesario para el culto. Las órdenes monásticas investigaron y trabajaron en la fabricación de vinos, y a ellas se atribuye la introducción en España de notables variedades vitivinícolas. Hoy se fabrican excelentes vinos en casi todas las regiones, utilizándose unas cincuenta variedades de uva.

Pequeñas uvas tintas [Mythja].

En esencia, el vino es el líquido que resulta de la fermentación del mosto de la uva. El mosto se obtiene aplastando los racimos con prensas —antiguamente, con los pies—. La acción de unas levaduras (hongos sacaromicetos), que están naturalmente en la superficie del racimo o en el aire, hace que los azúcares contenidos en la uva reaccionen químicamente transformándose en alcohol. En un litro de mosto, cada 18 gramos de azúcar dan un grado de alcohol al vino. Si se deja que las pieles de la uva negra continúen en contacto con el mosto durante la fermentación se tiene un vino tinto, pues los taninos pasan al líquido. El hollejo aporta también muchas otras substancias, claves para la calidad del vino. En los demás casos se obtiene vino blanco. Los vinos rosados se obtienen al dejar el hollejo de la uva negra en contacto con el mosto un corto tiempo. La raspa, o ramo del racimo, puede retirarse también, y en caso de que se deje fermentar, aporta ácidos y alcohol metílico.

Evidentemente, el proceso es mucho más complejo y admite multitud de variantes, como la evaporación parcial del agua del mosto, la adición de azúcar para incrementar su graduación, o de aguardiente —clave para la fabricación de un jerez, madeira u oporto— y mecanismos que eviten procesos secundarios como la formación de ácido acético o el hilado del vino. Otras variables dependen de la utilización de mezclas de uvas, uvas pasas o incluso que han comenzado su podredumbre, como sucede en los casos de los Sauternes y Tokaji. Por supuesto, es muy importante controlar las circunstancias de la fermentación, como la temperatura o el recipiente. El uso de botellas con corcho comenzó a finales del XVII y se atribuye su introducción al benedictino Dom Pierre Perignon, padre del *champagne*. Hasta el siglo XIX la vinificación era una pura artesanía que se iba mejorando por ensayo y error. Desde los descubrimientos de Pasteur sobre las levaduras y el proceso de fermentación puede decirse que la fabricación de vino es un proceso controlado por la ciencia.

Maridajes

Es cierto que cada vino pide su comida, y que cada plato brilla —o se apaga— con uno u otro vino. Aunque se han escrito, no es fácil aceptar reglas universales. La armonía es cuestión de matices. Con todas las reservas, suscribo las siguientes afirmaciones:

1. Los vinos tintos, ricos en taninos, son adecuados para los platos de carne.
2. Los vinos blancos, delicados, afrutados o florales, sin madera, sirven para el marisco.
3. Un blanco complejo, de crianza, va bien con ahumados.
4. Los blancos semisecos y suaves van bien con platos agridulces, o con *foie*.
5. Un rosado frutal acompaña bien a unas alcachofas, unos espárragos o verduras a la parrilla.
6. No es mala opción comenzar y continuar una comida con cava o champán.
7. Un rosado seco va bien con anchoas, con platos de tomate y arroces.
8. Los reservas deben guardarse para platos de carnes suaves o jóvenes.
9. Los platos sabrosos, de carnes rojas y caza mayor, quieren tintos jóvenes sin madera.
10. Un plato donde predominen el ajo, la cebolla cruda, el vinagre, el apio o el pimentón no necesita de vino. El agua no debe faltar en ninguna mesa.

39. *Bebidas con burbujas*

En 1767 el químico Joseph Priestley vivía en Leeds (Inglaterra); su casa estaba cerca de una cervecería, y él se ocupó de estudiar a conciencia la naturaleza de las emanaciones desprendidas en la fermentación de la cerveza. Pronto descubrió que se trataba de un gas denso que apagaba las astillas encendidas y que hoy llamamos dióxido de carbono. También comprobó que aquel gas era fácilmente soluble en agua si se hacía burbujear en ella, y que la disolución resultante tenía un agradable toque ácido; la dio a probar a sus amigos, y ellos acogieron favorablemente la nueva bebida. Priestley había inventado el agua de soda, o agua de *seltz*. En 1772 publicó un artículo titulado «*Impregnating Water with Fixed Air*», en donde cuenta cómo se puede fabricar. Ese es el gas presente en todas las bebidas con burbujas que tomamos hoy, desde la «loca cola» (sic) hasta el champán, pasando —cómo no— por la cerveza. Algunas lo tienen por procesos de fermentación, mientras que a otras, se les añade.

Las bebidas refrescantes con gas ocupan hoy el puesto número uno en las estadísticas de consumo. En líneas generales se consideran dos categorías: con alcohol y sin él. Entre estas últimas contamos con aguas gaseadas (en muchos casos con gas que han disuelto subterráneamente), agua de *seltz*, gaseosas, bebidas de extractos y con zumos de frutas. Para añadirle las burbujas, en todos los casos se hace pasar el dióxido de carbono a presión y baja temperatura por el agua o

Una dama disfruta de un buen vaso de cerveza [Everett].

la disolución base, que parte de la mezcla de jarabes o zumos con agua. De ahí ya va el producto al envase. En estas condiciones se disuelve más gas, que se irá liberando en burbujas cuando se abra el recipiente y el líquido se encuentre a presión ordinaria. Tienen un carácter ligeramente ácido, y su pH oscila entre 4 y 5. En general, las bebidas refrescantes contienen azúcar, y ello les confiere un contenido energético del orden de 40 kcal cada 100 ml. Una lata de estas bebidas contiene, por tanto, más de 120 kcal.

La más antigua de las bebidas producto de fermentación es la cerveza, encontrándose testimonios de su fabricación de hace unos 6.000 años. En síntesis, es el resultado de la fermentación de cereales en agua, y sus ingredientes esenciales son un cereal, agua y levadura, no en vano se ha llamado «pan líquido». Hay miles de variantes, con distintos tipos de granos y de aromatizantes, pero existe un estándar que sigue la «ley de pureza» promulgada por el duque Guillermo IV de Baviera en 1516, según la cual la cerveza se ha de elaborar a partir de cebada malteada, lúpulo, levadura y agua. El malteado de la cebada consiste en provocar la germinación de los granos, con humedad y temperatura adecuada, para secarlos luego una vez que el germen ha alcanzado unos pocos milímetros. Con esa germinación se activan enzimas que hacen que el almidón del grano se convierta en azúcares solubles. Después se tuesta la malta, haciéndolo en mayor o menor grado si se quiere una cerveza más oscura o más clara (*pale*). La posterior fermentación de los azúcares de la malta producirá alcohol y dióxido de carbono.

Aunque aún así existen muchos tipos de cervezas, en general hay dos grupos básicos, que se diferencian según el tipo de levadura empleada para la fermentación. Las llamadas de fermentación alta (*ale*, *stout*...) son las más populares en Gran Bretaña, y las de fermentación baja (*lager*, *pilsen*...) en el resto del mundo. La fermentación alta se produce con el hongo *Saccharomyces cerevisiae* a mayor temperatura (18 °C a 32 °C) y al final la levadura forma una capa en la parte superior del tanque. La fermentación baja se produce con *Saccharomyces carlsbergensis* entre 6 °C y 14 °C y, al final, la levadura se deposita en el fondo del recipiente. El lúpulo sirve como aromatizante, proporciona amargor y sirve para conservar la cerveza al evitar fermentaciones indeseadas.

Todos los vinos espumosos deben su burbuja a una fermentación natural. El origen del champán está en la región francesa de Champagne, donde cultivaban vinos desde la época de los romanos, cuando Durucortorum (la actual Reims) era cuartel general de Julio César. La historia de los vinos blancos de la zona, que competían con los de Borgoña, llega a un momento crucial en el siglo XVII, debido a la actuación del abad benedictino Pierre Perignon (1638-1715). Hacia 1660 los vinos se embotellaban antes de terminar la fermentación, a

Una botella del exclusivo Dom Perignon [Ekaterina Minaeva].

veces paralizada al bajar las temperaturas con el invierno, y también para preservar mejor sus aromas, pero ello daba lugar a que luego en primavera salían disparados los tapones de muchas botellas, o incluso algunas de ellas reventaban. Aquel fenómeno incomprensible hizo que hablaran de «vinos del diablo».

Lo primero que hizo dom Perignon fue bastante obvio: colocar en las botellas un corcho adecuado, sujetarlo bien con una grapa metálica, para que no se salga, y aumentar el espesor de vidrio de las botellas. Esa era la manera de dominar aquel vino espumoso y luego disfrutar con él. Además, intervino en la selección de las mejores cepas para conseguirlo, se dice que probando las uvas a ciegas, llegando a emplear variedades blancas y tintas. El misterio de los vinos salta-tapones y la formación de burbujas en su interior no quedaría resuelto hasta los trabajos sobre fermentaciones realizados por Louis Pasteur. Gracias a él sabemos que lo sucedido se debía a que aún dentro de la botella es posible una fermentación, mientras existan azúcares y levaduras.

El champán hoy se fabrica partiendo de uvas blancas (Chardonnay y otras) y también de uvas tintas (Pinot), que han sido vendimiadas a mano, para procurar que no se rompa la piel y poder realizar una fermentación blanca, del mosto sin hollejo, que dará lugar a un vino blanco, aunque en algunos casos se quiere también rosado. Ese vino se pasa luego a botellas, añadiendo azúcar y levaduras que ocasionarán la segunda fermentación, con la botella bien cerrada. Esta segunda fermentación, causante del gas que queda disuelto a presión, origina posos, por lo que las botellas se colocan inclinadas hacia el cuello, y se giran regularmente para que los posos desciendan hacia el tapón. Antes del encorchado definitivo —con el tapón de seta, la cápsula y el bozal o la grapa— se eliminan los posos y se añade, en los casos de semi-seco o dulce, el licor que dará el nivel de azúcar deseado.

Y para brindar... cava

El cava es el vino espumoso preferido en España, del que se fabrican cada año más de 200 millones de botellas, fundamentalmente en la región del alto Penedés catalán. Se emplean para ello vinos blancos, secos y de baja graduación procedentes de las variedades de uva Macabeo, Xarel.lo y Parellada, aunque hoy también se usa la Chardonnay. Las uvas se vinifican por separado, y luego se realiza la mezcla deseada. Después se embotella, añadiendo sacarosa y levaduras para una segunda fermentación, según el mismo método que el champán. Tras el degüelle para eliminar los posos residuales de la levadura y el embotellado final se dejan reposar las botellas en bodega durante 9 a 12 meses. Según la cantidad de azúcar que contienen resultan los tipos de cava: brut nature (sin azúcar), extra brut, brut, extra seco, seco, semiseco y dulce (más de 50 gramos de azúcar por litro).

Las variedades más dulces pueden ser adecuadas para un postre. Los brut pueden acompañar cualquier aperitivo o comida. Disfrutemos de la alegría del cava: tomemos una copa de vino, ni plana ni aflautada, donde se pueda apreciar el aspecto, el aroma, el sabor y el cosquilleo de la bebida de brindis por antonomasia. Procuremos que el líquido esté frío, a unos 7 °C. Pongamos una cantidad de cava de dos sorbos, suficiente como para que no le de tiempo a calentarse en la copa. Dejemos que desaparezca la espuma inicial, que se forme una corona de perlas diminutas en la superficie, y observemos su brillo intenso, su color claro, su aroma equilibrado, las burbujas finas desfilando incesantemente en hileras, su rosario persistente, su cuerpo... ¡salud!

40. *Platos nacionales de Europa*

Aunque el comer sea una obligación natural, en el caso de la especie humana la verdad es que los valores propios del acto de la comida no pueden definirse en términos de naturalidad, sino como resultado de procesos culturales. De los dos sistemas que tenemos los animales para procesar y almacenar información (genoma y cerebro) solemos asociar la «natura» a lo que heredamos en el genoma y dejamos la palabra cultura para referirnos a la red de información transferida por aprendizaje social. Comemos lo que aprendemos a comer. La gran ventaja de que la comida sea un hecho cultural es que así podemos adaptarnos con mucha mayor facilidad a los cambios del entorno. Los pinzones de Darwin hubieron de pasar mucho tiempo y fracasos en adaptar su pico con la alimentación disponible.

Como es bien sabido (seguro que aún hay quien lo recuerde), la palabra cultura viene de un verbo latino: *colo, coles, colere, colui, cultum*, que mire usted por dónde significa cultivar. El cultivo de la vid es viticultura y lo que se hace en las piscifactorías es piscicultura. Por extensión comenzamos a utilizar la palabra para otro tipo de cultivos que comprenden muchos otros saberes convertidos en tradiciones, desde los cultos religiosos hasta las formas de vestir, de hablar, de hacer música o bailar, de cortar o recoger el pelo, de construir casas, trabajar el campo o recitar poemas, fabricar armas o establecer códigos morales. Todos esos conocimientos nacen vincula-

Haggis casero, Escocia [Bonchan].

dos a un terreno que tiene sus características geográficas, sus comunicaciones y sus barreras, sus ecosistemas, y en general sus recursos y limitaciones; por ello son diferentes según los lugares, y viven continuamente comparando, contrastando e intercambiando elementos con las culturas vecinas.

La cocina es cultura que nace en cada pueblo, que vive donde ya existen unas materias primas. El *Homo sapiens* fue además capaz de crear alimentos, al cultivar unos determinados (y no solo de recolectar o cazar), de seleccionar los más adecuados a cada clima, de transformarlos mediante el calor y el añadido de líquidos y otros ingredientes, de conservarlos y consumirlos. De esta realidad nace el que pueblos diferentes tienen platos característicos o propios. Así es aún en gran medida, aunque las migraciones, los viajes e intercambios, unidos al crecimiento de la población mundial, han hecho que sean cada vez menos los ingredientes y técnicas culinarias exclusivas de un país. Al igual que sucede con la tecnología, los modos de vestir o las mismas lenguas, el mestizaje en la cocina es tal que cada vez resulta más artificial definir platos que sean exclusivamente «nacionales». En estas páginas se dará cita o testimonio de algunos de los europeos, no precisamente los más famosos ni antiguos. Es curioso observar que la mayor parte de platos tradicionales no tienen ni dos siglos de antigüedad y también que, por ejemplo, las americanas patatas están hoy en casi todos ellos.

BIGOS. Se trata de un contundente guiso tradicional de cazadores polacos y lituanos que los primeros consideran plato nacional, con referencias del siglo XIV. La palabra *bigos* hace alusión a un revuelto de ingredientes, donde no faltan la col, normalmente fermentada, y la carne (jamón o bacón ahumados, ternera o caza). También salchichas y tomates, e incluso miel y setas, junto con una gran variedad de especias: pimienta, laurel, alcaravea o comino, mejorana y hasta ciruelas pasas y vino.

BORSCHT. Aunque de origen probablemente ucraniano, el *borcht* es plato «nacional» en Rusia y otros países centroeuropeos. Se trata de una sopa de vegetales donde el ingrediente fundamental es la remolacha roja, que le otorga su color característico. En su versión caliente puede incluir habas, zanahoria, apio, calabaza, col, patatas, ajo, cebolla y tomate. En algunos casos deja de ser vegetariana e incluye tropezones de bacón.

CALDO VERDE. Muchos portugueses, sobre todo del norte, lo consideran su plato nacional. Lleva cebolla y ajo picados, con patatas que se rehogan en aceite. Luego se cuece todo y se trituran las patatas. Se pone por fin la berza (col) picada muy, muy fina y un chorro de aceite. Se pone a cocer otros diez minutos. Se corta un chorizo en rodajas, y fritas ellas, se añaden, y se sirve con pan de maíz.

HAGGIS. El plato por excelencia de Escocia es un embutido en estómago de cordero. El relleno se hace con hígado, corazón, pulmón y riñones del animal con su grasa, a los que a veces se pone también panceta y costilla, todo ello bien cocido y picado. A ello se añade cebolla, muy picada tras escaldarla y un volumen semejante de harina de avena, previamente tostada, además de sal y pimienta negra. Se rellena el estómago con la mezcla y se cuece a fuego lento unas cuatro horas. Se sirve fuera de la tripa con un puré de colinabo y patatas y se acompaña con chupitos de malta.

IRISH STEW. El llamado en irlandés Stobhach Gaelach es un estofado de cordero con verduras y constituye el plato nacional del país. La receta más antigua que conocemos contiene ya patatas y cebolla, además de la carne de carnero (falda sin hueso en trozos pequeños). También lleva caldo de carne, perejil, tomillo y pimienta. Hay quien añade zanahoria, pero los puristas lo rechazan absolutamente. En versiones más modernas también pueden añadirse otros vegetales troceados y harina.

Rösti. Puede ser considerado el plato nacional austríaco, cuando en realidad es un acompañamiento. Su ingrediente principal son las patatas, que se cuecen con piel, para después rallarlas y mezclarlas con cebolla picada. Luego se pasan por la sartén y se doran como para una tortilla española, pero sin huevo. Según los cantones, les añaden tocino, comino, leche, champiñones, vino...

Curiosidades más o menos nacionales

— En un buen desayuno inglés no faltan las *baked beans*, alubias con salsa de tomate.
— Las hoy populares *fish and chips* no comenzaron a venderse en Inglaterra hasta finales del siglo XVIII.
— Las hierbas de Provenza contienen siempre romero y tomillo, y a veces también mejorana, salvia, laurel o lavanda. El Bouquet garni es un ramillete con tomillo, laurel, perejil y romero.
— Los cocineros portugueses dicen que allí hay 365 formas de preparar el *bacalhau*. Incorrecto. Puedo asegurar que son muchas más.
— El queso más famoso de Italia es el parmesano. Cada año se producen 90.000 toneladas a partir de 1.440 millones de litros de leche.
— *Dolmadakia* es uno de los clásicos aperitivos griegos. Consiste en rollitos de hojas de vid rellenas de arroz con cebolla y distintas hierbas. En Rumanía hacen también su *sarmale* (con hojas de vid o de col), incluyendo en el relleno carne picada.
— Los griegos son los europeos que más hortalizas consumen; uno de sus platos más típicos, el *moussakás*, es un pastel de berenjenas que también lleva carne de cordero.

— Los irlandeses toman las ostras con pan, mantequilla y cerveza Guinness.

— Quienes más bocadillos consumen son los daneses, si consideramos así los *smørrebrød*, una rebanada de pan con mantequilla y los complementos más variados (arenques, costilla de cerdo, pepinillos, quesos...).

— La carne preferida por noruegos y fineses es la de reno; en particular, el lomo del animal aderezado con arándanos.

— Los suecos disfrutan con un *smörgåsbord*, un buffet de innumerables platillos en una gran mesa presidida por un barrilito de *aquavit*. Se ha de comenzar por arenque, seguido de algo frío, con gambas, salmón o huevos cocidos; el tercer plato es caliente, como albóndigas o gratinados, para terminar con queso, frutas o dulces.

— En Finlandia se toman los cangrejos de río cocidos en agua con eneldo, y se sirven fríos, con vodka más fría todavía. En la mesa también se pone mantequilla y pan de centeno tostado. Recientemente han comenzado a usar vino blanco en lugar de vodka.

— El *zakusky* es la tabla de entremeses en Rusia. En una mesa los comensales pueden probar una gran variedad de manjares: verduras y setas marinadas, ensaladas, arenques, salmón, frutas confitadas y más.

— La especialidad principal de Polonia es la *kascha*, o sémola que se confecciona con distintos tipos de cereales y alforfón (trigo sarraceno), que le da el sabor característico.

— Desde muy antiguo, la carpa es el plato tradicional navideño para los checos.

— Para los húngaros, el auténtico *gulyás* (el de los pastores) es un ragú que ha de hacerse en marmita de hierro forjado y a la lumbre. Antiguamente llevaba carne de buey en dados y cocida, cebollas y grasa de cerdo. Hoy, además de la imprescindible paprika, lleva patatas. Hay quien también añade tomates, pimientos, cominos y nata.

—En Viena no debe pedirse café, pues te tomarán por extranjero. Uno solo (tipo expresso) es un *kleiner schwarzer*, el *kleiner brauner* sería un cortado, y *großer brauner*, el cortado doble que yo prefiero. El *melange* tiene café y leche a partes iguales, con espumita, y el *kapuziner* lleva aún más leche, a veces manchado de canela.

—El *sauerkraut* alemán, o *chucrut*, es un repollo cortado en tiras finas que fermenta en salmuera, con lo que libera ácido láctico, que lo hace agradable. Al parecer es de origen chino. En Alsacia, el *choucroute* es un plato nacional, acompañado de múltiples delicias porcinas.

—Los holandeses son líderes mundiales en el consumo de regaliz (*drop*), que se extrae a partir del jugo del palo dulce.

—La verdura más popular en Bélgica son las endibias (*chicons*), y las prefieren gratinadas, pero no comenzaron a cultivarse hasta finales del siglo XIX.

—Ninguno como el ibérico, pero... los grandes olvidados entre los jamones europeos son el de Praga y el de las Ardenas. Valen, también, los de Parma y Bayona... *¿Pourquois pas?*

—El curry no es una especia, sino una mezcla de pimienta, comino, canela, albahaca, azafrán, clavo, jengibre, cilantro, guindilla, laurel, nuez moscada, hinojo, cayena y otras especias, que se usa para acompañar platos de origen indio.

Mayonesa fresca [P. Crew].

41. ¡Salsa! Con movimiento se liga

Uno de mis retos adolescentes en la cocina era conseguir la mayonesa. A mano, claro está, pues aún no había aparecido la minipimer en casa. En el fondo de un tazón se colocaba una yema de huevo, sin la clara, que habíamos ido descartando en un trasiego de la yema entre las dos mitades de la cáscara. Comenzado el batido, con nervios y tino se añadía una gota de aceite de oliva sin parar de revolver, y luego otra, y otra hasta que tras unas cuantas nos atrevíamos a iniciar un fino chorrillo. Después de cinco minutos de agitación el brazo batidor comenzaba su protesta, y ahí estaba —para mí— la mayor parte del mérito de la faena, en seguir removiendo sin parar mientras se añadía el resto del aceite. Antes de llegar al cuarto de litro, aquella masa uniforme tenía una gran viscosidad, de modo que no fluía. Era el momento de aliñarla con sal y vinagre o limón, con lo que ganaba en fluidez.

La mayonesa es una emulsión de aceite en agua. Multitud de minúsculas gotitas individuales de grasa están inmersas en una fase acuosa, que en este caso es la del huevo. El principal agente que hace posible la estabilidad de esa emulsión, impidiendo que las gotitas de aceite se unan entre sí, es la lecitina del huevo, una sustancia cuyas largas moléculas se unen al aceite por el extremo que no es polar, quedando su cabeza «que sí es polar» ligando con el agua y rechazando al aceite. Así resulta cada gotita de aceite «rebozada» en lecitina, sin enterarse de que puede tener cerca otra a la que unirse. En la elaboración de la mayonesa el continuo batido tiene como objeto deshacer el aceite en pequeñísimas gotitas de modo que queden envueltas en huevo y no vuelvan a juntarse. En el proceso con batidora la agitación es tan intensa que puede colocarse una fase inicial acuosa más amplia (con la clara del huevo y el vinagre) en contacto con todo el aceite.

La leche y la mantequilla son otras emulsiones. La leche contiene partículas grasas dispersas en la fase acuosa, que es donde están disueltas las proteínas, azúcares y sales. En el caso de la mantequilla la fase acuosa es minoría, y son las pequeñas gotitas de agua las que están dispersas en la grasa predominante (80 %). Pariente de la mantequilla es una salsa tibia semejante a la mayonesa, la llamada holandesa —aunque parece ser de origen francés—, emulsión formada con mantequilla y zumo de limón, utilizando también la yema de huevo como emulsionante y sazonando con sal, pimienta y cayena. Es una salsa difícil, que suele prepararse al baño maría, para facilitar la emulsión de la mantequilla. Colabora como agente emulsionante la molécula de colesterol, también presente en la yema del huevo. Tanto la holandesa como la mayonesa son base para muchas otras salsas.

Desde comienzos del siglo XIX recogen los diccionarios franceses con el nombre de *mayonnaise* una emulsión de huevos, aceite y vinagre. La inmensa mayoría de referencias relacionan el origen de esta palabra con la ciudad menorquina de Mahón, por vía de mahonesa y mérito del francés duque de Richelieu, que capturó a los británicos el precioso puerto de esa ciudad en 1756, donde pudo conocerla y pasarla. En España es una salsa muy popular, acompañante imprescindible de ensaladillas, espárragos y muchas verduras, pescados hervidos, a la sal o a la plancha y tantos otros platos. En general contiene un 70 % en peso de aceite, lo que se traduce en que el aporte calórico llegue a ser de 7 kcal por gramo. ¡Cuidado con la dosis!, por tanto, quienes no deseen engordar.

Como demuestran el alioli y la *tapenade*, el huevo no es imprescindible para conseguir una emulsión entre las fases acuosa y oleosa. Basta con añadir —y triturar bien— otro alimento que contenga sustancias tensioactivas, como las que contiene la lecitina (fosfatidilcolina). En principio podríamos hacer salsas parecidas al alioli no solo con otros vegetales del género *allium* (chalotas, cebolletas, cebollas, puerros) que como el ajo también contienen alicina y aliina, sino con muchos otros alimentos que tienen fosfolípidos (presentes en membranas celulares) o proteínas tensioactivas. El mundo de la experimentación de la Química Física en la cocina está también abierto a muchos cocineros curiosos que desearán obtener nuevos coloides sabrosos. El secreto está en los emulsionantes... y el movimiento.

Mayonesa, holandesa y demás familia

ALIOLI: emulsión de ajo y aceite. El papel emulsionante está desempeñado por la alicina, la aliina y sulfuros de alilo presentes en el ajo. Los heterodoxos se ayudan de huevo.

BEARNESA: es una holandesa que lleva vinagre al estragón, vino blanco, perifollo, perejil y chalotas picadas muy finas.

HOLANDESA: emulsión tibia de mantequilla en yema de huevo. Sazonada con zumo de limón, sal, pimienta y cayena.

MALTESA: holandesa que lleva además zumo de naranjas sanguinas (y a veces ralladuras de cáscara de naranja).

MAYONESA: emulsión de aceite en el agua de la yema de huevo. Sazonada con sal y vinagre o limón.

Mousseline (o Chantilly): holandesa con crema batida.

Remoulade: mayonesa con mostaza, pasta de anchoas y trocitos de calabacín y alcaparras.

Salsa rosa: mayonesa con algo de kétchup, zumo de limón y unas gotas de Tabasco.

Tártara: mayonesa con mostaza, perejil, estragón, alcaparras, pepinillos en vinagre,... hay quien pone también rabanitos, aceitunas y cebolleta picadas muy finas.

Tapenade: emulsión que lleva alcaparras (en provenzal llamadas *tapéno*), aceitunas verdes y negras, anchoas y zumo de limón además del aceite. Si el aceite sobrenada, es que está cortada.

Verde (Mayonesa verde): lleva, muy picaditos, berros, perejil, cebollino, estragón y perifollo.

Vinagreta: emulsión de tres partes de aceite y una de vinagre, con granos de mostaza molidos que actúan como emulsificante, aunque es menos eficaz. Es inestable y ha de agitarse. Admite fragmentos de cebolla, que ayuda a la emulsión, huevo cocido picado, perejil y pimienta.

Tapenade [Torres].

Minipimer, hoy imprescindible

El artilugio que hizo posible las mayonesas en todas las cocinas españolas se utiliza también para preparar purés, papillas, cremas y gazpachos. Es obra del diseñador industrial Gabriel Lluelles, que trabajó para empresas como Pimer (Pequeñas Industrias Mecánico Eléctricas Reunidas), Braun y Taurus, y data de 1959. La minipimer vino a sustituir a las primeras batidoras donde la hélice iba fija al fondo del vaso, lo que presentaba dificultades para su limpieza. La idea de Lluelles fue poner un brazo a la hélice y prescindir del vaso unido. El nuevo electrodoméstico era más pequeño, fácil de limpiar y barato que su predecesor. El éxito del invento fue tal que hoy el nombre de minipimer se usa como genérico, incluso para designar a los producidos por otros fabricantes.

Hacer una mayonesa ahora es bien sencillo: se casca un huevo a temperatura ambiente (no tomado de la nevera) y se pone en el fondo de un vaso alto y estrecho. Se añade la sal, una pizca de pimienta blanca, una cucharada de vinagre y unos 400 ml de aceite de oliva. Se apoya la minipimer en el fondo del vaso y se pone en marcha el dispositivo al máximo de velocidad. Se notará como la mayonesa liga en el fondo, y esa masa redondeada crece hacia arriba. Luego se puede subir el brazo lentamente, de modo que el aceite cae debajo, con lo que volvemos a bajar la hélice para ligarlo. Así hasta que se ha emulsionado todo el aceite.

Curiosidades mayonesas

— Es imprescindible partir de ingredientes a temperatura ambiente. Con huevos recién sacados de la nevera la mayonesa se corta.

— Al hacer la mayonesa a mano puede cambiarse el sentido de giro del batido sin que se corte.

— La mayonesa puede cortarse durante una tormenta. Las cargas eléctricas en el ambiente pueden desestabilizar los equilibrios de la emulsión.

— La mayonesa y la holandesa pueden cortarse por exceso de agitación. Las gotitas de aceite deben poder moverse con facilidad en la fase acuosa, pero no a tal velocidad que puedan separarse de su recubrimiento de lecitina y chocar contra otras.

— Las emulsiones se cortan con temperaturas extremas, por ejemplo, al congelarse.

— Los huevos frescos hacen mejor la mayonesa, porque la lecitina, que es el emulsionante, se descompone con el tiempo.

— Las mayonesas de bote han de contener un mínimo de 65 % de aceite. Si bajan de ese valor han de tener otro nombre.

— Vale como reversible una cita de Enrique Jardiel Poncela: «El amor es como la salsa mayonesa: cuando se corta, hay que tirarlo y empezar otro nuevo».

Quinta parte

Comida de temporada

Bodegón con pepinos, tomates y recipientes, Luis Egidio Meléndez, 1774.
Óleo sobre lienzo [Museo Nacional de El Prado].

42. *El rico y fresco gazpacho*

En el último tercio del siglo XVIII, más o menos por el tiempo en que Luis Meléndez pintaba el bodegón con pepinos, tomates y recipientes varios, el leonés Juan de la Mata escribía su *Arte de Repostería,* un libro donde se encuentra la primera receta que conocemos para la salsa de tomate. A pesar de ello, en la fórmula que da para el gazpacho el repostero de la corte no incluye ningún ingrediente venido de América: «Se tomarán las cortezas de una libreta de pan, sin el mehollo o miga, y tostadas se mojarán en agua: después se echarán en su salsa, compuesta de espinas de anchobas, y un par de ajos, bien molido uno y otro, con su vinagre, azúcar, sal y aceyte, todo bien mezclado, dexando ablandar el pan en el ajo: despues se pondrán en el plato, agregándoles todos o parte de los ingredientes y legumbres de la Ensalada Real».

En la antigüedad el gazpacho era un plato humilde, un combinado rústico que podía improvisarse en función de los alimentos que se tuviera a mano. Recuerdo que en alguna ocasión mi abuelo materno, un andaluz de Bujalance (Córdoba), cuando veía que tras el consumo de la ensalada quedaba en el cuenco una cantidad apreciable de aceite y vinagre se atrevía irónicamente a sugerir que aquel exceso de aliño podía ser el punto de partida para un gazpacho. Los fragmentos de pan presentes en la mesa harían el resto. Los componentes imprescindibles son esos: el aceite, el vinagre, la sal y el pan. Nunca faltan además agua fresquita y ajo, y en ese gazpacho blanco podríamos quedarnos, pero lo más común es que hoy lleve también tomate, pepino y pimiento. El aporte de vegetales crudos hace que el plato sea un paradigma de frescura y vitaminas.

Hubo que esperar al siglo xix para que el gazpacho se tiñera de rojo con la presencia del tomate, una de las muchas hortalizas con las que el Nuevo Mundo enriqueció nuestra alimentación. Paralelamente, con el tiempo fue ganando en ligereza hasta convertirse en lo que hoy es el más universal de los platos andaluces: una refrescante sopa de vegetales, ideal para los días de verano, a la que pueden añadirse tropezones de pan, tomate, cebolla, pepino y pimiento. Este primer plato se hace más variado con la inclusión de otros ingredientes, como huevo cocido o uvas pasas, y se convierte en más sofisticado si se le añaden unas rodajitas de langosta o lubrigante, o unos berberechos recién abiertos, unas huevas de salmón, unos taquitos de jamón ibérico... pongamos imaginación a la cosa.

Aún sabiendo que sin duda tiene raíces populares, el origen del gazpacho es incierto. Lo más probable es que sus antecedentes sean romanos, de quienes conocemos una crema espesa llamada *salmorium* y que se obtenía al machacar sal con pan, ajos y aceite. A veces le añadían almendras, piñones u otros frutos secos. Esa crema podría muy bien ser aligerada con el vinagre, cuyo uso culinario también extendieron los romanos, y con agua. Sabemos que en la época de los Reyes Católicos ese gazpacho primitivo tenía un papel importante en la dieta de campesinos extremeños y andaluces. Era la manera de reponer fuerzas con una bebida que era a la vez refrescante, hidratante y energética. *el Diccionario de Autoridades* impreso en el año 1734 define el gazpacho como «Cierto género de sopa o menestra, que se hace regularmente con pan hecho pedacitos, azéite, vinagre, ajos y otros ingredientes».

La emperatriz Eugenia de Montijo, esposa de Napoleón III, era granadina y a ella se atribuye el haber puesto de moda en

Francia el gazpacho andaluz en el decenio de 1850. Era un primer paso para su popularización en todo el mundo, donde compite con ventaja con otras sopas frías como la *vichyssoise* de puerros o la *bortsch* de remolacha, sopa nacional de Ucrania. Hoy es un plato que puede encontrarse en restaurantes de Nueva York, París, Sídney o Tokio, reconociendo su origen en los pueblos al sur del Tajo, no solamente de Andalucía y Extremadura, sino también de Portugal. Tanto la palabra gazpacho como la portuguesa *caspacho* —con la que designan idéntico plato en el Alentejo y el Algarve— parece que vienen del mozárabe *caspos* y esta a su vez del prerromano *caspa*, que significaba fragmento o trozo pequeño, aludiendo a los trozos de pan que constituían el componente energético del plato.

En la *Guía del buen comer español* (1929), Dionisio Pérez (Post-Thebussem) nos advierte que «el secreto de su sabor inconfundible y único está en la paciente labor de su confección, en el majado lento, persistente, prolongado de sus componentes, y en el acierto y medida con que se les mezcla». Es evidente que en el mundo de hoy el uso de la batidora está muy extendido, pero quien más quien menos recurre a su propio método de integración de los ingredientes. El pan debe ser seco, de una semana, y se pone a remojar durante una noche en agua. En el mortero se majan los dientes de ajo con sal, y se le añade el pan estrujado con la mano y desmenuzado. En una batidora se trituran los tomates bien maduros, junto con el pimiento rojo y el pepino, todos sin semillas. Se añade el contenido del mortero y se dan dos toques de batidora. Se comienza a añadir el aceite sin dejar de batir. Se añade, al gusto, el agua muy fría, la sal, el vinagre de Pedro Ximénez y una pizca de comino. Se mezcla bien a mano y que espere media hora en la nevera.

El gazpacho andaluz es una sopa fría con muchas fórmulas, una entrada esencial para un menú de una cena de verano, pero tiene parientes y también algunas variantes que al añadirle consistencia pueden convertirlo en indicado para otras épocas y ocasiones. Entre estos parientes están, por ejemplo, el ajoblanco de Málaga, a base de almendras y ajo, que se toma con uvas frescas de moscatel peladas y la porra «crúa» o antequerana, más seca que el gazpacho —no lleva agua— y que se sirve con huevo duro y taquitos de jamón o atún; muy parecido a esta, aunque quizás algo más suave es el salmorejo cordobés. El gazpachuelo era una comida típica de los pescadores malagueños; se hace con aceite de

Un cuenco con el nutritivo y refrescante salmorejo cordobés [Nito].

oliva, yema de huevo y diluyéndolo con caldo de pescado. Se toma caliente, con tropezones de clara de huevo cocida, patata cocida y rebanadas de pan, resultando un plato de invierno. El «gazpacho de pastor», propio de Extremadura y la Mancha, es plato de caza contundente, que en nada se parece a una sopa fría.

En su libro *El alma de España*, el médico y gastrónomo Gregorio Marañón escribió: «el gazpacho, sapientísima combinación empírica de todos los simples fundamentales para una buena nutrición que, muchos siglos después, nos revelaría la ciencia de las vitaminas (…) Con el vino, que casi nunca falta, su eficacia se acentúa, y si pudiera añadírsele un buen trozo de carne podría considerarse el gazpacho como alimento muy próximo a la perfección».

Efectivamente, el gazpacho es una mezcla especialmente rica donde mientras el pan aporta hidratos de carbono y el aceite de oliva unas grasas de alta calidad dietética, acompaña vegetales con vitaminas abundantes y variadas. Las principales aportaciones de los componentes del gazpacho son los siguientes:

Aceite: vitaminas E, A, D, K, ácidos oleico y linoleico.
Pan: hidratos de carbono, hierro, niacina, rivoflavina.
Tomate: vitaminas C, A y E.
Pimiento: vitaminas A, C y B6.
Pepino: vitaminas grupo B, níquel.
Ajo: vitaminas B6 y C, calcio, hierro, fósforo, potasio.

Aunque pueda parecernos extraña la inclusión de espinas de anchoa que incluye Juan de la Mata en su receta del gazpacho, lo cierto es que hoy esas espinas de anchoas en salazón se comen fritas y churruscadas. Las he podido disfrutar como aperitivo en el Hotel Ampurdán, de Figueras (Gerona), donde se consideran una especialidad. Constituyen una fuente extraordinaria de calcio, recomendable en todo régimen que se precie para prevenir la osteoporosis.

Juan Sánchez Cotán, *Bodegón del cardo* (c. 1603).[Museo de Bellas Artes de Granada].

43. *Bodegones de Cuaresma*

Entre los mejores bodegones del barroco español están sin duda los de Juan Sánchez Cotán, artista nacido en Orgaz (Toledo) en 1560, y que se dedicó a ese género pictórico antes de ingresar como cartujo a los 42 años. Son cuadros que presentan unos pocos elementos, ordenados con mimo, dibujados con gran detalle e iluminados sobre un fondo oscuro. Estos austeros lienzos han sido calificados como «bodegones de cuaresma», tanto por su sobriedad y sencillez como por lo escasos de alimentos que aparecen. Quizás el más emblemático de todos ellos sea el que figura en la página anterior, y que es el último de los que pintó, pues luego en la Cartuja se ocupó de temas religiosos. Hay críticos que han visto en este lienzo una referencia simbólica a la pasión de Cristo, donde el cardo nos llevaría a pensar en la corona de espinas y las cuatro zanahorias, en los clavos. Es un bodegón que invita al silencio y la quietud; ciertamente parece hecho para animar al ayuno cuaresmal.

Ese período del año, los cuarenta días que van desde el fin de los carnavales al comienzo de la Semana Santa, se ha considerado en el orbe católico durante mucho tiempo como una etapa ascética, de recogimiento y labor, en la que tenían lugar algunas duras faenas agrícolas, como el trabajo de la tierra, la escarda y la poda de las viñas. La Cuaresma era tiempo de mortificación: había que practicar el ayuno y suprimir todas las satisfacciones, incluida, por supuesto, la práctica del sexo, con lo que incluso no se celebraban bodas y las prostitutas tenían vacaciones forzosas. La cosa iba en serio: una de las capitulares de Carlomagno, del año 789, había impuesto la pena de muerte al que comiese carne durante la Cuaresma.

Con los siglos se fueron relajando las costumbres, y gracias a la bula de la Santa Cruzada, desde 1497 los españoles ya podían consumir huevos, leche y sus derivados durante toda la cuaresma, e incluso carne los días de solo ayuno. El llamado Indulto de carnes, otorgado a petición de Carlos IV, amplió en el siglo XIX las excepciones, de manera que al final se trataba de prescindir de carne los viernes de cuaresma y poco más. El actual catecismo de la Iglesia Católica mantiene las definiciones de esas prácticas de mortificación, de modo que el ayuno consiste en hacer una sola comida al día, aunque se puedan tomar sendos tentempié por la mañana y la noche, mientras que la abstinencia obliga a los que han cumplido catorce años a privarse de comer carne y sus derivados.

La práctica del ayuno y abstinencia de carne están, por tanto, unidas a este tiempo del año y, a la vez que han sido consideradas expresión de penitencia, han calado profundamente también en la cultura y en la gastronomía de muchos pueblos. Podríamos decir, incluso, que en España se ha desarrollado una «gastronomía cuaresmal», y uno de sus testimonios podría ser el libro de P.L.Lassus *Cocina Práctica de Cuaresma. Fórmulas variadas para platos de vigilia y colaciones, precedidas de algunas instrucciones sobre el ayuno y abstinencia de carnes*, editado en 1905, por supuesto con la aprobación de la autoridad eclesiástica. En él se recogen unas doscientas recetas que prescinden de la carne, recurriendo a una treintena de pescados distintos para resolver el plato fuerte del menú.

La despensa del mar ha sido solución para todas las mesas durante la cuaresma, ya desde antiguo. Ruperto de Nola, en su famoso *Libro de Cozina*, impreso en Toledo en 1525, dedica la última parte a las «viandas de cuaresma», y allí aparecen recetas de lamprea, salmón, trucha, barbo, emperador, esturión, dentón, congrio, morena, toñina, atún, cabracho, sardina, calamares, jibias, pulpo, ostras, lenguados, merluza y langosta, entre otros pescados y mariscos. De monotonía, nada, aunque el autor se vea obligado a explicar: «... y aún que algunos digan que las viandas cuaresmales no son tan provechosas como las del carnal. A esto digo que no es sino voluntad de personas».

La identidad de la abstinencia, para los que vivimos en la costa, se materializa en el potaje. Nuestro plato cuaresmal por excelencia es el potaje de garbanzos con bacalao y espinacas. Sabido es que se llama potaje al puchero en que intervienen legumbres y hortalizas. Es plato antiguo, y por ello lo prefiero con ingredientes precolombinos, o sea que nada de patatas, alubias, tomates ni pimentones. En este caso, garbanzos y espinacas complementan proteínas y contundencia con bacalao y huevo cocido; ganan palatabilidad —que diría el profesor Gregorio Varela— con buen aceite de oliva; riqueza de sabores con el pochado de cebolla, ajo y perejil; y gracia con un toque de pimienta negra recién molida. El punto de suavidad y texturas depende del modo de cocción, que ha de ser lenta durante 90 minutos y, si es posible, con un pase por el horno.

Contra lo que pudiera parecer, el cardo está considerado una verdura de lujo —presente en mesas de reyes en la Edad Media—, y destaca por su delicadeza y versatilidad, capaz de servir de acompañante en muchos platos. Las recetas más clásicas lo preparan con almendras (piñones, avellanas o nueces, pues en general se lleva bien con frutos secos) o con bechamel, y mi solución preferida los aparea —una vez limpios, troceados y cocidos— con almejas, en un guiso caldoso con vino blanco espesado con harina y los imprescindibles ajo, cebolla y perejil, donde también puede ponerse huevo cocido. Es una hortaliza con muy bajo contenido en calorías y de composición muy parecida a la alcachofa, con la que guarda parentesco botánico, siendo ambos del género *Cynara*.

Potaje de garbanzos con bacalao y espinacas, cocido en puchero
de Pereruela (Zamora) [fotografía del autor].

Un regalo del cardo a la tradición

Los pistilos de la flor del cardo, gracias a su contenido en un enzima llamada quimosina —o también rennina—, se usan tradicionalmente como coagulante para obtener, a partir de leche cruda de oveja merina, quesos de pasta blanda, como la extraordinaria Torta del Casar y los *queijos da Serra da Estrela*, en Portugal. Se trata en este caso de una peculiaridad, pues lo más corriente en la elaboración de quesos es utilizar para conseguir el cuajo de la leche la quimosina proveniente del estómago de rumiantes jóvenes. En la actualidad también se emplea quimosina de ingeniería genética industrial, obtenida por recombinación artificial de ADN.

Proteínas del mar

Porcentaje en la parte comestible cruda de animales marinos:

PESCADO	PROTEÍNAS	GRASA	AGUA
Atún	22	17	61
Salmón	21	15	64
Caballa	19	13	68
Sardina	19	6	75
Trucha	18	2,5	79
Lenguado	18	1,5	81
Langosta	18	2	80
Bacalao	17	0,5	82
Merluza	17	0,8	82
Arenque	17	13	68
Anguila	14	26	60
Mejillón	11	1,5	82

En la tabla anterior puede verse que los pescados son alimentos proteicos y con un gran contenido en agua. También vemos que el contenido en grasa los clasifica en dos grandes categorías. Las proteínas del pescado tienen un elevado valor biológico, por su contenido en aminoácidos esenciales. En particular, el músculo del pescado es muy rico en lisina (un 8-10 % de la proteína que contienen), resultando muy apropiadas para complementar a los cereales. Además, los pescados son ricos en vitaminas A y D, que se encuentran en las partes grasas. No contienen más sodio que las carnes, y su contenido en potasio es tres veces mayor. Es interesante su contenido en fósforo, calcio y yodo.

Salmón a la plancha [Marian Weyo].

45. *Placeres surgidos del frío*

Es posible que ya dos milenios a. C. los chinos preparasen comidas en las que intervenía la nieve como ingrediente, y algunos antropólogos así lo afirman. También parece que en la corte de Alejandro Magno se tomaban bebidas heladas con frutas y miel, pero los primeros escritos sobre el tema son posteriores. Existen testimonios de que Nerón (37-68 d.C.) se hacía preparar y ofrecía a sus invitados unas bebidas de postre a base de miel, frutas troceadas y la nieve que sus esclavos le bajaban de los Apeninos, y podemos dar a ese emperador el crédito de los primeros sorbetes. Aunque el uso del hielo para conservar los alimentos corra en paralelo, las comidas y bebidas frías tienen su propia historia. El primer artilugio para fabricar helados se lo debemos a los chinos, a quienes Marco Polo vio prepararlos, y en 1241 llevó a Venecia una receta para hacerlo. Por ahí nace la fama de los helados italianos, cuya cuna se disputan Venecia, Milán y también Nápoles (esta última para los que reivindican un origen a partir de los árabes, a quienes entre otras cosas debemos la palabra sorbete).

Buscando referencias sabemos que Alejandro Dumas, en su *Dictionaire de cuisine*, cuenta que en la reunión que mantuvieron Francisco I de Francia, el emperador Carlos V y el papa Pablo III en junio de 1538 para la firma de la tregua en Niza, se sirvió vino enfriado con hielo de las montañas vecinas, aunque el uso de la nieve en España es anterior. Se dice que la bella amante de Carlos V y madre de don Juan de Austria, Bárbara de Blomberg, se deleitaba con truchas sobre una especie de granizada de leche. Por entonces en Italia ya eran conocidos los sorbetes en las mesas nobles, y se dice que Catalina de Médici llevó la costumbre a la corte de Francia, de donde comenzaría a pasar a las cafeterías durante el siglo XVIII. A finales de ese siglo se hacían helados en muchos hogares de Europa.

Quizás fuera Granada la primera ciudad española que utilizó nieve para disfrute gastronómico. Hay testimonios en el siglo XVI de la existencia de «neveros», que en el verano subían con caballerías a las zonas más altas de la sierra a recoger nieve que por la noche vendían en la ciudad para hacer refrescos. El oficio tuvo su auge en el siglo XVIII y desaparecería en la primera mitad del XX, con la invención primero de las fábricas de hielo y después de los congeladores domésticos. No es un caso aislado, y soluciones semejantes existían en otras regiones próximas a montañas de nieves perpetuas. La existencia de «pozos de nieve», donde se acumulaba esta mezclada con paja durante el invierno para mantenerla el mayor tiempo posible, cuenta con testimonios en la mayor parte de regiones españolas; incluso en Madrid, donde existía una «puerta de los pozos de la nieve», en el lugar que actualmente ocupa la glorieta de Bilbao.

En el siglo XVII una arroba de nieve costaba 35 maravedíes, y se utilizaba tanto para preparar bebidas como para enfriar platos. Se usaba la nieve o el hielo picado para enfriar —y aligerar— bebidas como el hipocrás, un antecesor de la sangría realizado en España desde la Edad Media a base de vino añejo, con azúcar o miel, canela, clavo, jengibre y a veces otras especias, como nuez moscada, pimienta o almizcle. Aunque se preparaba caliente, se filtraba a conciencia y se tomaba a veces con hielo. El antecesor de los cócteles bien pudiera ser la aloja, bebida hija del hidromiel a la que Nebrija cita como *aloxa*, brebaje de moros y cuya etimología nos llevaría a *al'ussa*, como algo que recibe pequeñas cantidades de varias cosas. Lope de Vega nos habla de una aloja hecha con jarabe de miel, canela y especias, entre las que sabemos no faltaban clavo, jengibre, pimienta y nuez moscada. Era por tanto una bebida fuerte, que se tomaba con añadidura de agua y nieve o hielo si lo hubiese. Fue muy popular en el siglo XVII.

La afición a las bebidas heladas corrió paralela en otros lugares de Europa, y por ejemplo en Viena se puso de moda el café con hielo también a mediados del XVII. En el *Nuevo Arte de Cocina* (1767), Juan Altamiras ya nos ofrece un interesante capítulo de refrescos que necesitan de nieve. Son aguas de limón, de canela, «agua de aurora», leche de almendras y leche helada. Para hacer los helados en casa se contaba con un recipiente llamado garapiñera, que era una vasija que servía para garapiñar o congelar los líquidos metiéndola ordinariamente en un cubo de corcho, más alto y ancho que ella, y rodeándola de nieve o hielo, con sal. El nombre de garapiña hace referencia al líquido que se congela formando grumos.

Los helados están formados en esencia por una mezcla congelada de crema de leche, azúcar y otros ingredientes que le dan sabores particulares, y en medio de todo lo cual se han quedado encerradas burbujillas de aire. Suelen tener un 10 % de grasa de leche y un 20 % en total de sólidos lácteos. El volumen del aire atrapado puede llegar a ser la mitad del volumen del helado. El contenido en grasa es el causante de su palatabilidad y textura. El azúcar sirve no solo para endulzar, sino que ayuda a que el helado funda más fácilmente, lo que hace más agradable su textura en la boca. Un helado es lo que los químicos llaman una dispersión coloidal, en donde los minúsculos cristales helados y las gotitas de grasa constituyen la fase sólida y las pequeñas burbujas de aire son la fase dispersa. Se comprende, por tanto, que es clave la agitación durante el proceso de enfriamiento, que por otra parte ha de ser rápido para que no se formen cristales grandes de hielo, lo que resulta siempre desagradable.

El superclásico: vainilla, fresa y chocolate [M. Unal Ozmen].

Los helados baratos son, por desgracia, muy fáciles de fabricar. Tienen grandes cantidades de aire, incluso superiores a la mitad de su volumen, llevan menos leche y tienden a usar más sabores artificiales (por ejemplo, vainillina en lugar de vainilla); también tienen más estabilizantes (como gelatina), emulsificantes y colorantes. Los emulsificantes y estabilizantes tratan de enmascarar la falta de la grasa de leche, pero al paladar resulta una textura más gomosa y pegajosa. Si dejamos fundir un mal helado hasta podemos ver cómo emergen las burbujas de aire. Los helados que además han sido mal conservados, y se congelan después de haberse fundido parcialmente, manifiestan una textura granulosa que denuncia la presencia de cristales de hielo grandes en su interior.

Los sorbetes se distinguen en que no llevan leche o llevan muy poca cantidad, y por lo tanto tienen muy escasa o ninguna grasa. Por ello su textura es menos untuosa y también resultan más fríos. Aunque tienen fama de contener menos calorías que los helados, no siempre es así, ya que por una parte no llevan aire en su interior, y además su contenido en azúcar es muchas veces el doble que en los helados (para contrarrestar la acidez de las frutas). Tanto helados como sorbetes pueden suponer unas 200 kcal por ración.

Helados de cucurucho

Existe una controversia sobre quién inventó el cucurucho comestible para helados. Hay testimonios de que en Francia, Alemania e Inglaterra se usaban conos de metal y de papel antes del siglo XIX. En un grabado de 1807 puede verse en la cafetería Frascati, de París, a una señorita degustando un helado de cucurucho, si bien por ese testimonio no podemos saber si el recipiente era comestible o no. Existen ilustraciones semejantes de 1820 en Nápoles, donde se ve a un vendedor ambulante de helados que dispone de recipientes cónicos de vidrio para sus clientes, los que suponemos reciclaría con más o menos preocupación por la higiene.

Hasta donde uno pudo saber, la idea de colocar el helado en conos comestibles está por vez primera en el libro de cocina *Mrs. Marshall's Cookery Book* editado en Londres en 1888. Esta es la referencia más antigua que tenemos sobre un cucurucho comestible. Al otro lado del Atlántico, en septiembre de 1903, el inmigrante Italo Marchiony registró en Estados Unidos una patente de un molde para fabricar varios conos a un tiempo. Posteriormente también afirmó que él había fabricado cucuruchos desde 1896.

La popularización del invento está ligada a la Feria Mundial de San Luis (Missouri, EE.UU.), que tuvo lugar en 1904, y se cuentan historias, en su mayoría concordantes, de que un día de julio un vendedor de helados se quedó sin recipientes y acudió a su vecino, un árabe que vendía *zalabia*, una especie de barquillos o crepes redondas, quien le enrolló una en forma de cucurucho, lo que sirvió como nuevo recipiente para los helados, y tuvo un éxito extraordinario.

Helados servidos en cucuruchos o conos [Elena Veselova].

46. *Setas y otros frutos del otoño*

En otoño, el bosque huele a humus, una palabra que en latín significa tierra, y que nuestra cultura hermanó con otras que nos implican directamente como humano/a, humanidad o humanismo. Por mucho que pueda apetecernos en esta ocasión, humus no tiene relación etimológica con humedad, que viene de la contracción de *umiditas, -atis*, a la que luego regalaron artificiosamente la hache inicial. Con independencia de que la humedad sea muy importante en esta cuestión de aromas otoñales, tampoco lo es todo. El olor del bosque en otoño es un abanico amplísimo en donde solamente las setas ofrecen, según los micólogos, unos 278 aromas diferentes. Si pensamos en que a la hora de apreciar las comestibles nuestras papilas gustativas pueden apreciar más de cien sabores de setas, comprenderemos por qué estos frutos del bosque pueden ser en sí una buena excusa para una excursión al monte.

En los bosques de España existen multitud de setas diferentes, pero los aficionados solo recogerán dos o tres especies, aquellas que se conocen bien, aceptando que las otras son venenosas por definición. Nunca estará de más repetir que jamás debe comerse una seta recogida en el campo que no se conozca perfectamente, y todos sabemos que hay algunos parecidos peligrosos. No existe receta ni fórmula sencilla alguna para distinguir las setas venenosas. Entre las comestibles más populares están los boletos, sobre todo el

Recipiente con rebozuelos, una seta exquisita y fácil de identificar [fotografía del autor].

Boletus edulis, el níscalo (*Lactarius deliciosus*), el rebozuelo (*Cantharellus cibarius*), la seta de cardo (*Pleurotus eryngii*), la colmenilla o morilla (*Morchella esculenta*) y el perrechico o seta de mayo (*Calocybe gambosa*). El cultivo ha extendido el consumo de otras variedades de setas, como el champiñón (*Agaricus bisporus*) o la equívocamente llamada seta de cardo (en este caso se trata de la especie *Pleurotus ostreatus*).

Entre las primeras en aparecer tras el verano está la oronja (*Amanita caesarea*), que crece sobre todo en bosques planos y soleados de alcornoques, encinas, castaños y robles. Siendo la seta más hermosa que uno puede encontrarse es también la más exquisita. El sombrero es de un color anaranjado intenso, mientras que el pie y las laminillas son amarillas. Al nacer aparece envuelto en un huevo blanco (uno de los nombres de esta seta en catalán es *ou de reig*), que luego se abre mientras el sombrero crece. Puede consumirse cruda, en láminas finas, con una vinagreta muy suave y unas arenas de sal. A la plancha, frita y en otras preparaciones también resulta excelente. Es también una de las más escasas, con lo que resulta una seta especial, que justifica su precio en el mercado.

En mis viajes a Barcelona no suele faltar una visita al espectacular puesto que Llorenç Petràs tiene en el Mercado de La Boquería (Petràs Fruits del Bosc). De acuerdo con su cartel, el establecimiento ofrece en general frutos y productos comestibles del bosque (trufas, setas, frutos rojos, caracoles, hierbas aromáticas…) y alguna que otra exquisitez gastronómica, pero es absolutamente inigualable en cuestión de setas. Semeja que allí se quiere exhibir una porción de la naturaleza, y ha de decirse que en esta época del año los aromas y colores de las setas que allí vemos nos podrían hacer creer que estamos en el bosque. Se presentan las mejores variedades de cada estación y en todo momento ejemplares secos de extraordinaria calidad.

Existen recetas polivalentes que sirven para distintas variedades de setas, y también para mezclas de ellas, como puede ser el ponerlas a la plancha, saltearlas en aceite con un toque de ajo o acompañarlas con huevos en revuelto, pero entre las especies citadas, algunas preparaciones constituyen para mí caprichos de cada otoño. Por ejemplo, me gusta tomar los boletos salteados en una mantequilla donde previamente se ha pochado cebolla rallada; los níscalos —que son grandiosos a la parrilla— acompañan muy bien a una liebre o conejo de monte; y los rebozuelos se convierten en angulas si van cortados en tiritas y preparados al ajillo. Aunque son setas de primavera, las colmenillas son las que mejor aceptan el secado, de modo que incluso ganan en intensidad de aroma; van bien con una bechamel muy ligera, que acepta la presencia de pimienta recién molida. Tienen una oquedad que permite rellenarlas... por ejemplo, con hígado de pato.

Las trufas son las reinas entre los frutos del bosque, calificadas por Brillat-Savarin como el diamante de la cocina. Es un hongo que crece bajo tierra, lo que hace que sea difícil de encontrar. Antiguamente para buscarlas se utilizaban cerdos, capaces de detectar su presencia aunque estén muy enterradas, dicen que por la semejanza de su olor con alguna hormona sexual, pero a veces era inevitable que se las comiesen. Hoy se emplean perros adiestrados. Existen en España dos variedades; la trufa blanca, que se encuentra en verano, y por ello lleva el nombre científico de *Tuber aestivium*, y la trufa negra, propia del invierno (*Tuber melanosporum*). La negra es notablemente de mayor calidad. Una pequeña porción sirve para aromatizar el plato que se desee. Con poner unas ralladuras en un litro de aceite tendremos a disposición durante meses un aderezo extraordinario para ensaladas especiales.

Mucho más que setas

A partir de la fraga de Cecebre, Wenceslao Fernández Flórez se imaginó un bosque donde los árboles hablaban, y entre otras cosas se dolían de algunas actuaciones humanas. Muchos lectores conocerán la novela, o bien alguna de sus versiones cinematográficas. Se trata de un hermoso homenaje a un ecosistema que estamos olvidando de forma dramática y donde se da una extraordinaria diversidad biológica. Seguro que Caperucita, Pulgarcito, los enanitos de Blancanieves y muchos otros personajes de literatura infantil lo conocían mejor que nuestros niños. Sabrían distinguir las setas y las bayas de arbustos y matorrales, sabrían diferenciar por sus hojas, sus cortezas y sus frutos los árboles caducifolios y las piñas de las coníferas. Es imprescindible, y urgente, que cuidemos y respetemos el bosque.

Entre los frutos del bosque quizás sean las castañas los que han tenido una utilización más amplia en la cocina. Asadas, cocidas y aromatizadas con anís, en puré como guarnición de caza mayor o convertidas en *marrón glacé* —una exquisitez postromántica—, los frutos indehiscentes del árbol *Castanea sativa* son conocidos por todos. Antes, hasta se fabricaba un pan con la harina obtenida tras secarlas. Para quienes quieran experimentar, copio una receta de castañas adobadas que se usaba en la España del Siglo de Oro. Está recogida en el *Libro del Arte de Cozina*, de Domingo Hernández de Maceras (1607) y dice así: «También se pueden dar adobadas, tomándolas medio cozidas con su agua, y sal, y azeite, se tomará canela, clavo, y jengibre, y azafrán, y miel, y se le echará, de suerte que cueza con todo este recaudo; y ha de tener poco caldo cuando se le eche este recaudo, y no se han de deshacer».

41

Anno 1718.

Ist diſer groſse Luchs da er ein Haupt-Schwein angefallen, von ihme bey durchfahrung einer Dickicht-
abgeſtreift, in dem Tübinger Forst, von einem Hochfürſt. Wirtenbergiſchen Jäger, da er auf ein
Rehe angeſtanden geſchoſsen worden.

Este aguafuerte de 1745, obra de Johann Elias Ridinger, muestra una
inusual escena venatoria, un lince y un jabalí pelean mientras el cazador,
apostado en un árbol, trata de fijar el blanco [Wellcome Collection].

292

47. Jabalí, la caza más antigua

Se acepta comúnmente que la caza del jabalí es la más antigua de las artes venatorias. Tenemos la certeza de que el ser humano ha consumido esta carne desde hace al menos 10.000 años, y sabemos que en la península ibérica también se ha cazado desde la Prehistoria el hermoso cerdo salvaje, considerado por los celtas como animal sagrado, rey del bosque. Era una caza belicosa, casi cuerpo a cuerpo, contra un animal fiero y con una piel tan gruesa que se convierte en armadura. Para abatirlo, antes de emplear la ballesta se usaba una lanza corta que recibió el nombre de jabalina. Así fue durante siglos, en los que, en general para la caza mayor, reservada a reyes y nobles, se utilizaban perros de distintas razas, como podencos o sabuesos. De todos los grandes mamíferos salvajes, el *Sus scrofa* es el único que vivió siempre en España, sin haber sido reintroducido. Durante muchas épocas fue incluso tan abundante que resultaba perjudicial para las cosechas.

Al leer las aventuras de Astérix supimos de la afición del entrañable Obélix por los jabalíes, y ello habrá contribuido a despertar en muchos de nosotros el mito y el prestigio de esa carne. Obélix detestaba que los ingleses lo preparasen en salsa de menta, por mucho que en la realidad histórica el noble maestro de gourmets Marcus Gavius Apicius (s. I) da una receta de salsa caliente para el jabalí asado a la que pone menta (¡no olvidemos que Apicius era romano, y por tanto Obélix pondría en duda su salud mental!). Ni quito ni pongo rey, pero en nuestros días leemos que el genial Alvaro Cunqueiro recomendaba la menta para el adobo: «Al entero sabor del jabalí, (...), se le domeña con las oportunas sazones, en todas las cuales entra el vinagre (...) usad la menta, que es tan fina y carnosa en los huertos de los pazos ullanos y en las solanas de las mariñas betanceiras, en su tiesto de barro de Buño, aquí quizás más breve y franciosa. Usad todas las finas hierbas, desde el perejil hasta el estragón: pero no uséis las cebollas».

El jabalí pertenece a la misma familia que el cerdo doméstico, pero su carne es muy diferente. La capa de grasa es bastante más delgada que la del cochino, y la carne, más proteica, a su vez contiene menos grasa. Entre las proteínas que contiene es particularmente rica en tejido conjuntivo, lo que convierte la carne en dura y consistente, y por tanto precisa de una cocción prolongada, lo que por otra parte antiguamente servía también para garantizar que se eliminasen posibles gérmenes patógenos. Se trata de un alimento rico en hierro y fósforo, que contiene además cantidades importantes de magnesio y potasio. En cuanto a su aporte vitamínico, es carne que destaca principalmente por contener vitaminas del grupo B. Sin embargo, y como toda la caza también presenta algún inconveniente: el músculo suele contener una cantidad elevada de ácido láctico, que posteriormente se puede convertir en ácido úrico.

En general, la caza no suele consumirse recién sacrificada, pues resulta dura y de poco sabor. Si se cuelga durante varios días en un lugar fresco, los enzimas liberados causan una reacción química que rompe las proteínas, dando lugar a aminoácidos, con lo que la carne se ablanda y adquiere un sabor más intenso. Hasta hace poco tiempo, incluso algunos disfrutaban de la caza «pasada», esperando, por ejemplo, a que las aves se desprendieran solas del gancho donde se colgaban por la cabeza. Para ablandar y aromatizar la caza mayor basta con dejarla macerar un día en una marinada.

Aunque existen muchas variantes, todas las marinadas llevan aceite de oliva, para unificar los sabores, y un ácido (vinagre) para ablandar la carne. Además pueden ponerse las hierbas que más agraden, así como cítricos y también vino o destilados. Mis aficiones particulares me hacen poner pimientas y también bayas de enebro. Hay quien prefiere no cocinar la carne al salir de la marinada, haciendo que primero repose en la nevera sobre una rejilla, escurriéndose bien.

Salvo lo advertido para la caza, suele decirse que el jabalí admite las mismas recetas que el cerdo, si bien, como puede imaginarse, los resultados difieren tanto como las carnes de partida. En caso de que se trate de un ejemplar de pequeño tamaño, puede asarse entero, del mismo modo que el cochinillo. Los muslos y la cabeza están considerados como las piezas más exquisitas. La carne más tierna puede cocinarse frita, a modo de escalopes, mientras que con los muslos suelen prepararse asados, guisados o estofados. Los acompañantes ideales son también productos del otoño: castañas, setas y mermeladas de manzanas o frutos del bosque. El lomo de jabalí (mejor de animal joven y, si no, castrado inmediatamente tras la caza, pues de otro modo desprendería un desagradable olor amoniacal) puede adobarse como el cerdo, con ajo, pimentón, sal y orégano, durante cuatro días, para luego asarse una vez untado con manteca de cerdo. La pierna puede prepararse curada, dando un producto que, dada la ausencia de grasa, recuerda más a una cecina que al jamón de su pariente domesticado.

El jabalí se adapta a todo tipo de medios, siempre que encuentre agua para calmar su sed y tomar baños de barro, lo que necesita para eliminar parásitos y para su regulación térmica, pues tiene las glándulas sudoríparas atrofiadas. Esos baños suponen también una actividad de relación entre ellos. Son muy sociables y se desplazan en grupos de dos a cinco animales formados por hembras y sus crías. Exceptuando el período de celo, los machos de más de dos años son más bien solitarios. Es un animal omnívoro que prefiere los vegetales y complementa su dieta con algunos invertebrados. Vive en todas las regiones de la España peninsular, y su población va en aumento de modo que muchos agricultores conocen bien las andanzas nocturnas de estos animales por maizales, patatales, huertas y encinares. Por ello, por el aprecio a su carne y por la satisfacción cinegética resulta protagonista de casi todas las modalidades de caza mayor existentes en nuestro país, en general, entre octubre y enero.

Estofado de jabalí con patatas [Marian Weyo].

Cabeza de jabalí

No deja de ser curioso que los libros de cocina españoles a lo largo de la historia no contengan recetas para la carne de jabalí, salvo para preparar un fiambre con su cabeza. La que sigue se basa en la que da Ángel Muro en *El Practicón* (Madrid, 1893):

> *Tras chamuscar y limpiar perfectamente la cabeza, se abre por debajo y se le quitan los huesos, separando la carne de la piel, con cuidado de no perforar esta. Se corta la carne en trozos de regular tamaño, añadiendo las orejas y, si se desea, algo de lomo del mismo animal. Ese picado —al que para mayor refinamiento podríamos añadir trufas y pistachos— se sazona con sal y pimienta, nuez moscada y clavo. Se deja en un barreño durante una semana. Luego se rellena con esta picada la cabeza, cosiéndola y dándole forma con un bramante, para luego cocerla durante 10 horas en un agua con zanahorias, laurel, ajo y las finas hierbas que gusten. Una vez cocida, se envuelve en un paño para estrujarla y quitarle el agua. Se corta en lonchas y se sirve como fiambre.*

La «cabeza de jabalí» que compramos en las charcuterías se fabrica normalmente con cerdo, ibérico en las mejores versiones, donde suele apreciarse la presencia de carrilleras y lengua con aspecto magro y sonrosado. Además de servirla como entremés, puede cortarse en dados para formar parte de ensaladas o bien constituir un plato: hacemos lonchas de un centímetro de grueso, y luego se calientan a horno muy suave (80 °C), para servirlas con guarnición, de nabos, por ejemplo.

Pollo asado con ajo y romero [Mara Ze].

48. *Aves para un banquete*

Como tantas y tantas cosas en nuestra cultura, la presencia de animales de pluma en los banquetes se la debemos a los romanos, muy aficionados a la cría de aves, que eran convenientemente alimentadas para llegar al sacrificio que exigía su posterior consumo. Dicho quede, porque de entonces, por lo menos, nacen nuestras aficiones, y hoy es frecuente que en los banquetes, por ejemplo navideños, nos encontremos con una mesa que otorga protagonismo a un capón, pularda, faisán, pavo o gallo de corral. Veremos las aves asadas, y en muchos casos, rellenas. En su interior se habrán puesto frutas enteras o picadas, como manzanas, ciruelas pasas y castañas, que se amalgamaron con miga de pan mojada en leche, también huevo batido y a veces vino de jerez. Otros rellenos se hicieron a base de carnes picadas y jamón, y gozan de particular carácter los elaborados con ostras.

La que es hoy más popular de las aves domésticas, el pollo, tardó en llegar a las mesas de Occidente. Se cree que no fue hasta unos 500 años a. C. cuando pollos y gallinas irrumpieron en la cocina de los griegos. Antes, las preferencias eran para los patos, los faisanes y las pintadas, y sobre todo, para las ocas o gansos. Desde tiempo inmemorial se sacrificaban ocas y se realizaban ofrendas a los dioses en los cambios de estaciones. En particular, el comerse una oca —símbolo del Sol ya para los antiguos egipcios— en el solsticio de invierno tenía como objeto asegurarse de que los días volverían a cre-

Naturaleza muerta con capón y limón, y *Naturaleza muerta con capón, ostras, pan, pastas, limón y aceitunas*, de David Ryckaert II, c. 1616.

cer y el astro rey recuperaría su poder. En ello tenemos, sin duda, un antecedente de la celebración de la Navidad, y hay que resaltar que el consumo de oca en esta fiesta continúa siendo tradicional en algunos países europeos.

En el año 162 a. C. los romanos contemplaron cómo para limitar el consumo de grano se prohibía, mediante la ley Faunia, el sacrificio de gallinas. Para seguir la ley al pie de la letra no se les ocurrió otra cosa que inventar el capón, por el drástico procedimiento de suprimir a los pollos su masculinidad. Los animales castrados engordaban más de lo normal, como le sucedía a los eunucos. Pronto los capones y pulardas se convertirían en candidatos preferidos para llegar a la mesa en un día de fiesta. La castración de los pollos se realizaba extirpándoles quirúrgicamente los testículos, situados en el abdomen, cuando el animal tenía entre las dos y las cuatro semanas. Como resultado de la falta de hormonas sexuales masculinas, el capón no desarrolla o pierde algunas características relacionadas con el instinto sexual, no pelea ni canta y se vuelve dócil; al gastar menos energía engorda más fácilmente y produce más grasa. No le crece la cresta, con lo que su cabeza se hace más pequeña. Su carne, y este es el objetivo, es mucho más delicada.

Dice la marquesa de Parabere que fueron los habitantes de Cos, la isla del Egeo patria de Hipócrates, quienes enseñaron a los romanos a cebar capones, dando origen a una tradición que se ha convertido en milenaria. Antiguamente se les alimentaba con una pasta elaborada a partir de tres harinas (trigo, centeno y castañas) y leche. Los más reconocidos hoy día en España son los de Villalba, en la provincia de Lugo. Se escogen pollos amarillos nacidos en abril, y se cuida de que no estén sujetos a la lluvia ni al frío. En la actualidad ya no se les capa. En el mes de noviembre se ponen en una especie de jaula de mimbre o cajón con red metálica situada en lugar cálido y con poca luz, donde son cebados durante cuarenta jornadas, forzándolos a comer tres veces al día unas bolas formadas con una pasta de maíz amarillo triturado y patata cocida, que se amasa con agua hervida y vino blanco o leche. La buena alimentación, la inmovilidad y el calorcillo les invita a dormir… y engordar.

La llegada del pavo desde América supuso el indulto navideño de muchas ocas y capones en nuestro continente. Parece que ya en 1511 llegaron a España ejemplares de pavo domesticado (*Meleagris gallopavo*), animal que Cortés había visto cuando llegó a México, y aunque se sigue citando que el debut oficial en Europa de este animal como manjar gastronómico tuvo lugar en 1570, en el banquete nupcial de Carlos IX de Francia, hoy existen referencias anteriores de su cría vinculadas a la corte de Margarita de Navarra y se sabe de un banquete de Catalina de Médici en 1549 donde se sirvieron 66 pavos. Según Brillat-Savarin, que lo calificó como «uno de los más bonitos regalos que el nuevo mundo ha hecho al viejo continente» el pavo fue importado a Europa por los jesuitas, que los criaban en grandes cantidades.

Las carnes de aves presentan diferencias tan notables que hacen que ofrezcan manjares muy diferentes. Vemos, por ejemplo, que la pechuga de los pollos, como la de los pavos, es carne blanca, mientras que en el caso de patos y palomas presenta color rojo. La razón de ello estriba en que el pollo es un ave que no vuela, utilizando las alas únicamente para una huida de emergencia; en consecuencia, los músculos que las mueven son de contracción rápida y obtienen su energía quemando glucógeno, sin necesidad de mioglobina, que es el pigmento que le daría la coloración roja. Para poder volar, y en general para todo trabajo continuado, se necesitan músculos de contracción lenta, que obtienen su energía quemando grasas en una combustión que consume gran cantidad de oxígeno, que obtienen de la roja mioglobina. Cuanto más fibras de contracción lenta hay en un músculo, más roja es la carne. Ese es el motivo de que la carne de muslo o pescuezo de los pollos, que no paran de moverse, sea también roja.

Diccionario de aves navideñas

CAPÓN. Es el pollo que se castra y ceba para su engorde. Su carne es más fina y suave que la del pollo. Suele alcanzar los 5 kg.

CODORNIZ. Ave pequeña, bien adaptada a la cría en granjas. Hoy es popular el consumo de su carne y sus huevos. Muchos aún recuerdan el sabor de las codornices salvajes.

FAISÁN. Es ave de caza, pero también se cría en granjas. La carne de las hembras —algo más pequeñas y de plumaje menos vistoso— es más tierna y sabrosa que la de los machos.

GALLINA. Aunque se destina casi exclusivamente a la producción de huevos, se sacrifican a los dos años. Tienen la grasa amarilla y la carne un poco dura, pero sabrosa.

GALLO. Se distingue por su cresta roja, sus espolones y el plumaje de su cola. Es de carne mucho más sabrosa, aunque más dura, que la de pollo. En pepitoria alcanza su cenit.

OCA O GANSO. Animal de antigua tradición. Difícil de encontrar fuera de Navidad. Carne muy grasa pero exquisita. Tratamiento culinario semejante al pato, sobre todo en *confit*, cociéndolo en su propia grasa.

PALOMA. Los ejemplares jóvenes, de carne blanca, se llaman pichones. Pueden ser salvajes o de cría. Las mayores, de carne rojo oscuro, sirven para sopas y estofados.

PATO. La parte más apreciada, además del hígado o *foie gras*, es la pechuga o *magret* (que curado se vende como «jamón» de pato). Con patas y alas se prepara el *confit*.

PAVO. Puede pesar de 3 a 8 kg. Es ave emblemática en Navidad, casi tan popular como el pollo. Suele prepararse asado al horno, con diferentes rellenos.

PERDIZ. Aunque siguen existiendo salvajes, comienzan a

proliferar las de cría en granjas. Son más sabrosas las hembras que los machos.

PICANTÓN. Es un pollito de menos de medio kilo de peso. Carne muy tierna pero poco sabrosa.

PINTADA (gallina de Guinea). Parecida a la gallina, es un ave que nunca se ha domesticado por completo, ya que necesita espacios amplios para vivir. Su carne recuerda algo a la caza.

POLLO. La calidad de su carne depende de la raza y la alimentación que ha recibido. Los procedentes de granja tienen mayor cantidad de grasa y una carne más insípida que los llamados «de corral».

POLLO TOMATERO (*coquelet*). Es un pollito joven, algo mayor que el picantón, y más apreciado.

PULARDA. Se llama así la hembra del pollo cebada de modo similar al capón. Se considera que su carne es más fina y suculenta.

49. *Turrón y mazapán: la Navidad española*

El turrón vuelve a casa por Navidad. A muchos nos gusta vincular manjares y celebraciones gastronómicas a un tiempo o lugar, absteniéndonos voluntariamente del disfrute de su consumo en otras circunstancias. Se trata de manías con cierto fundamento. En mi caso, el mejor ejemplo está en el turrón; tradicionalmente, en casa de mis padres se tomaba el turrón por primera vez tras la cena de Nochebuena y seguía presente en los postres junto a los demás dulces navideños hasta el día de Reyes, y entonces desaparecía para el resto del año. Es curioso, pero aquella costumbre rigurosa —que sigo manteniendo— no incluye otros dulces navideños, como peladillas, higos o uvas pasas, alfajores, polvorones y demás, que tienen otras oportunidades durante el año. El consumo del turrón es un rito navideño.

El turrón por antonomasia es blando o duro. Si quiere uno ser menos riguroso, también podría llegar a incluir en esa familia los de guirlache, de yema o los que contienen frutas escarchadas. La clave es que los ingredientes fundamentales sigan siendo almendra y azúcar o miel. Por un capricho que confío me disculpen, me niego a considerar turrones las tabletas dulces confeccionadas a base de coco o chocolate. Aceptando que el origen está en la miel y almendra, sabemos que el consumo de lo que hoy denominamos turrón se remonta en el área levantina al menos a la Edad Media, si bien hoy catalanes y alicantinos se siguen disputando la paternidad del producto, llámese *turró*, *torró* o *terró*. De momento,

Tableta de turrón blando [Silvia Pascual].

que yo sepa, no existe testimonio escrito que pueda dilucidar la cuestión. Hoy llamamos «de Jijona» al turrón blando, con un color homogéneo —fruto de una cuidadosa molienda— entre miel y tostado, hecho a base de almendras, miel, azúcar y clara de huevo. El turrón de Alicante presenta la almendra fundamentalmente entera, aglutinada por una masa de miel, azúcar y clara de huevo que se remata con obleas de trigo.

Don Francisco Martínez Montiño, cocinero mayor del rey Felipe II, en su libro *Conduchos de Navidad* (Alicante, 1585) afirma que «en todas las casas de Jijona huele a miel», lo que motiva que se dé por sentado que en todas ellas entonces se fabricaba turrón. Existen también documentos de la época (1588) que acreditan que los jijonencos comercializaban turrón a finales del XVI. Este turrón contenía, además de miel y almendra, azúcar y huevo. Si hasta entonces se trataba de un producto estacional y de consumo geográficamente limitado, la producción se vio fundamentalmente desarrollada a finales del XIX por la mecanización, con fábricas que empleaban el vapor y luego la electricidad. La ampliación de las redes comerciales hizo que el consumo del producto se extendiese por toda España y países de América.

Suelen situarse los orígenes del mazapán en los dulces de almendra que los árabes introdujeron por la cuenca mediterránea en el siglo VIII. De hecho, en el año 1085, cuando tiene lugar la reconquista de Toledo por Alfonso VI, parece que allí existía una comunidad mozárabe que tenía por costumbre tomar una pasta de almendra con azúcar en sus reuniones de navidad. El origen de la palabra mazapán es confuso, habiendo quien lo vincula a la figura de un rey sentado (en árabe *Mantha ban*), y a la heráldica del Reino de Toledo, aunque a decir verdad uno piense en Ciudad Real y Alfonso el Sabio cuando se le menciona esa relación. La referencia escrita más antigua que podemos traer sobre el turrón está en una obra del siglo XIII, y trata de una golosina árabe llamada *gataif* obtenida al freír porciones de una pasta hecha con azúcar, almendras, agua de rosas y varias especias.

La primera receta del mazapán la encontramos en el *Libro de Cozina* de Ruperto de Nola, impreso en Toledo en 1525. En él se indica «Tomar almendras escogidas y sanas y bien mondadas en agua herviendo, y majarlas muy bien mojando la mano del mortero en agua rosada porque no se hagan aceitosas, y despues de bien majadas echar tanto açucar exaropado como seran las almendras: y sea muy molido: y passado por tamiz de seda: y hazer buena pasta encorporandole poco a poco el açucar: y no con grandes golpes porque no se haga viscosa la pasta: y estiendelos muy bien». Solo falta cocerlo a horno templado y «darle lustre». Los mazapanes que hoy se hacen llevan muchas veces también miel y clara de huevo.

La almendra es la semilla del *Prunus amygdalus* L., árbol caducifolio muy ramificado de corteza rugosa y estriada que explosiona pletórico de flores blancas tan pronto desaparecen las heladas y la temperatura alcanza unos 6 °C. Es entonces, mientras los demás árboles presentan un aspecto invernal, cuando los almendros exhiben toda su belleza. Es un árbol rústico, de la familia de las rosáceas, que tolera bien las sequías y que comenzó a plantarse en Europa en el siglo iv a. C. Entre julio y septiembre se recolecta la almendra, tradicionalmente vareando las ramas y recogiendo el fruto

Figuritas de mazapán [Ana Martínez de Mingo].

en mantas. Las nuevas tecnologías ahorran mano de obra empleando un robot recolector que consigue la «vibración del árbol» para provocar la caída del fruto.

La almendra para el turrón puede ser de distintas variedades (marcona, largueta, comuna...), todas dulces, cosechadas en Valencia y Baleares, si bien la preferida es la marcona, que se emplea repelada y con un grado de tueste que depende del fabricante. Para los turrones blandos se suele tostar un poco más que para el turrón duro. Las almendras son ricas en fósforo, calcio y hierro. Contienen más de la mitad de su peso en grasa, donde predominan los ácidos grasos insaturados, lo que las convierte en saludables para las personas con problemas de colesterol.

Números de Navidad

— Una figurita de mazapán tiene entre 120 y 180 kilocalorías.
— El turrón de Jijona protegido (I.G.P.) ha de tener un 64 % de almendra.
— En la provincia de Toledo se hacen cada año entre 3 y 5 millones de figuritas de mazapán.
— Entre septiembre y diciembre, en Jijona más de 2.000 personas se dedican a la fabricación de turrón.
— El turrón duro tiene un 16 % de proteínas.
— Cada gramo de turrón aporta unas 5,7 kilocalorías.
— El mazapán de Toledo ha de tener como mínimo un 26 % de materia grasa.
— Dos terceras partes de la grasa de las almendras son de ácido oleico.
— 100 gramos de almendras contienen 240 mg de calcio.
— El turrón de Alicante tiene un mínimo del 10 % de miel pura de abeja.

Sexta parte

Curiosidades

Cesto de frutas, de Caravaggio, c. 1599 [Pinacoteca Ambrosiana].

50. *Manzana: la fruta prohibida*

A finales del siglo XVI y comienzos del XVII empezaron a pintarse las llamadas «naturalezas muertas»; ello sucedía en las *botteghe*, talleres de pintura italianos, y hoy, en consecuencia, también llamamos bodegones a los lienzos de esa temática. Se suele considerar que el *Cesto de frutas*, de Caravaggio, fue el primero de ellos. Ese cesto reúne hojas y frutas del final del verano: higos, manzanas, membrillos, peras y uvas; pintado con gran maestría, es un símbolo de las fiestas de recolección y del orgullo de la cosecha. La fidelidad del artista hace que en él se combinen elementos plenos de madurez y lozanía con otros que presentan manchas y colores premonitorios del otoño. Se trata, a un tiempo, de mostrar el atractivo de la tentación junto al carácter efímero de la vida y los placeres. En nuestra cultura esa dualidad quedó patente en el mito del jardín del Edén y el fruto prohibido.

La manzana es, desde antiguo, la fruta por antonomasia, y supongo que por eso ya desde el siglo V se identifica con ella el fruto del paraíso, un detalle que la Biblia nunca concretó. El Génesis nos dice exactamente: «Vio, pues, la mujer que el árbol era bueno al gusto y hermoso a la vista y deseable para alcanzar por él la sabiduría, y tomó de su fruto y comió, y dio de él también a su marido, que también con ella comió» (Gen 3, 6). Es decir, no sabemos cuál era el fruto que comieron, pero una pista podemos tenerla en el versículo siguiente, donde se narra que entonces fue cuando Adán y

Eva se dieron cuenta de que estaban desnudos y «cosieron unas hojas de higuera» para taparse. Si la higuera estaba en el lugar de autos, lo más probable —digo yo— es que fuera el higo el dulce fruto prohibido que gozaron en su ingenua desnudez.

Ignoro los motivos por los que la manzana ha suplantado al higo como símbolo del fruto pecaminoso, y el manzano (*Malus pumila*) ha privado a la higuera (*Ficus carica*) del honor de ser el árbol de la ciencia. El higo aventaja a la manzana en dulzura, calorías, proteínas e hidratos de carbono. De los preocupados por la salud escuchamos además que por las pepitas y fibra que tiene es muy adecuado para el estreñimiento, e incluso que es una rica fuente de benzaldehído, agente anticancerígeno. Era un fruto muy estimado por las antiguas civilizaciones, y en la Antigua Grecia, por ejemplo, se cuidaban de que la dieta de los atletas fuera rica en higos. Los romanos consideraban a la higuera un árbol sagrado y la tradición hindú afirma que su madera fue la utilizada para el fuego con el que los dioses traspasaron el conocimiento a los hombres. En muchos lugares de Asia el higo es considerado un poderoso afrodisíaco, lo que no es de extrañar si consideramos aspectos formales.

Como el manzano es un árbol que necesita del reposo invernal, que no es posible si la temperatura media no baja de 9 °C, la manzana es fruta propia de las regiones templadas y algo frías. Es hoy la fruta más cultivada en todo el mundo, cosechándose más de 7.000 variedades diferentes. Utilizadas en crudo, para asar o en compotas, para postres, mermeladas y jaleas o para la fabricación de sidra o destilados (como el Calvados), constituyen una de las frutas de más amplia versatilidad, en consonancia con la enorme variedad de sus formas, tamaños, aromas, texturas y colores, que por ejemplo recorren todas las gamas del verde al rojo, pasando por los amarillos y los pardos. Mis recuerdos están en la camuesa, una manzana grande, algo más ácida que la Golden, dulce y sabrosa, que se asaba maravillosamente, a veces aportándole azúcar y manteca de cerdo o mantequilla.

Indicada para problemas del sistema gastrointestinal, la manzana tiene amplia reputación entre los profesionales de la salud, y en inglés lo han recogido de forma proverbial: «*An apple a day keeps the doctor away*». Contiene vitamina C y pectina, una fibra soluble, además de ácido málico y tartárico. No es fácil el inventario: en una manzana se han identificado hasta el momento 33 alcoholes, 23 aldehídos y cetonas, 16 ácidos, 62 ésteres diferentes y más sustancias. Pero no solo la manzana interesa a los médicos, biólogos y químicos. Recuerdo las clases de física cuando los alumnos trataban de investigar por qué flotan las manzanas. Resulta que las células no están empaquetadas de modo muy compacto, quedando entre las paredes de las mismas unos huecos de aire, que representan entre el 20 % y el 25 % del volumen total de la fruta.

Al margen de su valor didáctico, dietético y culinario, destaca la manzana simbólica, polivalente, fresca y casi siempre lozana. (Nunca he oído decir que nadie estuviera sano como un higo, ni como una naranja). Desde la conocida manzana de la discordia, en aquella historia griega en que Paris, nombrado por Zeus juez de la belleza, opta por dar la manzana de oro a Afrodita, con el natural enojo de las otras dos pretendientes, conocemos muchas manzanas famosas, como la envenenada de Blancanieves, la gravitacional de Newton, la asaetada de Guillermo Tell, la dividida de los Beatles, la grande de Manhattan, las de oro del jardín de las Hespérides o la mordida de mis ordenadores preferidos. No es necesario que siga siendo la fruta prohibida, reconozcamos ese papel simbólico a los higos.

La manzana de Newton

En el jardín de Woolsthorpe Manor (Lincolnshire, Inglaterra), la casa de campo donde Newton se refugió en 1665 de la peste bubónica que azotaba Londres, hay un viejo manzano que se dice procede de rebrotes del mismo árbol que en aquel otoño provocó la idea de gravitación. Es un ejemplar de la variedad Flower of Kent, que produce una manzana grande que suele consumirse en compotas, mermeladas, tartas y también en ensalada. Parece que el árbol original se conservó hasta 1814, cuando cayó durante una tormenta, y su madera se utilizó para hacer sillas. Por entonces ya se habían obtenido varios injertos de aquel árbol, y hoy existen docenas de clónicos del mismo plantados en los jardines de distintas facultades de física de todo el mundo. Uno de ellos está en las proximidades de la coruñesa Casa de las Ciencias.

Manzana de Newton, caída al pie del árbol en la Casa de las Ciencias (La Coruña, España) [Marcos Pérez Maldonado].

Aunque hay autores que dudan de su autenticidad, lo cierto es que la famosa anécdota de la caída de la manzana se remonta a los mismos tiempos de Newton, y fue difundida por Voltaire, quien afirma en sus *Elementos de filosofía* que se la certificó la sobrina de Newton. Con estas palabras lo cuenta William Stukeley, un médico y arqueólogo inglés que visitó a su amigo Isaac Newton en 1726:

Después de comer hacía calor, y salimos al jardín a tomar el té. Estábamos él y yo solos, a la sombra de los manzanos. Entonces, entre otras cosas, me contó que estaba en la misma situación que cuando se le ocurrió, hacía muchos años, la idea de gravitación. El motivo había sido la caída de una manzana, ¿Por qué había de caer siempre esa manzana en dirección perpendicular al suelo?, se preguntó. ¿Por qué no iba hacia un lado, o hacia arriba, sino constantemente hacia el centro de la Tierra? Con certeza, la razón debía estar en que la Tierra atrae a la manzana. Tenía que haber una fuerza atractiva en la materia, y la suma del poder atractivo de la materia terrestre debía estar en el centro de la Tierra, no en otro lado. Por eso cae perpendicularmente, o hacia el centro, esa manzana. Si la materia atrae así a la materia, debe ser en proporción de su cantidad. Por consiguiente la manzana atrae a la Tierra tanto como esta a la manzana. Existe un poder como el aquí llamado gravitación, que se extiende a través del Universo.

La popular lata de sopa de tomate Campbell [DCW Creations].

51. *¡Aquí hay tomate!*

Andy Warhol pintó y serigrafió en los años 60 del siglo pasado, más de un centenar de veces, las latas de sopa de tomate Campbell, tratando de ilustrar su redefinición del arte en clave popular. Señalaba como pretexto para haber escogido ese tema el que su madre se la había puesto para comer todos los días durante veinte años. Nunca un producto comercial ha tenido un respaldo tan grande desde el mundo de la cultura, y Warhol estaba encantado de haber exhibido la falta de fronteras entre el arte y el comercio. Para conmemorarlo, en abril de 2004, la empresa quiso hacer un homenaje al artista poniendo en el mercado una edición restringida de latas de la famosa sopa de tomate con etiqueta en cuatro versiones de distintos colores, rompiendo así la tradición que había identificado sus productos desde 1898.

En 1897 la empresa de conservas vegetales Campbell andaba preocupada por las ventas de una sopa de tomate que había puesto en el mercado dos años antes. Fue entonces cuando John T. Dorrance, un químico de 24 años recién licenciado, tuvo la idea de eliminar las dos terceras partes del agua, inventando así la sopa condensada, lo que permitía ahorrar considerables cantidades en envasado, almacenamiento y transportes. Así comenzó el crecimiento de la compañía hasta convertirse en la más importante en su género. El año siguiente un ejecutivo de la empresa, Herberton Williams, propuso que las latas del producto llevasen una

Henry Heinz, c. 1914 [Pach Brothers Studio].

etiqueta en rojo y blanco, los colores de su equipo de rugby favorito, el de Cornell University. Hoy de la sopa de tomate se venden unas 240.000 latas al día.

La historia de los productos del tomate es reciente, aunque en América los incas y aztecas cultivaban la planta que llamaban *tomatl* ya desde 700 años a. C. Cuando fue traída a Europa destacaron su valor ornamental y la belleza de sus frutos, que en su versión amarilla merecieron un nombre en italiano: *pomodoro* = manzana de oro. Utilizado como planta ornamental en patios y jardines, el caso es que por entonces la planta quedó asociada a otras solanáceas venenosas, como la belladona, y se consideraba que también lo era, no en vano sus hojas contienen, como las de la planta de patata, un alcaloide llamado solanina. Hasta el siglo XIX no fue universalmente aceptado el uso del tomate como alimento, e incluso entonces todavía se cocía durante horas para eliminar sus «venenos»; en la segunda mitad de siglo, por fin, comenzaron a tomarse crudos. Hoy están entre los vegetales más consumidos, debiendo su prestigio nutricional, sobre todo, al contenido en vitamina C y beta caroteno.

Para nosotros, el tomate es la esencia de la famosa salsa kétchup. Pero no siempre fue así. El origen de este popular acompañante de patatas, salchichas y hamburguesas está en una salsa picante y salada llamada *ke-tsiap* que los chinos utilizaban para el pescado y la caza, y que parece estaba hecha a base de pescado en salmuera. A finales del siglo XVII esa salsa era conocida en Inglaterra, cuando comenzaron a llamar kétchup a toda salsa espesa, salada y con muchas especias. Se sabe que distintas versiones de los primeros kétchup (o *catsup*) europeos incluían nueces, anchoas, setas, pepinos y ostras; pero ninguno de ellos llevaba tomate. La fórmula que hoy es popular se la debemos al estadounidense Henry Heinz, quien la puso en el mercado en 1876. La composición declarada afirma que contiene pasta de tomate, vinagre, azúcar y especias. Esta marca, que tiene hoy 57 fábricas, es la que más vende, y presume de ser el mayor comprador de tomates en el mundo.

El cóctel Bloody Mary [Arina P. Habich].

El Bloody Mary es un famosísimo cóctel que hace referencia a María Tudor, nieta de los Reyes Católicos, hija de Enrique VIII de Inglaterra y segunda esposa (además de tía) de Felipe II, que se hizo famosa por llevar a la hoguera a cientos de protestantes, de modo que el colectivo reaccionó colocándole el sobrenombre de Sanguinaria. Del color de la sangre nace el nombre de uno de los cócteles de verano más populares en todo el mundo, y que comenzó a servirse en la Nueva York de los años 20. Aunque hay discusiones sobre quién es su creador, en lo que está todo el mundo de acuerdo es en que ha de llevar zumo de tomate y vodka, mejor en la proporción 2:1 —aunque habrá quién lo prefiera en 3:2— con algo de zumo de limón, hielo, sal y algunos aderezos al gusto, como salsa Tabasco, Worcestershire o pimienta negra recién molida. Hay que tomarlo con tranquilidad.

El tomate es un compañero inmejorable de la pasta, en cualquiera de sus variantes. La salsa llamada Napolitana tiene su primera receta documentada en el año 1692, donde consta como «salsa de tomate al estilo español». Hoy la preparamos a partir de tomates que previamente hemos escaldado para quitarles la piel, limpiamos de semillas y troceamos. En una sartén pochamos en aceite un poco de cebolla rallada, para luego añadir el tomate que dejamos freír también muy lentamente, añadiendo luego orégano y albahaca, para sazonar al final con sal y pimienta blanca.

Puestos a hablar de tomates con nombre propio no podemos olvidar la variedad FlavSavr, lanzada en 1994 por la compañía Calgene, pues ese fue el primer producto transgénico puesto en el mercado. En el caso de este fruto creado por ingeniería genética no se introducía ningún gen extraño, sino que solo se suprimía uno que tiene la hortaliza y que está relacionado con su descomposición, pues es el que hace degradar las paredes celulares. Así se logró un tomate con mayor capacidad de conservación y que también presenta un mejor aspecto y sabor. En ello aventaja a otros tomates que encontramos en el mercado, pues normalmente estos han tenido que recolectarse cuando aún estaban verdes en la planta, y fueron luego sometidos a una maduración artificial en atmósfera de etileno, de modo que no desarrollan todas las sustancias aromáticas que tienen los tomates que han alcanzado su madurez en la planta.

Cualquiera que haya probado un tomate madurado en la mata, disfrutando de su textura, sabor y aroma, sabe que estos frutos no deben tomarse si han pasado por la nevera, pues de esa forma son mucho menos sabrosos. El tomate es enemigo del frío. Ello es porque las bajas temperaturas no permiten que el ácido linoleico se transforme en los compuestos que caracterizan al tomate maduro, que ha podido transformar el almidón en azúcares y perdido acidez. Y jamás deben servirse fríos, porque nos quedaremos sin apreciar la presencia de los compuestos volátiles. Si hemos de comprar tomates que no han llegado a madurar, es aconsejable mantenerlos fuera de la nevera, envueltos en papel, y mejor en compañía de un plátano; el etileno liberado por este ayudará a la maduración. Pero para llegar al sabor profundo del auténtico tomate espere usted a que llegue el verano. No es este un fruto de invierno.

El misterio del kétchup

La salsa de tomate kétchup forma parte de un grupo de fluidos que manifiestan la misteriosa propiedad de volverse líquidos si se agitan. Muchos hemos comprobado que era muy difícil verter las primeras gotas de una botella de salsa, porque está espesa o viscosa, pero que luego fluye con facilidad, si agitamos la botella. Hay otros líquidos, como la sangre, las pinturas plásticas o el esmalte de uñas que gozan de esa propiedad. Se llaman líquidos «no newtonianos» o tixotrópicos. Los científicos no tienen todavía una explicación definitiva para este complejo fenómeno, que depende de un gran número de interacciones entre partículas de muy diferentes formas y tamaños. En concreto, en el kétchup pueden encontrarse desde minúsculos iones de sodio hasta fragmentos visibles de tomate. Parece que la razón principal estriba en la existencia de microfibras en el tomate macerado, que con la inmovilidad van enlazándose creando una estructura de gel, que gana consistencia con el tiempo; al agitar, se rompe esa estructura y vuelve la fluidez. Quizás la sangre de todos los santos que se licua en determinados días o circunstancias está emparentada con el kétchup en esta condición «no newtoniana».

52. Flores para comérselas

En *Como agua para chocolate*, Tita, la hermana pequeña, nombrada cocinera del rancho, prepara unas codornices con pétalos de rosas (porque no tenía faisán, que sería lo adecuado a la receta prehispánica, según cuenta el libro de Laura Esquivel). Aquel plato no fue un éxito gastronómico, dada la poca experiencia de la cocinera, pero a Gertrudis le produjo «un efecto afrodisíaco, pues empezó a sentir que un intenso calor le invadía las piernas. Un cosquilleo en el centro de su cuerpo no la dejaba estar correctamente sentada en su silla. Empezó a sudar y a imaginar qué se sentiría al ir sentada a lomo de un caballo, abrazada por un villista, uno de esos que había visto una semana antes entrando a la plaza del pueblo, oliendo a sudor, a tierra, a amaneceres de peligro e incertidumbre, a vida y a muerte».

Varias personas me han comentado que desde que leyeron la novela, o vieron la película de Alfonso Arau, los pétalos de rosa les resultan mucho más apetitosos. Referencias sensuales o eróticas al margen, la verdad es que hoy muchas flores se están poniendo de moda en la cocina, aunque las rosas ya aparecían con frecuencia en antiguos libros de recetas. Su agradable aroma, su colorido y sabor dulce las convierten sin duda en un ingrediente con atractivo. Los pétalos de rosa estaban presentes en algunas recetas del romano Apicius, y en la actualidad se emplean sobre todo en ensaladas, acompañadas de frutas. En ese caso, se deben quitar

Alcachofa cortada longitudinalmente [N. África].

los extremos blancos de la base (pues son amargos), enjuagar con agua y secar. Cuanto más perfumadas sean las rosas, más sabor y más olor dejarán en el plato. También se usan en almíbares, jaleas y confituras.

Hace miles de años que los seres humanos consumimos flores, aunque lo más frecuente sea utilizar las que consideramos hortalizas, como alcachofas, brócolis y coliflores, o usamos en condimento como el azafrán. Las flores son frecuentes en la cocina hindú y en la griega. Entre los chinos, el té de flores (flor de loto, capuchinas, madreselvas, azucenas, crisantemos, rosas y amarantos) es bebida preferida a la cerveza, los refrescos o los zumos de frutas. La lista de flores comestibles es enorme. Entre nosotros quizás las más conocidas son las flores amarillas de calabacín (el *zucchini* de los italianos), pero también se pueden consumir crisantemos, claveles, azahares, malvas, pensamientos, jazmines, gladiolos, amapolas, salvia o violetas, entre otras. En Madrid existe una tienda famosa por sus violetas escarchadas. Con todo, hay que tener en cuenta que no todas las flores son comestibles y sobre todo que las que provienen de una floristería pueden contener pesticidas.

Existen muchas recetas para preparar las flores de calabacín, un manjar de textura delicada y sabor un tanto dulzón. Dicen los sibaritas que lo mejor es recogerlas de la planta por la mañana y prepararlas al mediodía en tempura o rebozada y frita. Admite muchos tipos de rellenos, sobre todo a base de queso, y puede ser ingrediente de ensaladas. De la alcaparra (*Capparis spinosa* L.), un arbusto de procedencia asiática y amante del sol que hoy se cultiva al sur de España e Italia, nos comemos los botones o capullos florales, recogidos antes de que abran. Las mejores son las más pequeñas, de medio centímetro o menos. Esos capullos se recogen y se conservan en vinagre o salmuera durante un tiempo antes de consumirlos. Luego sirven como aderezo de numerosos platos y salsas, sobre todo con pescados, pasta o arroz. Si la flor de la alcaparra se abre aparecen cuatro pétalos blancos o sonrosados que no duran más que un día y luego comienza a formarse el fruto, llamado alcaparrón, que está lleno de semillas.

Otras flores nos resultan mucho más familiares, como la alcachofa (*Cynara scolymus* L.), de la que existen distintas variedades y es de amplio uso en nuestra cocina. Su sabor amargo hizo que a partir de ella se elaborase un licor aperitivo. Entre muchas otras singularidades, esta hortaliza se mereció un poema de Pablo Neruda:

> *La alcachofa / de tierno corazón / se vistió de guerrero, erecta, construyó / una pequeña cúpula, / se mantuvo / impermeable / bajo / sus escamas, ...*
>
> (*Oda a la alcachofa*).

Es una planta cultivada, híbrida de una variedad silvestre de cardo que tiene la flor pequeña y se conoce también como alcaucil. En realidad en ambos casos se trata de una inflorescencia, y lo que nos comemos son las brácteas, o conjunto de hojas modificadas que protegen la flor mientras esta no se abre, y constituyen lo que llamamos receptáculo floral. España es el segundo productor mundial de alcachofa, después de Italia. Tienen merecida fama las de Tudela y Benicarló.

Ha quedado para el final la referencia a la coliflor, planta que es el resultado de la mutación de una col, dando como resultado una inflorescencia hipertrofiada, con dificultades para producir auténticas flores y semillas. Un monstruo, vamos, que ha sido seleccionado por el *Homo sapiens* en el proceso de domesticación de las coles. En este caso la estructura que dará lugar a las flores se ha convertido en una piña en racimo de protuberancias carnosas. Es rica en azufre (de ahí el olor que desprende al cocerla), potasio, hierro y vitaminas. En España se producen unas 350.000 toneladas anuales y suele destacarse por su calidad la coliflor de Calahorra (La Rioja). El brécol, brócoli o bróculi es una subvariedad de la coliflor que presenta las inflorescencias de color verde oscuro brillante. Ha sido calificado como la hortaliza de mayor valor nutritivo por unidad de peso de producto comestible. Su aporte de vitaminas C, B2 y A es elevado; además contiene manganeso y potasio en cantidades significativas.

El azafrán (*Crocus sativus* L.) es una planta bulbosa de la familia de las iridáceas, es decir, un pariente de lirios y gladiolos. Del bulbo enterrado surgen uno o varios tubos que terminan en copas formadas por seis pétalos de forma elíptica y color violáceo, con venas de mayor intensidad. Esa flor contiene la especia más cara del mundo, y es la llamada «rosa del azafrán». En este caso lo que empleamos en cocina es la parte más externa del órgano reproductor femenino de la flor, el estigma. Cada flor tiene tres estigmas, que también llamamos briznas o hebras de azafrán.

El azafrán es originario de Asia menor y fue traído a España por los árabes en el siglo x. Aunque también se cultiva en Italia, Grecia, Irán y América del Sur, el de mayor prestigio y calidad es el de La Mancha. Las hebras se extraen de la flor a mano, y luego se tuestan para procurar su conservación, ya que tienen un alto grado de humedad, con lo que su peso queda reducido a la cuarta parte. Su elevado precio —y la existencia de sucedáneos— es fácil de comprender si pensamos que se necesitan más de 100.000 flores para producir un kilo de condimento.

Presente en numerosos platos de la cocina mediterránea desde tiempos del antiguo Egipto, en España sirve para dar identidad en colorido a monumentos gastronómicos regionales como la paella o la fabada. En esos y otros platos ha de usarse con moderación; bastan unas pocas hebras, tostadas, trituradas en el almirez y desleídas para dar al plato un olor y aroma inconfundibles.

Chapulines en el mercado de Oaxaca, México [Anthony Delgado].

53. Platos exóticos

Descubrí que existían comidas exóticas en la infancia, cuando al escuchar un pasaje evangélico sobre el Bautista me quedé pensando en que «Llevaba Juan un vestido de pelos de camello, y un cinturón de cuero ceñía sus lomos, y se alimentaba de langostas y miel silvestre» (Mc, 1, 6). Para mi asombro, pronto me ratificaron que no se trataba de ninguna preparación del crustáceo marino —lo que no sería propio de aquella situación de mortificación en el desierto— sino de que las langostas eran los insectos que podía conseguir San Juan dadas las circunstancias. Con toda probabilidad se trataría de la langosta peregrina (*Schistocerca gregaria*), una de las muchas especies que abundaban por entonces allí, aunque realmente es imposible saber qué tipo de ortóptero mereció la cita tan conocida, y que desató mi curiosidad por las comidas extrañas. Lo más parecido que luego me encontré por la vida fueron unos saltamontes que preparan en México tostándolos durante 10 minutos a horno fuerte, para aderezarlos con ajo, zumo de limón y sal. Así preparan un taco poniendo además aguacate en pasta sobre los insectos.

Siempre que pienso en comidas exóticas recuerdo a un amigo, profesor de la Universidad de Nueva York y apasionado por recorrer mundo, que en un restaurante de la *Costa da morte*, ante una fuente de percebes me aseguró que le resultaban uno de los alimentos más extraños que había visto en su vida. En aquella conversación me confesó que las termitas con chocolate le habían sorprendido positivamente, y resumía la experiencia gastronómica africana calificando que estaban *crunchy*. De ahí puede resultar nuestra primera reflexión: lo que es exótico aquí, no lo es en otro lugar. Convengamos en que exótico es algo fuera de lo común, lo extraño o lo chocante. A este respecto recuerdo también una anécdota de cómo unos amigos turolenses trataban de convencer a su hija de ocho años para que probase unos bígaros en Galicia, dándole como argumento que eran «como caracoles». Excuso decir que el resto de comensales aquel día hubieran necesitado del argumento inverso para animarse a tomar los gasterópodos terrestres.

Los mejores caracoles que recuerdo son andaluces, los pequeños «blanquillos» (*Theba pisana*), que en Sevilla nunca quieren mezclar con las «cabrillas» (*Otala lactea*), que son otros más grandes que se guisan con tomate, cebolla y pimentón. Los caracoles se sirven con su caldito de cocción donde además de los animales han hervido una mezcla de cilantro o hierbabuena, comino, clavo, pimienta y guindilla que los andaluces compran como «especias para caracoles». Aunque en cada región existen variedades preferidas, y se festejan en Logroño, Lérida, Huesca, Álava y otras localidades, el caracol más común en España es el *Helix aspersa*, que admite multitud de recetas. Por otra parte, el más escaso, caro, exquisito y necesitado de recuperación —aunque ya se ha iniciado su cultivo— es la vaqueta, baqueta o serrana (*Iberus alonensis*), uno de los protagonistas de la paella valenciana. Olvídense ustedes de los *escargots*.

A la vista de lo escrito no será fácil calificar en España de exóticos a los caracoles. Aun así, es más fácil de lo que parece el pensar en alimentos raros, y probarlos aquí. Y no me refiero ya a encontrar insectos para comer, sino a manjares que están en la tradición de nuestro país, pero que resultan extraños para gran parte de la población. Como aún así el tema es amplio, no me detendré hoy a recordar el uso de frutas o vegetales de todo tipo, y productos elaborados con ellos (la aletría murciana, el gofio canario...), ni tampoco los pescados o mariscos variados que pueden ser hasta populares en una región y completamente desconocidos en otras, como es el caso de las deliciosas *espardenyas* catalanas o las *caixetes* de Benicarló o Peñíscola. Quiero centrarme en algunos vertebrados terrestres.

Uno de los placeres del viaje consiste en poder probar alimentos diferentes. Recuerdo un bar de carretera en las cercanías de Taxco (México) donde pude probar hasta cuatro especialidades de iguana. Sin ir tan lejos, en las grandes ciudades de España pueden encontrarse restaurantes donde tomar iguana, canguro, cocodrilo o camello. En la mayor parte de los casos se trata de puras excentricidades sin otro interés gastronómico que la curiosidad por probar algo nuevo. En cuanto a su valor dietético, es cierto que se presume que casi todas esas carnes son bajas en grasa. Excuso decir que nunca invitaré a controlar el colesterol a base de comer canguro o cocodrilo todos los días. Ni siquiera hacerlo con avestruz. Existen animales más próximos, como el caballo, que tienen iguales posibilidades. La carne de potro tiene mayor porcentaje de ácidos omega-3 que la de vacuno, y su grasa intramuscular resulta más cardiosaludable que la de terneras y corderos. Es rosada, pero en el caballo adulto adquiere color rojo intenso (alto contenido de mioglobina), con menos grasa que la de ternera y de sabor dulzón, pues tiene un mayor contenido en hidratos de carbono. Las piezas tiernas se usan para filetes y el resto como carne picada. El único problema para la extensión de su consumo es que se considera al caballo como animal de compañía, de lo que resulta un tabú inevitable.

Al hablar de animales simpáticos uno ha de pensar necesariamente en las viejas fórmulas de «gato por liebre». La receta de «Gato asado como se quiere comer» está en el libro (siglo XVI) de Ruperto de Nola, que fue cocinero mayor del rey don Fernando de Nápoles. Tras quitarle la cabeza, limpiarlo bien y soterrarlo envuelto en lino un día y una noche, se unta con ajo y aceite y se asa lentamente al fuego. Ángel

Muro da, en *El Practicón* (1894), una receta en verso de «gato por liebre» asegurando que el minino es mejor que liebres y conejos si se asa lentamente al espeto aderezado con aceite, limón y ajo machacado. Por su parte, Picadillo en *La Cocina Práctica* (1905) da recetas de pajaritos fritos y de ranas fritas, si bien en este último caso se trata solamente de las ancas. Los pajaritos pueden ser gorriones, tordos o zorzales, calandrias, alondras, pardillos y otros. Hasta hace unos años fueron típicos de algunas tabernas en Madrid.

Las ancas de rana —de carne blanca y exquisita— pueden tomarse en muchos lugares de España, con frecuencia rebozadas o bien al ajillo, y en La Bañeza (León) tienen alguna fórmula con pimentón realmente interesante. Aunque estos batracios están desapareciendo, y hoy la práctica totalidad de los que se consumen en España procede de Indonesia o China, ya comienzan a cultivarse en granjas. También está desapareciendo el lagarto, por ello son especie protegida y no puede cazarse. Era plato tradicional en Extremadura, de modo que una vez desprovisto de su piel se servía troceado y frito con salsas de ajo o almendras, o bien con salsa de tomate a la que se añadía pimentón de La Vera. En una receta tradicional de Campanario que recogen las Hermanas Clarisas en su libro *La Cocina monacal* se prepara también un erizo en salsa al que después de chamuscado «de modo que pueda limpiarse perfectamente y quede de color blanco» se trocea y macera en agua con vinagre, ajo y sal, para luego saltearlo y cocerlo al vino.

He de confesar que lo que nunca se me hubiera ocurrido también es posible, y es sacar partido culinario a la gaviota. Ángel Muro, en *El Practicón*, dice: «Cuando es cría es de buen comer, condimentada como la cerceta, y si es vieja, hace muy buen caldo en el puchero; pero es preciso chamuscarla mucho y lavarla bien con vinagre o con *cognac* antes de echarla en la olla, porque si no, conserva cuando se cuece el sabor a pescado, que es el distintivo de su carne». Evidentemente, eso sería antes, pues las gaviotas de hoy se alimentan sobre todo en estercoleros.

Una tortilla española sin patatas y sin huevo

A veces lo exótico corresponde simplemente a una época distinta, no necesariamente muy lejana en el tiempo. Estoy pensando en los años 1937 y 38, cuando un huevo (uno) costaba en Barcelona 12 pesetas, y el sueldo mensual de un maestro rondaba las 300. En aquellas circunstancias se inventó una tortilla española sin patatas y sin huevo, modelo de imaginación y creatividad. La receta la ofrece Ignacio Doménech en su libro *Cocina de recursos*, editado una vez finalizada la guerra y escrito durante los años anteriores. Comienza por crear las patatas simuladas a partir de tres naranjas de corteza gruesa, una vez rayada toda la superficie de color y cortando la parte blanca en láminas. Esas láminas se echan en agua durante dos o tres horas para quitar el sabor de naranja; tras ello, se escurren bien, se salan y se ponen a freír con unos trocitos de cebolla picada. Para sustituir el huevo se prepara lo siguiente: en un plato sopero frotado con un diente de ajo se ponen tres o cuatro gotas de aceite, la sal, cuatro cucharadas soperas de harina de trigo, una cucharadita de bicarbonato, pimienta blanca, unas diez cucharadas soperas de agua y se bate de forma que no queden grumos. Se deja reposar unos diez minutos antes de añadirlo para cuajar la tortilla. Si alguien necesita que esa mezcla tome color amarillento puede poner una pizca de colorante alimentario.

Secadero de jamones [Moisés Fernández Acosta].

54. *Jamón ibérico y otras excelencias*

Hay alimentos que por su calidad, su escasez o su difícil elaboración se han convertido en mitos. Son objeto de deseo universal, motivo de conversación para expertos y aficionados y productos emblemáticos de las boutiques gastronómicas. A veces alcanzan precios desorbitados. Un ejemplo paradigmático podría ser el caviar, pero quiero comenzar con algo mucho más español: el jamón. En España existen jamones serranos que son excelso producto de cerdo blanco, criados al frío seco de la sierra, destacando los de Teruel y Trévelez (Granada), de forma redondeada, que dan unas lonchas generosas en superficie y parcas en sal que permiten los mejores bocadillos del planeta. Ese es también el jamón que realzará tantos y tantos platos de verduras. Pero existe otro pernil de puerco que parece de otro mundo. Es el jamón ibérico.

El jamón ibérico tiene la pezuña negra, la caña estilizada y es de forma alargada. Al corte presenta un color entre el rosa pálido y el rojo púrpura, según las zonas. La grasa, que —sobre todo en los alimentados de bellota— funde muy fácilmente debido a su alto contenido en ácido oleico (48 %) es brillante y de tonalidad blanco dorada. El veteado es uniforme, con la grasa infiltrada entre el músculo, pudiendo presentar entre el magro puntos blancos que en realidad son cristales del aminoácido tirosina (no confundir con la hormona tiroxina), procedente de las proteínas y que son señal de buena curación. El sabor es intenso, fragante, untuoso y

Jamón ibérico con su tradicional veteado de grasa [Rafa Sanchez Ruiz].

poco salado. Lo ideal es que sea cortado a mano, en lonchas finas y no muy grandes, que se servirán siempre a temperatura ambiente (los sibaritas especifican 23 °C), de modo que la grasa se encuentre a punto de fusión, proceso que tendrá lugar indefectiblemente en nuestra boca.

Son cuatro los factores que determinan la calidad insuperable del jamón: la raza del cochino, su alimentación, el clima y la elaboración. En cuanto a la raza, se exige que sea al menos un 75 % del llamado «cerdo ibérico», un híbrido cuyo origen es objeto de debate, pero donde ciertamente ha participado el jabalí mediterráneo (*Sus mediterraneus*) y cuya carne se caracteriza, entre otras cosas, por su alto contenido en grasa (10 %), lo que favorece su conservación... y su palatabilidad. Los animales gozan de un pastoreo en dehesas o bosques con encinas (*Quercus ilex*) y alcornoques (*Quercus suber*), donde puede haber también melojos (*Quercus pyrenaica*) y quejigos (*Quercus faginea*). En total conviven unos quince cerdos por hectárea, que se sueltan a la montanera a los doce meses de vida y allí se alimentan de bellotas. La mejor situación se da cuando existen árboles de esas cuatro especies, pues los frutos de melojos y quejigos maduran antes y así los animales pueden consumir bellota una mayor temporada. Durante la montanera, un cerdo puede consumir hasta 10 kilos de bellota al día, con lo que puede engordar un kilo diario.

Los cerdos pasan en la dehesa un mínimo de 60 días, en los que han de engordar al menos 46 kilos. Al sacrificarse pesan siempre menos de 180 kilos, lo que se traducirá en jamones de 6-8 kilos. Tras el desangrado los perniles se ponen en sal, en ambiente frío y muy húmedo durante un día por cada kilo de peso. Después de un lavado con agua tibia se pasa al asentamiento en cámaras, entre 35 y 60 días, a 3 °C -6 °C y humedad del 70-90 %. La tercera fase puede durar entre 6 y 9 meses; es de secado y maduración, con ventilación y a temperatura ambiente (entre 15 °C y 30 °C), hasta que comienza el jamón a «sudar», por fusión de la grasa. Por fin resta el envejecimiento en bodega, que puede durar hasta 18 meses. Es en esta fase donde, con la colaboración de la flora microbiana, se complementan los procesos bioquímicos que dan al producto sus características singulares. Al final, la curación mínima exigida es de veinte meses. Para el jamón ibérico hay cuatro denominaciones de origen:

1. Guijuelo. Al sureste de la provincia de Salamanca, en las sierras de Gredos y Béjar. A unos 1.000 metros de altitud.
2. Jamón de Huelva, con sede en Jabugo. Si bien la zona de elaboración de los jamones está restringida a la sierra de Huelva, la zona de producción se amplía a Extremadura y varias provincias de Andalucía occidental.
3. Dehesa de Extremadura. Se ocupa de la calidad de los cerdos que habitan las dehesas pobladas de encinas y alcornoques de las provincias de Cáceres y Badajoz.
4. Los Pedroches. Correspondiente a una dehesa de 300.000 hectáreas, en la sierra Morena, al norte de la provincia de Córdoba.

Según la alimentación del animal, se establecen tres calidades de jamones ibéricos. La superior corresponde al animal denominado «de bellota», cuyo peso se achaca al menos en un 60 % a las bellotas y hierbas de la montanera. El jamón «de recebo» corresponde a un animal que, además de un 30 % de bellota, recibe piensos a base de cereales y legumbres. Existe también el cerdo ibérico a secas o «de campo», que no ha estado en montanera ni quizás ha visto nunca la dehesa, y se alimenta de piensos y hierbas, pero que, al menos teóricamente, es forzado a caminar colocando el comedero y el bebedero a una distancia de 100 metros. Evidentemente, también existen animales que han vivido en cautividad. Puestos a mitificar, aceptemos que la calidad del jamón ibérico está en relación directa con el tiempo del animal en montanera, y con la variedad de bellotas en la misma.

Vida, pasión, muerte y gloria de las angulas

Dicen los pescadores que en los mismos lugares donde hace diez años podían capturar varios kilos en una noche hoy no recogen ni cien gramos. Las angulas están desapareciendo de nuestros estuarios y alcanzando precios inimaginables en los restaurantes y mercados. Vaya un último homenaje para los afortunados que puedan recordarlas.

La angula es el nombre que recibe la anguila cuando es alevín y se dispone a abandonar el océano para subir por uno de los ríos de nuestras costas atlánticas. Su vida comenzó en el mar de los Sargazos, entre las Bermudas y Puerto Rico, a más de 4.000 km de aquí, y luego en forma de larva atravesó durante casi un año el Atlántico llevada por la corriente del Golfo hasta que, al llegar a un estuario, se transforma paulatinamente en angula y comienza a penetrar nadando en el río. Todo este proceso puede tardar hasta tres años. Las angulas miden unos 5 cm y son casi transparentes, destacando sus dos ojillos negros y una más o menos tenue línea negra dorsal. Continúa su crecimiento mientras ascienden los ríos (los machos viven en el río entre seis y doce años y las hembras de nueve a veinte años). Una hembra puede llegar a medir más de un metro y sobrepasar los tres kilos de peso. Finalizado su desarrollo dejan de alimentarse para siempre; vuelven al mar de los Sargazos para reproducirse en sus profundidades y luego morir. Una anguila que no puede volver al mar puede vivir hasta cerca de cincuenta años. Muchos aspectos de su biología continúan siendo un misterio.

En los meses de diciembre y enero todavía tiene lugar, con cedazos, la pesca de angulas en la desembocadura de los ríos del norte atlántico de España. En un kilo hay más de dos mil individuos. El conjunto de diminutas serpientes transparentes que no paran de moverse, e incluso trepan por las paredes, tiene un aspecto blanquecino, debido a la espuma que producen. Así no podrían limpiarse, pues nada hay más escurridizo. Para matarlas se prepara una infusión con tabaco, que luego se vierte sobre ellas. Poco a poco irán dejando de moverse. Con razón decía la caja de Montecristo que el tabaco puede matar. A continuación se procede a enjuagarlas en varias aguas, hasta que estén completamente limpias. Se escurren bien. Para cocerlas basta con echarlas poco a poco en abundante agua hirviendo con sal, para retirarlas inmediatamente. Ya están dispuestas para ensaladas, ir a una cazuela para un ajillo o cualquier otra preparación. Lo más clásico es dorar en una cazuela de barro unos ajos, con algo de guindilla, y en ese aceite, ya fuera del fuego, bañar las angulas. Una gloria.

55. *De pimientas y pimientos*

Al hablar de pimientos, sean estos verdes o rojos, naturales de Padrón, del Bierzo, de Reus o de Lodosa, de la Rioja, Almería, Murcia o Alicante, debemos recordar a Cristóbal Colón, lo mismo que cuando echemos mano del pimentón, dulce o picante, porque él fue quien los descubrió para nosotros. Según quedó reflejado en el Diario de a bordo, transcrito por el padre Bartolomé de las Casas, en la anotación correspondiente al martes 15 de enero de 1493, tras especificar que allí en la isla Española había oro y cobre, dice: «También hay mucho ají, que es su pimienta, della que vale más que pimienta, y toda la gente no come sin ella, que la halla muy sana; puédense cargar cincuenta carabelas cada año en aquella Española». Es evidente la obsesión del almirante por demostrar que aquella era la tierra abundante en especias que buscaba. Para mayor riqueza de las generaciones futuras, ni estaba en la India, ni el ají era pimienta.

Colón puso nombre a la nueva especia, y advirtiendo que en algunos casos era mucho más fuerte que la pimienta conocida, convino en llamarla con el masculino nombre de pimiento. La denominación tuvo éxito en España, y así la utilizamos para la inmensa mayoría de variedades de frutos de *Capsicum*. Además de una hortaliza, aquella sería la única gran especia traída del Nuevo Mundo. El pimiento estuvo, entre otros productos ultramarinos, en la ofrenda que Colón hizo a los Reyes Católicos en el monasterio de Guadalupe en

Fritada de pimientos de Padrón, en sartén de hierro
al fuego de leña [fotografía del autor].

1493. El nuevo fruto de América pasó durante el siglo XVI desde España a la Europa mediterránea, Hungría incluida, donde aprendieron a elaborar las distintas formas de paprika y a identificar con ella la confección de platos nacionales. Parecía inevitable que fuera un húngaro, Albert Szent-Györgyi, quien se llevara el Nobel en 1937 por aislar por primera vez la vitamina C, precisamente a partir de la paprika, que la contiene en mucha mayor proporción que los cítricos.

En España se denomina «pimiento» a secas exclusivamente al *Capsicum annuum* L., carente por lo general de picante; de esta especie existen numerosas variedades, muy distintas en tamaño, apariencia y sabor. La más frecuente, que se consume tanto inmadura (pimiento verde) como madura (rojo o amarillo), es la conocida como morrón; carnosa y de gran tamaño, con una característica forma prismática. Otras variedades incluyen el llamado pimiento italiano, que es alargado, delgado y para consumo en verde; el pimiento de Padrón, pequeño, verde y a veces picante; el pimiento del Piquillo, originario de Navarra, también pequeño pero carnoso, empleado por lo general rojo y asado; y el pimiento de Calahorra. Exclusivamente seca se consume la variedad conocida como ñora, o pimiento choricero, un pimiento pequeño y carnoso de sabor intenso. España (tras China, México y Turquía) es el cuarto productor de pimiento en el mundo, con cerca de un millón de toneladas anuales.

El pimentón, quizás la especia más utilizada en España, sobre todo si consideramos su omnipresencia en la chacinería, es el polvo del pimiento rojo, una vez que este se ha desecado y molido. En España las zonas pimentoneras más importantes son Murcia y la comarca de La Vera, en Cáceres, cuyo pimentón ostenta la denominación de origen para este producto. La siembra del pimiento que dará lugar posteriormente al pimentón, se realiza entre los meses de abril y mayo y se recolecta en septiembre. Una vez recogido el fruto se procede a su desecación, que puede durar diez días y se lleva a cabo en secaderos (en La Vera con calor y humo de la combustión de madera de encina o roble). Posteriormente se clasifica en función de tipos y calidades (dulce, agridulce o picante) y se procede a la molienda, criba y envasado.

La sensación de ardor que produce el picante en la boca se debe a unos alcaloides de los cuales el más importante es la capsaicina. Se trata de una sustancia incolora, sin sabor y sin olor; su propiedad específica consiste en ser capaz de estimular los receptores de dolor que tenemos en la boca para apreciar las temperaturas altas. La reacción del cuerpo es el incremento de circulación sanguínea y de temperatura, y la secreción de endorfinas y adrenalina. El tomarse unos pimientos picantes supone, en definitiva, una sensación similar a la que puede percibirse practicando deportes de riesgo. Visto así diríamos que es además más seguro y barato, o sea que recomendable. La mayor parte de la capsaicina se concentra en los tabiques del pimiento. Aunque a veces lo parece, las semillas no la contienen, más que la que puedan haber tomado por contacto con los tabiques. Para neutralizar el ardor de la boca causado por la capsaicina se suele aconsejar la leche, azúcar o grasas, así como masticar pan. El agua es contraproducente, porque no la disuelve, y la esparce por toda la boca.

Las variedades picantes de pimientos se conocen muchas veces como «guindillas»; suelen ser estrechas y alargadas, hasta de 10 cm, y se consumen en verde (en conserva) o bien rojas y secas, para dar un toque picante a muchos platos. La llamada pimienta de Cayena se obtiene de la molienda de guindilla madura y seca. En América existen unas cincuenta especies de pimientos. Además del *Capsicum annuum*, del que existen variedades picantes, como el chile serrano o el jalapeño, las más frecuentes son *Capsicum frutescens*, con el que se obtiene la salsa Tabasco, o *Capsicum chinense*, el que produce los pimientos más picantes de todos, como el habanero. Es importante considerar las circunstancias de madurez y cultivo de cada ejemplar: la antigüedad en la planta, el número de horas de sol, la presencia de rocío… ahí parece estar la clave para que entre los pimientos de Padrón «*uns piquen, e outros, non*».

La intensidad de un picante se mide en SHU, siglas de Scoville Heat Unit, así llamadas en honor al químico Wilbur Scoville (1865-1942), que inventó esa unidad en 1912, facilitando una medida de la concentración de capsaicina presente en el pimiento. Si se me permite, llamaré a estas unidades escobillas: 15 escobillas equivalen a 1ppm (partes por millón) de capsaicina. Una guindilla puede tener de 15.000 a 30.000 escobillas, y un chile jalapeño entre 2.500 y 8.000. Aproximadamente, las escobillas indican las veces que hay que diluir para que deje de apreciarse el picante en la boca. El tabasco tiene entre 100.000 y 300.000. El récord de picante lo tiene el chile «segadores de Carolina» habanero de la variedad *Savinas roja*, con 1,4-2,2 millones de escobillas (SHU).

Antes del Descubrimiento, solo había la pimienta. Es una especie mítica y valiosa, la principal entre las que eran objeto comercial de la ruta de la seda (terrestre) y de la ruta del Índico desde el siglo XIII, y motivo de expediciones a las Molucas desde el XVI. Es originaria de la India, Java y las islas de la Sonda, fue la razón principal de que los portugueses buscaran la India, y consecuencia del aprecio que le daban fue la introducción de su cultivo en Brasil. Una sola planta, la trepadora *Piper nigrum*, da unas bayas primero verdes que luego se vuelven rojizas y oscuras, ennegreciendo al secar. La pimienta entera, negra, es la más picante; se recoge en rojo y se deja secar de siete a diez días al sol. Si se deja madurar en la planta, se pueden pelar los granos, y se obtiene la pimienta blanca, que es más delicada. Para obtener la pimienta verde se toman de la planta los granos sin madurar y se conservan en salmuera o vinagre. La llamada pimienta rosa es algo completamente distinto, y posterior; es el fruto de *Schinus molle*, un árbol propio de América del Sur.

La historia de las especias está vinculada a la de las grandes exploraciones del mundo, en la búsqueda de rutas comerciales por tierra y mar [Mara Ze].

56. Condimentos: sinfonía de perfumes

Las especias han tenido un gran protagonismo en la cocina desde sus inicios. Se añadían a los alimentos con el fin de conservarlos mejor, aromatizarlos y en algunos casos buscando efectos medicinales. En ocasiones su valor quedó consagrado por su uso como monedas de cambio. Su historia está vinculada a la de las grandes exploraciones del mundo, en la búsqueda de rutas comerciales por tierra y mar. En nuestros días son las responsables de los aromas característicos de muchos platos, y tanto su aplicación prudente como su mezcla armoniosa sirven para diferenciar a los cocineros expertos. San Isidoro de Sevilla imaginó una relación entre aroma y altar (ara), cuando en Las Etimologías (627-630) dice «los aromas son esos olores perfumados que nos envían la India, las regiones árabes y otras. El nombre de aromas parece derivarse de su empleo en los altares divinos».

Al navegante veneciano Marco Polo (1254-1324) se atribuyen importantes aportaciones a la gastronomía occidental, como son el haber traído a Europa el arroz, las pastas y sobre todo por su papel en el comercio de las especias de oriente. Bien es verdad que en sus escritos se encargó de no revelar los orígenes de algunas de ellas, como la preciosa canela de Ceilán, para conservar el monopolio veneciano, que se encargaba de fijar los precios, una vez que la cocina medieval en toda Europa no podía prescindir de ella. Los portugueses descubrirían el secreto al comenzar el siglo XVI, cuando Vasco da Gama abrió la ruta a las Indias por el cabo de Buena Esperanza y explotarían su comercio durante siglo y medio. En 1656 los Países Bajos se hicieron con la explotación, hasta la llegada de los ingleses en 1796 y la extensión de su cultivo por todo el océano Índico, las Antillas y Brasil. Otras especias orientales, como la pimienta, el clavo o el jengibre, tuvieron una historia semejante.

Si las exóticas especias en semilla nos recuerdan las rutas a lejanas tierras, las populares hierbas aromáticas están vinculadas a mitos y leyendas en Europa. Hace más de medio siglo Simon y Garfunkel lanzaron un álbum con el título *Parsley, sage, rosemary and thyme* por contener el cántico «Scarborough fair», que repite como un estribillo esa relación de cuatro de las hierbas más importantes de la cocina europea: perejil, salvia, romero y tomillo. Se trata de un cántico medieval, quizás con raíces escocesas, de épocas en que Scarborough —al nordeste de Leeds— era un importante puerto comercial y mantenía una larga feria que comenzaba a mediados de agosto. En el cántico, que en su día interpretaban los juglares, las hierbas aromáticas son símbolos de virtudes que se trata de ensalzar: el perejil atenúa el amargor, la salvia simboliza salud y longevidad, el romero representa lealtad, fortaleza y amor, así como el tomillo significa valentía y coraje.

Catálogo de aromas y plantas

Ajo: el aroma más representativo de la cocina española radica en la alicina, un compuesto de azufre que se libera cuando el aminoácido aliina entra en contacto con el enzima aliinasa, ambas sustancias contenidas en el bulbo del *Allium sativum*, planta cultivada ya por los romanos. Al cortar o machacar los dientes de ajo se obtiene su característico aroma —terror para algunos— que se atenúa en gran medida tras una cocción. Además de su valor culinario goza de gran prestigio como planta medicinal.

Azafrán: el color y aroma inconfundibles en la paella y otros grandes platos se deben a la especia más cara del mundo: los estigmas secos y tostados de la flor de *Crocus sativus*.

Albahaca: inevitablemente evoca la cocina italiana... y los ojos verdes que cantó, entre otros, Miguel de Molina. Imprescindible en la pizza Margarita, es la base de la salsa fría típica de Génova llamada *pesto*, que se hace con hojas trituradas de la planta *Ocimum basilicum*, aceite de oliva y sal. Es hierba adecuada en platos de tomate, tanto en ensaladas como en salsas.

Anís: quizás es imposible pensar en él al margen del aguardiente, dulce o seco, que nos lleva mentalmente a Chinchón, a Rute, a las botellas adoquinadas o al mono homenaje a Darwin. El anís (*Pimpinella anisum*) contiene un aceite rico en acetol, con propiedades digestivas. Las semillas se usan en repostería, sobre todo en tortas y galletas, y en algunas salsas tipo curry o compotas.

Canela: existen referencias a ella en papiros egipcios de 2800 a. C. Se trata de la corteza de un árbol propio de Ceilán, el *Cinnamomum zeylanicum*. Los emperadores romanos, cuenta Galeno, la tenían en sus cofres de tesoros y la empleaban, entre otros usos, para aromatizar el vino. Hoy la relacionamos con postres, como el arroz con leche o la compota de manzana. A mí me gusta poner un trozo pequeño en los platos de chilindrón aragonés, en la pepitoria y en el guiso de rabo de toro.

Clavo: es otra de las especias míticas en la cocina medieval. Se trata de los capullos secos de la flor del árbol *Eugenya caryophyllata*, con la forma característica que les da nombre. Cuatro o seis clavos pinchados en una cebolla pueden dar un toque aromático especial a un guiso de carne.

Comino: nos lleva a la cocina andaluza y al Oriente. Se trata de las semillas de la planta *Cuminum cyminum*, de la familia de las umbelíferas, que se tuestan y muelen. En épocas donde las especies de oriente podían ser moneda, esta no era apreciada al ser autóctona del norte de África, y ya Mateo Alemán, en el *Guzmán de Alfarache* (1599) dejó constancia de la expresión despectiva «ni valía un comino».

Enebro: al machacar las bayas del *Juniperus communis* recordaremos el aroma de la ginebra. Se utiliza, al lado de pimientas varias, en los adobos de caza mayor, y trae referencias antiguas. Es la especia de origen europeo por excelencia.

Estragón: inmediatamente lo relacionamos con vinagres y mostazas. Muy popular en Francia, en fresco las hojas de la planta *Artemisia dracunculus* se usan para realzar alimentos de sabor poco definido: unas pechugas de pollo, pavo, un conejo, unos huevos en tortilla o mariscos foráneos, como langostas de importación.

Hinojo: su aroma anisado va bien a las castañas. El *Foeniculum vulgare* es una planta que se utiliza en fresco —el bulbo o las hojas— o bien sus semillas en seco para aromatizar sopas, verduras y salsas.

Jengibre: pensamos en el *ginger ale*, o en la forma encurtida y en láminas que sirve para limpiar radicalmente la boca cuando se alternan variantes de sushi en un restaurante japonés, pero el rizoma del *Zingiber officinalis* fue una especia muy empleada en Europa ya desde la Edad Media. Es frecuente usarlo seco y molido, sobre todo en platos de pollo y en repostería.

Laurel: muy usado en la cocina gallega. Tres hojas verdes aromatizan el agua de cocción de los mariscos, salvo percebes, que no lo necesitan. También se pone en escabeches, en adobos de caza y en el agua para arroz en blanco. El *Laurus nobilis* es un árbol de hojas coriáceas y brillantes cuyos componentes esenciales son el cineol (pariente del eucaliptol) y el eugenol (emparentado con el guayacol).

Menta: la mejor representación del frescor. Las hojas de *Mentha piperita* contienen mentol, así como su pariente la hierbabuena (*Mentha sativa*) que se pone en los mojitos, aunque el aroma de esta es más complejo.

Mostaza: inevitable con las salchichas, este condimento se preparaba ya en tiempo de los romanos añadiendo al mosto de uva las semillas de la planta *Brassica nigra*. Actualmente se cultivan más la mostaza parda (*Brassica juncea*) y la mostaza blanca (*Sinapis alba*).

Nuez moscada: es el hueso del fruto de un gran árbol tropical, *Myristica fragans*, cuya rayadura da el aroma característico a la salsa bechamel.

Orégano: imprescindible en la salsa de tomate, y perfecto acompañante del pimentón en el adobo de la carne de cerdo. Se usan las hojas y flores de la planta *Origanum vulgare*, que crece en las colinas de clima mediterráneo; de hecho, su nombre en griego significa «adorno de la montaña». Los componentes responsables de su aroma son dos sustancias cristalinas que los químicos clasifican como terpenos, unos fenoles isómeros llamados timol y carvacrol.

Perejil: una de las hierbas preferidas en España, sobre todo en el norte. Es la hoja del *Petroselinum crispum*, y se utiliza siempre en fresco, bien picado, muchas veces en compañía del ajo, para adobo de carnes de vacuno y pescados. Forma parte de salsas frías, como la vinagreta, y calientes, como la salsa verde. También se usa para decoración, sobre todo el perejil rizado, que es menos aromático.

Pimentón: puede que su aroma nos recuerde una sobrasada, un chorizo o un botillo del Bierzo. La más importante de las especias venidas de América se obtiene desecando los frutos rojos del pimiento (*Capsicum annuum*) y sometiéndolos a molienda. Existen numerosas variedades, que incluyen la paprika de Hungría.

Pimienta: tanto la blanca y la negra como la verde son frutos de la planta *Piper nigrum*, originaria de la India. La negra, más picante, resulta de secar al sol las bayas cuando están de color rojo. La pimienta blanca se consigue dejando madurar los frutos en la planta y pelando los granos. Tanto una como otra deben molerse en el momento de su uso, pues así manifiestan toda su fragancia.

Romero: es símbolo de permanencia y fidelidad, no en vano el arbusto de *Rosmarinus officinalis* es perenne y fuerte, de lento crecimiento. Sus hojas se usan en fresco para el adobo de carnes a la brasa (pollo, conejo, cordero), estofados y guisos. También se coloca para coronar una paella valenciana.

Salvia: era la reina de las plantas aromáticas en la antigua Roma, donde le dieron un nombre relacionado con salvare, por las propiedades medicinales que se le atribuían. Se usan las hojas verdes de la planta *Salvia officinalis* para aromatizar carnes de cordero y cerdo. Combina bien con pimienta y nuez moscada.

Tomillo: Es imprescindible en los adobos de caza de pelo, pero también se usa en estofados y escabeches. El *Thymus vulgaris* es una planta mediterránea a la que gustan el sol y los suelos bien drenados. Debe su agradable aroma al timol, sustancia que conserva aún en seco. Debe añadirse en el adobo, o al comienzo de la cocción, para dar tiempo a que libere sus aromas.

Vainilla: Es la delicadeza en vaina, capaz de poner aroma al más exquisito de los helados. Procede de los frutos de una orquídea tropical originaria de México, la *Vanilla planifolia*, fermentados y secos. Debe su complejo aroma a 250 sustancias volátiles, entre las que destaca la vainillina. La vainilla artificial contiene exclusivamente vainillina, y se obtiene como subproducto de la fabricación de papel.

57. Un trío redondo: café, copa y puro

Toda comida es un ritual, y más aún en las grandes ocasiones, cuando se trata de celebrar y compartir alegría, placer y satisfacción con familiares y amistades. Es normalmente en estos casos cuando puede producirse el remate final y cordial de sobremesa que sirve para redondear un banquete: café, copa y puro. Son tres ingredientes excepcionales, que en algunos casos —frecuentes en el café— pueden funcionar por separado, pero la prudencia y el sentido de la realidad en el riesgo de su consumo —al fin y al cabo, están relacionados con las tres drogas más conocidas y consumidas en occidente— hace que únicamente queramos reservar el trío para unos pocos días singulares en el año.

Cada español consume unas 600 tazas de café al año, lo que supone en total unas 170.000 toneladas de café verde, de las cuales el 58 % se toman en casa y el 42 % en cafés, bares, restaurantes y máquinas de café. Cada vez que un grupo de amigos pide «café para todos», nos damos cuenta de la enorme variedad de formas y detalles de nuestras preferencias, que demuestran la importancia que damos al disfrute singular: largo o corto; americano o expreso; solo, cortado o con más o menos leche; edulcorado de una u otra forma; en taza o en vaso... nunca precisaremos lo suficiente.

No sabemos cuándo comenzó a utilizarse el café como bebida, por mucho que existan numerosas leyendas al respecto. Las más antiguas pertenecen a la cultura árabe, y hay

Tostando café, Harar, Etiopía [Andrzej Lisowski].

documentos del siglo IX que describen la planta silvestre en Etiopía. La más referida habla de un pastor de cabras en la meseta de Kaffa (Etiopía), a mediados del siglo XV, que tras observar en cierta ocasión que sus animales estaban excitados y no podían dormir por la noche, acudió a un monasterio con la pretensión de expulsar de sus cabras el demonio; el prior quiso investigar sobre el alimento que habían tomado, y terminó encontrando la causa en los rojos frutos del cafeto, preparó la decocción de sus semillas y al probarla pudo comprobar que disminuía su sueño. Pronto su comunidad utilizó aquella bebida que les facilitaba las vigilias y los rezos.

Al margen de leyendas, los médicos Rhazés y Avicena hablaron en sus escritos —con otros nombres— de plantas que identificamos con el café. Los primeros utensilios que relacionamos con la preparación de infusiones datan de mediados del siglo XIV y se encontraron en Egipto y Turquía. Hechos y documentos coinciden en que la planta silvestre de Etiopía pasó a cultivarse en el Yemen. El origen del café está a todas luces vinculado al mundo árabe, y se cree que los primeros lugares de venta y degustación se abrieron en La Meca a principios del siglo XV. La universalización del café seguiría a través de Persia, luego El Cairo, después Estambul, para llegar a Europa por Venecia, Viena y también Marsella.

Tanto Viena como Venecia y toda Italia se enorgullecen de haber popularizado el café en Europa, y hoy han acuñado algunas formas de preparación conocidas en todo el mundo. La divulgación de la bebida fue paralela a la creación de establecimientos donde degustarla, los cafés o cafeterías. En Venecia fueron lugares de peregrinación el Café Florian y el Quadri, como el Pedrocchi en Padua, o el Greco de la via Condotti en Roma, que contó entre su clientela con Goethe, Byron, Listz, Wagner y Baudelaire. En Italia el espresso es más concentrado y corto que en el resto de Europa. Si se prefiere más suave se ha de pedir lungo. El corretto es un carajillo, perfumado con alcohol. El macchiato es nuestro cortado y el latte va con leche. El capuccino es el preferido en el desayuno italiano.

De los italianos hemos importado también máquinas y utensilios para preparar el café, tanto en las casas como en establecimientos públicos. En el siglo XVIII España ya era uno de los países donde mejor se preparaba el café, uno de los principales productos coloniales o ultramarinos. Por entonces se cultivaba en la República Dominicana, Cuba, Puerto Rico, Guatemala, Costa Rica, Venezuela, Colombia y México. En los siglos XIX y XX se harían habituales las tertulias de café. Alfonso Paso, Buero Vallejo, Jardiel Porcela, Gerardo Diego, Camilo José Cela, Antonio Gala y otros harían del Café Gijón en Madrid un lugar emblemático.

Aquí hoy seguimos prefiriendo las variedades importadas de América, incluyendo Brasil, que es el principal productor, y mostrando curiosidad por la variedad más cara, el Blue mountain, de Jamaica, de sabor suave e intenso aroma. Existen unas sesenta especies de plantas de cafeto, pero el 90 % del café proviene de dos de ellas, la *Coffea arabica* y la *Coffea canephora*. Esta última, llamada variedad «robusta», se cultiva sobre todo en África y es la más empleada para fabricar el café soluble. La variedad arábica da un fruto más fino, perfumado y con menor porcentaje de cafeína (0,9 a 1,5 % frente a 2-4,5 % de la robusta). En ambos casos el fruto es una baya verde, como una pequeña cereza, que madura tornándose amarillo y rojo. De su interior saldrán dos granos de color gris amarillento (enfrentados por su cara plana), que se secan.

Limpios los granos se procede al tostado, proceso fundamental en la aparición de las sustancias que dan sabor y aroma al café, que puede hacerse bien de forma natural o torrefacto (añadiendo algo de azúcar), tras lo cual en forma de grano o molido llega al mercado. Los cafés de Java y Sumatra son los más fuertes; los de Kenia y Tanzania los más ácidos; y los de Jamaica, Colombia y Brasil, los más suaves, junto con el caracolillo cubano. Para fabricar el café soluble se prepara primero una infusión, a la que luego se somete a un proceso de deshidratación. Si la separación del agua tiene lugar a presiones y temperaturas muy bajas, el agua pasa directamente de hielo a vapor (sublima), en un proceso que preserva mejor las cualidades y que llamamos liofilización. El café soluble es un invento de comienzos del siglo XIX, pero su comercialización no llegaría hasta la Segunda Guerra Mundial.

La cafeína es el alcaloide que confiere al café sus propiedades estimulantes y gran parte de su carácter amargo. El café contiene además ácidos orgánicos responsables de su sabor, aroma y acidez, así como algunos minerales (potasio, magnesio, calcio) y vitaminas, pero en cantidades tales que su valor nutritivo resulta nulo. La cafeína estimula los mecanismos de transmisión neuronal. Se considera que una cantidad inferior a la de tres tazas de café actúa sobre el sistema nervioso de modo que tonifica el organismo, alivia la fatiga y activa las funciones intelectuales. Tomar mucho café puede provocar efectos como agitación, insomnio, taquicardia y trastornos gástricos, aunque hay quienes sufren malestar con una sola taza.

Una taza de café contiene unos 100 mg de cafeína, una taza de té entre 30 y 70 y una bebida de cola entre 30 y 45. A comienzos del siglo XX se inventó el café descafeinado, que contiene alrededor de 5 mg de cafeína por taza. Para descafeinar el grano se utilizan varios procedimientos; los más usados consisten en someter el grano antes del tueste a la acción de disolventes químicos como el acetato de etilo o cloruro de metileno, que arrastran gran parte del alcaloide.

Líquidos con espíritu

La sobremesa es el único momento adecuado para admitir la bebida excepcional de una copa. En el mundo existe una gran variedad de aguardientes, obtenidos en general por destilación en alambique de cobre de un líquido alcohólico y que luego han sido más o menos envejecidos o aromatizados. Su ingrediente esencial —y crítico— es el alcohol etílico. Los principales son los siguientes:

Aguardiente. Se elabora fundamentalmente por destilación del orujo fermentado de uva (restos de pieles y pepitas) con agua. Es transparente y su graduación oscila entre 40 y 60 % de alcohol. Están acreditados los aguardientes gallegos, que suelen tomarse fríos. El equivalente italiano es la *grappa*. Con este nombre, el de *aquavit, eau de vie* y similares se producen en Europa muchos destilados a partir de granos y zumos de frutas fermentados.

Anís. Ha sido el aguardiente preferido en España hasta bien entrado el siglo xx. Está aromatizado con semillas de *Pimpinela anisum* (anís común) o *Illicum anisatum* (anís estrellado). Existe en variedades dulce y seco, algunas de muy alta graduación. Son famosos los de Chinchón, Rute y Cazalla. Existe también en Grecia (*ouzo*) , Francia (*anisette*) e Italia (*sambuca*).

Brandy. En inglés se llama así a todo aguardiente que procede de destilación de vino. Es la denominación más correcta para los producidos en España, que han sido envejecidos en barricas de roble y de las que adquiere aromas y color, entre amarillo y ámbar, a veces muy oscuro. No es infrecuente escuchar que se le llame coñac.

Coñac. Es el brandy procedente de la región de Cognac, en Francia. Está destilado a partir de vinos blancos, flojos y ácidos, de la Charente (los más estimados son los de la Grande y Petite Champagne), envejecido en barricas de roble de los bosques del Limousin, y con un mínimo de 40 % de alcohol.

Armagnac. Así llamamos al brandy producido en las regiones francesas de Bas Armagnac, Ténaréze y Haut Armagnac. Su excelencia está en su variedad de aromas, superior a la del coñac.

Calvados. Es aguardiente de manzana, obtenido por destilación de la sidra en Normandía y envejecido al menos un año en barricas de roble o de castaño.

Ron. Es el aguardiente obtenido por fermentación de jarabe de caña de azúcar. Es característico de las islas de las Antillas: Cuba, Puerto Rico, Barbados, Martinica, Jamaica... y también de Venezuela. La variedad envejecida suele llevar melaza de azúcar.

Whisky. El de malta se hace a partir de cebada malteada y tostada con turba, que fermenta y se destila en alambique por fuego directo. El de grano (*grain whisky*) se hace con cebada sin maltear, mezclada con maíz o centeno. Hoy son muy comunes los *blend* (mezcla) de malta y grano. Los maltas son, sin duda, los de mayor personalidad y calidad. Mis preferencias van por los más turbados, de las destilerías al sur de Islay.

Whiskey. Así denominamos al aguardiente de grano de Irlanda. Procede de la destilación de una mezcla de cebada malteada y no malteada, a veces con maíz o centeno. Se destila tres veces y no se usa turba para tostarla. Es más dulce que el escocés.

Bourbon. El whiskey americano se hace con mosto fermentado de cereales, en donde al menos un 50 % es de maíz, y ha de envejecer dos años en barricas nuevas de madera de roble quemado.

Ginebra. Se fabrica a partir de un aguardiente muy neutro, que se aromatiza con bayas de enebro y a veces con cortezas de cítricos y multitud de hierbas. Inglaterra y Holanda se disputan la supremacía. Las *gin* inglesas son más secas que la *genever* holandesa. Su expresión más clásica va vinculada al agua tónica.

Vodka. Es un aguardiente de trigo, cebada, centeno, maíz y a veces patata, típico de países del este, especialmente Rusia. Es el aguardiente con menos sabor, donde el protagonista principal es el alcohol. Se toma muy fría o en combinación con zumos.

Un rinconcito para el cigarro habano

Muy alejado de la penosa y peligrosa costumbre de fumar compulsivamente uno tras otro los cigarrillos de una cajetilla puede estar el disfrute ocasional de un cigarro habano. Lo llamamos puro por su integridad y pureza: es solo tabaco, y en distintos modelos y tipos (corona, panetela, breva, veguero...) puede suponer el remate pausado y ritual de un banquete, pleno de aromas y sensaciones. Tienen renombre especial los de Vuelta Abajo, la zona de Cuba que produce los tabacos de mayor fragancia.

59. *La cocina andalusí en España*

La aportación andalusí a nuestra cocina es extraordinaria-
mente rica, no en vano proviene de una cultura que inte-
gra tradiciones muy diversas, que adquieren identidad en el
hecho de estar impregnadas por los preceptos del Corán.
Para explicar esa riqueza, a esa diversidad de origen ha de
sumarse el hecho de que existe diferencia entre las tradiciones culinarias propias de las ciudades y del campo, de las
clases altas —y cultas— que recogen los textos de la época,
y las costumbres del pueblo llano, que se han conservado
mediante tradición oral. Cualquier recetario tradicional nos
ofrecerá señas culinarias de origen árabe. En el precioso
libro *3.000 años de cocina española*, Rosa Tovar y Monique
Fuller recogen dos docenas de recetas de distintas regiones, testimonio de la herencia cultural árabe, y que abarcan
un amplio abanico de productos y métodos de preparación,
desde los entrantes a los postres.

Ramadán aparte, las prohibiciones de alimentos nacidas
del Corán son menos que en el judaísmo, siendo las principales las referentes al cerdo y a las bebidas fermentadas
(no siempre respetadas en la España musulmana). Si obser-
vamos que en los libros de cocina había, por ejemplo, pocas
recetas de pescado, ello no se debe a motivos religiosos, sino
a la influencia de consejos médicos basados en Galeno y al-
Razi (Rhazes). En el libro mencionado solo hay dos, una de
albóndigas y otra de escabeche. Ya tenemos dos palabras que

provienen del árabe: *al-bundiqa* (bola) y *as-sikbay, sikbadj* o *sikbâg* (guiso con vinagre). Una primera receta de escabeche podemos tomarla del médico sevillano del siglo XII Ibn Zuhr (Avenzoar), quien recomienda preparar así el pescado: «Se escalda en agua caliente, a continuación se pone en una cazuela de arcilla o de loza vidriada con un poco de aceite. Cuando ya está cocido se deja a fuego lento y se le añade un caldo preparado con vinagre y jengibre».

Las clases altas consumían poco pescado y nada de marisco. Son curiosos los testimonios eruditos de la época, como del botánico malagueño Ibn al Baytar (siglo XIII), que en su *Compilación de medicamentos y alimentos simples* incluye 1.400 sustancias, pero entre ellas no llegan a cuarenta las de pescados, que además no gozan de buena reputación. Algunas de sus afirmaciones pueden parecernos certeras, como cuando dice: «Los de olor fuerte y pestilente, de sabor poco agradable, no es conveniente comerlos. En suma, el mejor pescado es el que tiene buen gusto y escaso olor, sea pequeño o grande», pero otras pueden resultar sorprendentes para un malagueño de hoy, cuando leemos: «El pescado (pequeño) enharinado y frito en grasa es muy pesado, produce mucha sed y baja lentamente».

El pueblo llano consumía pescado, que era abundante en las costas, y se vendía tanto crudo como salado o frito. En el siglo XII ya había en al-Ándalus freidurías, con una estricta regulación. Los pescados más populares eran atún y sardina que, curiosamente, tienen en árabe nombres (*tunn* y *sardín*, respectivamente) procedentes del latín. Dicho sea de paso, y recordando a los fantásticos atunes del estrecho, digamos que almadraba viene evidentemente del árabe (*mádraba* = lugar donde se golpea), así como mojama (de *mussamma* = seco). El erudito murciano Ibn Razin, en el siglo XIII, nos da una receta de mojama en la que cortada en lonchas finas se coloca al fuego en cazuela con agua para un hervor. Luego se fríen los trozos en aceite y se hace un escabeche con ajo y vinagre o zumo de naranja.

Entre los alimentos que las culturas musulmanes introdujeron o popularizaron en España están la berenjena, la espinaca, la caña de azúcar, el arroz y frutas como el albaricoque (*al-barqouq* = de maduración temprana) o los cítricos. Apreciaban en especial las naranjas amargas, cuyo árbol cultivaban como ornamental y para poder obtener miel de azahar. Los frutos del naranjo dieron lugar a toda una serie de ensaladas que hoy son populares en el sur de España. Recuerdo especialmente algún remojón granadino, con su naranja cortada en rodajas «vivas», aceitunas negras, aceite, cebolleta, zumo de limón y pimienta, junto a unas hebras de bacalao remojado y crudo, que se me antoja tan importante como la Alhambra. Buen comienzo para una comida.

Aunque en nuestro país se cultiva el olivo desde tiempos prehistóricos, durante la época romana y andalusí, las plantaciones se vieron notablemente incrementadas, especialmente en el valle del Guadalquivir. Esta aportación quedó materializada a su vez en palabras como aceituna, aceite y acebuche, que tienen origen árabe; en particular «aceite» proviene de *az-zait* (o *al-zait*) que significa «jugo de aceituna». El de oliva es el aceite por antonomasia. El aprecio al zumo de la aceituna está en consonancia con el hecho de que el propio Corán lo menciona: «Se enciende de un árbol bendito, un olivo, que no es del Oriente ni del Occidente, y cuyo aceite casi alumbra aun sin haber sido tocado por el fuego» (24,35).

Al Ándalus disfrutaba de huertos enriquecidos mediante regadíos con aljibes, acequias y alcantarillas. La berenjena fue introducida es la única solanácea (patata, tomate, pimiento) que no vino de América. Entre las muchas recetas que se conservan de la época destaca la alboronía, uno de los platos deliciosos que nos ha dejado el legado Andalusí; la palabra viene de *al-baraniyya* y en su origen era un guiso de berenjenas que además llevaba ajo, cebolla, calabaza y frutos secos triturados (almendras, nueces, pistachos o avellanas). La alboronía es la madre de todos los pistos, incluyendo por supuesto el cinematográfico *ratatouille*, que con el tiempo incorporaron productos ultramarinos y perdieron los frutos secos.

Las carnes preferidas por las culturas musulmanas son las grasas y tiernas, sobre todo, de cordero y aves. Las carnes se marinaban una noche, con leche agria o vinagre. Como ejemplo de receta, valgan unos pichones con aceitunas y acelgas (del árabe *al-silga*) que recoge el libro de Tovar y Fuller: «se asan en cazuela al horno los pichones ya salpimentados y dorados, con cebolla picada y pochada, caldo de ave, granos de cilantro e hinojo, canela en rama y aceitunas, así como las pencas de acelga atadas en un haz. Habría que cuidarse de tomar pichones de palomar (no de caza), alimentados con cereales y sacrificados adecuadamente, limpios de su sangre».

El arroz cocido en leche, con manteca y azúcar, era uno de los dulces más apreciados de la alta cocina musulmana y ha quedado para siempre en la cocina española. A comienzo del siglo ix, al-Asmai lo consideraba, por su delicadeza, un alimento más propio del Paraíso que de este mundo. La lista de dulces árabes es, como se sabe, muy amplia, con profusión de azúcar, miel y frutos secos, con lugar destacado para los mazapanes y bollos o pasteles maimones. Para rematar, los árabes nos han dejado los sorbetes fríos, por ejemplo, de limón, con miel especiada con clavo y canela.

La alboronía es la madre de todos los pistos [A. Zhuravleva].

Tres referencias de hoy

CUSCÚS: es el producto más emblemático de la cocina marroquí. Llamado antiguamente en España «alcuzcuz» (del árabe *kuskūs*), es un plato tradicional a base de sémola de trigo en forma de unos gránulos de un milímetro de diámetro. Se cuece en ollas especiales, al vapor que se desprende al hacer en la parte inferior de las mismas un estofado de carne (cordero, pollo) y verduras (zanahoria, nabo, acelga, berenjena, calabacín, cardo). El cuscús se servirá como guarnición.

SHAWARMA: se trata de un bocadillo de carne adobada. El principal ingrediente es la carne de cordero o pollo, adobada y asada muy lentamente (incluso todo un día) en un asador vertical giratorio, con fuego a un lado. La carne se corta en tiras, después se introduce en el pan de pita, acompañado de verduras y salsas picantes.

FALÁFEL: son una especie de albóndigas, o croquetas redondas, hechas con pasta de garbanzos crudos, ajo y huevos, que suele aderezarse con sal, pimienta, perejil y comino, que se fríen en aceite de oliva.

Granos de cuscús [Sergey Le].

Ingredientes que dan identidad a la cocina andalusí

1. Perfumes: almizcle, ámbar, agua de rosas, azafrán, canela, galanga (*Alpinia galanga, Alpinia officinarum*), clavo, almáciga (*Pistacia lentiscus*), nuez moscada, cardamomo (*Elettaria cardamomum*), macis (*Mystirica fragrans*).
2. Frutos secos: dátiles, pasas, higos, almendras, avellanas, nueces, pistachos (alfóncigos), piñones.
3. Frutas frescas: ácidas (manzana, cítricos) o dulces (granada, melocotón, albaricoque)
4. Dulces: azúcar y miel.
5. Estimulantes: café, té.
6. Granos: cereales y legumbres (lentejas, habas, garbanzos, guisantes).
7. Plantas y hortalizas: cebolla, ajo, puerro, apio, coles, berenjenas, espinacas, acelgas, zanahorias, nabos, coliflor, lechuga, calabaza, pepino, espárragos, alcachofas (y alcauciles), cardo, aceitunas.
8. Condimentos: sal, pimienta, granos de cilantro, comino, sésamo, alcaravea, jengibre, vinagre, hojas de naranjo, eneldo, menta, tomillo, mejorana, hinojo, canela.
9. Colorantes: azafrán, espinacas.
10. Grasas: aceite de oliva, mantequilla, grasa de cordero, aceite de sésamo.
11. Pescados: atún y sardinas.
12. Carnes: cordero, camello, pollo, gallina, pichones, perdices, codornices, pájaros.
13. Lácteos: nata, queso, *laban* (yogur bebible), *labneh* (queso ácido y fresco).

60. *Los nuevos alimentos*

Entre los recuerdos indelebles de la infancia se encuentra la preocupación paterno-materna por nuestra correcta alimentación. Las razones para invitarnos a rematar la ración de comida en el plato, o para probar un nuevo alimento, se apoyaban con todo tipo de estímulos y gratificaciones, incluyendo ¡cómo no! la información nutricional. Así aprendimos que el queso tiene calcio, las lentejas llevan hierro y las naranjas vitamina C; que las almejas y berberechos contienen yodo y muchos otros datos por el estilo, incluyendo alguno que con el tiempo hemos tenido que colocar en el capítulo de las fábulas, como ese de que las espinacas son tan ricas en hierro como pensaba Popeye. En algunas épocas habíamos de tomar suplementos como calcio 20 o calcigenol, por aquello de construir un esqueleto fuerte y sano para toda la vida.

Desde siempre hemos aceptado que una nutrición equilibrada es la que aporta, a través de los alimentos, todos los nutrientes necesarios en la proporción adecuada. A la hora de hacer constar los componentes básicos de los alimentos, nos centramos por un lado en su contenido energético (las kilocalorías) y por otro en su composición química: los azúcares o hidratos de carbono (también llamados glúcidos y carbohidratos), las proteínas, las grasas o lípidos, las vitaminas y minerales.

Dado que existen diversos tipos de azúcares, multitud de proteínas y grasas distintas, numerosas vitaminas y unos veinte elementos químicos necesarios para el ser humano, comprenderemos la complejidad de elaborar una dieta completa. Hoy se considera que las dietas erróneas son las culpables de más del 30 % de las enfermedades cardiovasculares, del 50 % de los casos de obesidad, del 35 % de los cánceres, del 70 % de los episodios de estreñimiento, así como de numerosas diabetes y caries dental. Grande Cobián recomendaba comer de todo, y si se desea adelgazar, hacerlo en plato pequeño.

Desde la antigüedad sabemos además que existen alimentos vinculados a algunas funciones vitales; los hay que provocan el estreñimiento, y otros que son laxantes, unos que nos quitan el sueño y otros que lo inducen, los que son diuréticos así como los que provocan halitosis y flatulencia. Por experiencia también sabemos los que nos resultan indigestos, inducen ardor de estómago, desencadenan migrañas o provocan alergias. La alimentación y la salud están íntimamente relacionadas, no hay duda. Se atribuye a Hipócrates, en el siglo IV a. C., una sentencia que se ha convertido en eslogan de muchos libros de recomendaciones dietéticas: «Que tu alimento sea tu medicina, y tu medicina tu alimento».

En los últimos años han aparecido en las estanterías del supermercado una legión de preparados con las pretensiones de preservarnos de muchas enfermedades. A veces se denominan alimentos funcionales o nutracéuticos (una contracción de nutritivos y farmacéuticos) aquellos que contienen, además de su valor alimenticio, ingredientes que son beneficiosos para la salud, como sería el caso de la vitamina C, porque además de ser vitamina se comporta como antioxidante. Estos alimentos se preparan muchas veces a partir de uno tradicional, eliminando un componente no deseado (galletas sin gluten), incrementando el contenido de algún nutriente (leche con calcio añadido o cereales con hierro) o que incluso no contenía (leche con vitaminas A, D y E, con omega-3).

Desde niños sabemos que el yogur era bueno para frenar una diarrea. Hoy lo relacionamos con los probióticos o suplementos alimentarios que contienen bacterias vivas, con el objetivo de mejorar el equilibrio de la flora microbiana intestinal. En este capítulo se encuentran muchos lácteos a los que se añaden bacterias. Para poder ser incluidas en un probiótico, las bacterias han de cumplir ciertos requisitos, como el que sea propia su presencia en seres humanos y ser capaz de llegar al intestino y colonizarlo, además de tener eficacia probada científicamente. La investigación sobre el tema es compleja, comenzando porque el estudio de los microorganismos que realmente habitan nuestro tracto gastrointestinal es difícil. El yogur producido con bifidobacterias puede denominarse BIO, y el que usa *Lactobacillus acidophilus* es LC1.

Entre los alimentos funcionales están también los prebióticos, que son ingredientes no digeribles que estimulan la actividad de bacterias del colon. Los recién nacidos tienen un tracto gastrointestinal casi estéril, pero pronto empieza a ser colonizado por bacterias presentes en la leche materna, como *Bifidobacterium* y *Lactobacillus* o bien por otras, como *Escherichia coli*, en el caso de tomar preparados infantiles. En el intestino de un adulto viven ya unas 400 especies distintas de bacterias. Los alimentos prebióticos se ocupan de que todas estas bacterias (sobre todo, las amigas) estén bien alimentadas. Entre los efectos beneficiosos de los prebióticos se citan el reducir el riesgo de caries, estreñimiento, diabetes y obesidad.

El carácter beneficioso de la ingesta de una cantidad determinada de fibra ha motivado que sean muchos los alimentos funcionales que la contienen. En general, la fibra dietética está formada por hidratos de carbono que no son digeridos, pues son resistentes a los ácidos y enzimas de los jugos digestivos. Quizás el ejemplo más tradicional sea el salvado, o cáscara de los cereales, que a veces se deja presente en los panes, pastas y galletas integrales. Pero también contienen fibra muchos otros vegetales. En general, la fibra se clasifica en fermentable o soluble e infermentable o insoluble. La primera es transformada por las bacterias del colon, dando lugar a ácidos grasos de cadena corta y gases. Retiene el agua y reduce la viscosidad, acelerando el vaciamiento gástrico y el tránsito intestinal.

El consumo de fibra dietética se ha vinculado a beneficios en casos de estreñimiento, obesidad, enfermedad coronaria, diabetes e incluso en la reducción del riesgo de cáncer de colon, aunque este último extremo falta por confirmar. Se recomienda para adultos un consumo diario de unos 30 gramos de fibra. Las mejores fuentes de fibra son los vegetales y frutas (frescos o secos), legumbres y cereales enteros. Además en el mercado existen alimentos enriquecidos con fibra, especialmente yogures, cereales y galletas.

Campo de maíz transgénico [Ainul Ghurri].

De diseño: transgénicos

Se llaman también alimentos modificados genéticamente. Sus organismos contienen genes que les han sido introducido con técnicas de recombinación de ADN, y que les confieren características especiales. Así se han conseguido tomates que maduran sin reblandecerse, patatas que no se oxidan al cortarse o plantas de fresa que se pueden cosechar a bajas temperaturas. Los cultivos hoy más extendidos son los de variedades de maíz tolerante a herbicidas y resistente al gusano del taladro (maíz Bt). El 100 % del maíz transgénico producido en España se destina a piensos para animales.

Ecológicos: dos veces verde

Verde por vegetal y verde por ecológico. Así se etiquetan algunos alimentos cuyos ingredientes se han obtenido sin emplear productos químicos de síntesis. Los productos fitosanitarios se pueden emplear solamente en caso de riesgo inmediato, y están restringidos a sustancias de naturaleza animal o vegetal. En el caso de ganadería, los animales han de disponer de determinado espacio al aire libre por cabeza. En general, la agricultura ecológica presenta ventajas al reducir el impacto medioambiental y favorecer la remineralización de suelos, pero produce un menor rendimiento y requiere más mano de obra, con lo que los productos son más caros. En contra de una extendida creencia, en ningún caso se ha observado que el valor nutricional y organoléptico de los alimentos ecológicos sea significativamente diferente al de los convencionales. Lo que sí resulta recomendable es el adquirir productos locales, pues probablemente sean más frescos y conservarán aún sus mejores propiedades.

Epílogo

Ilustración de Galileo extraída del *Meyers Lexicon*.

61. *Menú para una cena con Galileo*

Bertolt Brecht coloca al final de *La vida de Galileo* una escena donde mi científico favorito, anciano y casi ciego, está experimentando sobre la caída de los cuerpos con una rampa curva por la que deja caer una bola de madera. En aquel momento entra un campesino con dos gansos desplumados de los que se hará cargo su hija Virginia (entonces sor María Celeste). Galileo entrega una copia manuscrita, hecha por él mismo, de los *Discorsi e dimostrazioni matematiche, intorno due nuove scienze attenenti alla mecanica & i movimenti locali* a un antiguo discípulo, para que pueda llegar a imprimirse, y luego se queda a solas con su hija. Galileo pregunta: «¿Cómo está la noche?», a lo que ella, junto a la ventana, responde: «Clara».

En la escena, Brecht condensa bien —al margen de licencias cronológicas— rasgos esenciales de Galileo: su curiosidad por los cielos, su afán por experimentar, su deseo de propagar las nuevas ideas y... su debilidad por la comida. Al científico toscano le gustaba comer y beber, y son estos quizás los únicos placeres que pudo conservar hasta el fin de sus días. Sirva ese punto de partida para comenzar a elaborar el menú para Galileo con unos gansos rellenos, porque nunca se limitaría la buena de María Celeste a la preparación exclusiva de los hígados, que ya entonces gozaban de prestigio. En el libro *De honesta voluptate*, el primer texto de cocina que conocemos que haya sido impreso (1475), escrito en latín por Bartolomeo de Sacchi di Piadena y publicado en Venecia, el autor —que utiliza el seudónimo de Platina— afirma que se consume el hígado de ganso, tanto fresco como salado, y que es «especialmente delicado, si primero se pone en leche o en vino con miel».

Con seguridad, Virginia Galilei conocería ese tratado, pero optamos por rellenar el ganso para nuestra cena con el científico con una receta propia de la época, y que sin duda sería de su agrado. Comencemos por preparar un mejunje con una cebolla, una manzana, el hígado del animal y unas ciruelas secas, todo bien picado, lo que se pasa a la cazuela con algo de aceite de oliva. Se añaden almendras machacadas, así como miga de pan duro remojado en leche, 3 huevos batidos, canela, azúcar y una copa de aguardiente. Se amasa bien esta mezcla y rellena el animal. Se pone sal y se asa durante tres horas al menos a horno no muy fuerte. Se serviría acompañado de polenta.

La polenta de entonces era una rústica torta de farro (*Triticum dicoccum*). Platina la quería contundente: hervida en caldo, con queso fresco, queso rallado, tocino fundido, grasa de ternera bien cocida y machacada con azúcar, huevos y azafrán, armándola en una sartén, y se espolvoreaba con azúcar y agua de rosas. Tradicionalmente también, en lugar de farro, podía emplearse harina de habas secas (no de alubias, aunque ya se cultivaban en Italia), de cebada o de mijo. Esta era la guarnición preferida de Galileo, y por entonces plato único de muchas gentes humildes. Hoy se hace la polenta con harina de maíz y agua.

Como saben todos los que la hayan probado, con la polenta no debe beberse agua. Galileo se inclinaría por tomar un vino, rosado o tinto, de los que se cultivaban en su casa con la ayuda del Signor Rondinelli, si ese año no se había estropeado en los odres. Sería parecido a un vino joven de las colinas de Pisa —la ciudad natal del científico—, que hoy representan una de las regiones de la denominación de origen del Chianti: Colline Pisani. El Chianti es hoy el vino italiano más conocido. Se elabora con diversas variedades de uva, pero la principal es la sangiovese. Aunque en tiempos de Galileo los vinos eran muy distintos a lo que sabemos hoy, lo podemos imaginar, y siempre prescindiendo de la costumbre que tenían algunos en el sur de Europa, copiada de Francia, de rebajar el vino con agua.

Un vino admirado por Galileo podría ser el Barolo, uno de los grandes del Piamonte. Se elabora con la mejor variedad tinta italiana, la *nebbiolo*. Este sería el adecuado para un plato de cerdo con nabos, más contundente, cuya guarnición, el acompañante vegetal preferido de Galileo, se elaboraría según receta que tomo de Cristino Álvarez: «Se hacía sudar hasta derretirlo un poco de tocino blanco en una cazuela de terracota; cuando había soltado buena parte de su grasa, se salteaban en ella los nabos, bien limpios y cortados en dados. Tras unos minutos así, para que la verdura se impregnara del sabor y la grasa del tocino, se cubría todo con agua —la justa—, se salaba, se añadía un poco de pimienta y hasta una pizca de azúcar y se seguía haciendo, con la cazuela tapada, pero removiendo de vez en cuando, hasta que los nabos estaban blandos. Así cocinados, se servían con los grandes asados de cerdo».

Esos dos serían los platos fuertes del menú. El resto lo podemos diseñar teniendo en cuenta el gusto, de la región y de la época, por la comida con muchas especias, de sabor intenso y dulce. Muchas salsas llevaban pasas de corinto, ciruelas secas, manzanas, peras y miel. En un libro de cocina de Cristofaro di Messisbugo (Venecia 1557) se utiliza azúcar y miel en casi el 70 % de las recetas, y especias en el 82 %. La canela es omnipresente. El comienzo de la cena podía incluir viandas con salsas frías, a partir de vinagre o agraz. En *De saporibus*, Magninus de Milán (siglo XIV) ya recomendaba que «la materia de las salsas de verano sea el agraz, o el jugo sacado de lo más alto de la viña, o el vinagre, o el jugo de limón, o de naranja, o de granada». Pensemos en un escabeche de pescado.

Las frutas —muchas del huerto propio o del convento de María Celeste— estarían presentes a lo largo de toda la comida, según tradiciones marcadas por los médicos. Como entrada podrían tomarse albaricoques y cerezas, melocotones o ciruelas. También los higos. A los postres se preferirían frutos secos (almendras, avellanas, pistachos, piñones), así como dátiles, fresas, nísperos o peras. Las manzanas valen en cualquier momento, lo mismo que las naranjas, limones y ensaladas, también con lechugas de casa. De esta época data, según parece, la costumbre italiana de tomar el melón con jamón. En la mesa no debería faltar algún queso, sin olvidar en este caso uno de cabra, fresco, y los imprescindibles panecillos.

A la hora de presentar en la mesa algo exótico, tenemos la posibilidad de recurrir a los productos americanos. Siguen llegando a Italia —muchos a través de España— los nuevos alimentos venidos del otro lado del Atlántico. Pondríamos en la mesa, por ejemplo, unas *pomi d'oro*, que según el botánico Andrea Mattioli (1554) se han comenzado a ver por allí a mediados del XVI. Del nombre de aquellas «manzanas de oro» viene el actual de los tomates en italiano: *pomodoro*. La culminación de la cena sería una taza de chocolate, primicia que había llegado a Italia en 1606, de la mano de Antonio Carletti, y unos dulces de los que preparaba María Celeste.

Posiblemente, la casa no tendría un comedor propiamente dicho. Lo normal es que se cenase en la antecámara, un aposento adornado con aparadores, en donde habría una mesa rectangular, cubierta por un mantel blanco rematado con encajes y perfectamente planchado y almidonado, con las dobleces marcadas en cuadros que se repartían simétricamente sobre la mesa. Se colocaría un plato por cada comensal, y encima del plato iban el tenedor —en este caso de plata, y no como a diario, que se usaban de hierro o acero— y el cuchillo, cubiertos (¡de ahí el nombre!) con una servilleta también planchada con mucho almidón. Las copas serían posiblemente cónicas, y la botella, sin usar corcho todavía, podría ir protegida por una envoltura de paja como alguna bodega las presenta hoy como reclamo para el vino de Chianti. En una comida en casa particular, probablemente los alimentos estuviesen todos sobre la mesa, en distintos platos o fuentes, y de ellos se irían sirviendo los comensales. Antes de comenzar la comida era preceptivo lavarse las manos en el aguamanil, tras lo cual seguramente sor María Celeste iniciara el *Benedicite*, oración de bendición de los alimentos y de acción de gracias.

Para los curiosos y detallistas, vayan unas recomendaciones sobre lo que «no se debía hacer en la mesa» en el siglo XVI, que recoge la marquesa de Parabere en su libro *Historia de la gastronomía*: rascarse la cabeza, sonarse con los dedos, comer a dos carrillos, sonarse con la servilleta, pasársela por la cara, limpiar con ella el plato... los huesos han de chuparse con delicadeza, y cada vez que se ensucien las manos se limpiarán primero con miga de pan y luego con la servilleta. «Está permitido escupir en el suelo si lo que se tiene en la boca es duro o repugna; si es sólido, se echa en la mano y luego al suelo, pero si es líquido bastará con volverse de costado». En el Barroco italiano algunas de estas prácticas se habrían refinado.